RALF WESKAMP

Fachdidaktik: Grundlagen und Konzepte

Anglistik · Amerikanistik

studium
kompakt

W0196142

Cornelsen

studium kompakt Anglistik • Amerikanistik

Fachdidaktik: Grundlagen & Konzepte

Die Hochschulreihe studium kompakt Anglistik • Amerikanistik
wurde von den Verfasserinnen und Verfassern in
Zusammenarbeit mit der Verlagsredaktion entwickelt.

Verfasser: Dr. Ralf Weskamp
Verlagsredaktion: Dr. Blanca-Maria Rudhart
Layout: Gisela Hoffmann
Technische Umsetzung: Matthias Fuchs
Umschlaggestaltung: Grafik Design Vera Bauer, Berlin
Graphik Mind Maps: Peter Herlitze, Berlin

Die Deutsche Bibliothek – CIP-Einheitsaufnahme:
Weskamp, Ralf :
studium kompakt Anglistik • Amerikanistik:
Fachdidaktik: Grundlagen & Konzepte / Ralf Weskamp. –
    1. Aufl. – Berlin: Cornelsen, 2001
    ISBN 3-464-00635-2

http://www.cornelsen.de

1. Auflage ✓ €   Druck 4 3 2 1   Jahr 04 03 02 01

Druck: Saladruck, Berlin

ISBN 3-464-00635-2

Bestellnummer 6352

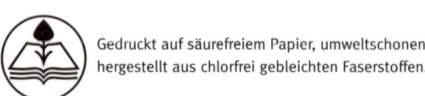

Gedruckt auf säurefreiem Papier, umweltschonend
hergestellt aus chlorfrei gebleichten Faserstoffen.

Inhalt

*Alle Anstrengungen des Kindes zielen darauf ab,
seine Umwelt zu absorbieren, und aus diesen
seinen Bemühungen erwächst die
tiefgegründete Einheit seiner Persönlichkeit.*
(Maria Montessori)

In einem Europa, in dem sprachliche und kulturelle Vielfalt Realität sind, spielt der Wunsch, über Grenzen hinweg zu kommunizieren, eine besondere Rolle. Die Fähigkeit, einander zu verstehen, sichert wirtschaftliche Konkurrenzfähigkeit, erleichtert politische Findungsprozesse und ermöglicht die soziale Integration der unterschiedlichsten Menschen. Verständnis ist die Voraussetzung, um Bürgerrechte über das eigene Land hinaus wahrzunehmen. Der englischen Sprache kommt dabei eine wichtige Funktion zu, insbesondere in der Kommunikation im öffentlichen Bereich. Allerdings darf man gerade wegen der Dominanz des Englischen nicht vernachlässigen, dass ein Gefühl von Identität eher auf lokaler Ebene entsteht, wie das Scheitern des Zentralismus in den osteuropäischen Staaten deutlich gezeigt hat. Um Menschen in der privaten Domäne näher zu kommen, bedarf es der Fähigkeit, regionale Sprachen zu verstehen und zwischen den Kulturen zu vermitteln.

Fremdsprachenlernen im Spannungsfeld zwischen Globalisierung und Regionalisierung, zwischen dem Sprechen einer gemeinsamen Sprache und dem Verstehen unterschiedlicher Kulturen ist ein lebenslanger Prozess. Dieser Prozess beginnt in den meisten Fällen in der Schule, und zwar aus den unterschiedlichsten Gründen mit Englisch. Englisch ist den Kindern aus dem Fernsehen, aus Computerprogrammen, aus der Popmusik vertraut und erleichtert so ein schnelles Einfinden in die Sprache. Außerdem hat es wegen seines praktischen Wertes in Studium und Beruf ein hohes Ansehen bei den Eltern, die sich gerade diese Sprache in der Schule wünschen. Machen Schüler mit dem Englischen positive Erfahrungen, erleben sie das Sprachenlernen mit Freude und Aufmerksamkeit, dann sind die Grundlagen gelegt, damit sie sich später anderen Sprachen öffnen.

In einem Europa der Sprachenvielfalt, in dem Englisch gleichwohl eine zentrale Rolle spielt, haben alle, die sich professionell mit Fremdsprachenunterricht auseinander setzen, eine besondere Verantwortung. Für sie will der vorliegende Band aus der Reihe **studium**

kompakt Hilfe und Orientierung sein, damit sie Entscheidungen bewusst und qualitätsorientiert treffen und umsetzen können. Vieles, was hier in Bezug auf das Englische gesagt wird, lässt sich natürlich auch auf andere Fremdsprachen anwenden.

Bücher entstehen, wenn sie auch den Namen nur eines Autors tragen, immer im Netzwerk mit anderen Personen, bei denen ich mich an dieser Stelle bedanke. Erwähnen möchte ich Frau Dr. Blanca-Maria Rudhart vom Cornelsen Verlag, die das Projekt mit großer Sorgfalt, Kompetenz und Freundlichkeit betreut hat.

Vier Personen sei dieses Buch besonders gewidmet: Ohne die geduldige Mithilfe, das Verständnis und die Liebe meiner Frau, Elisabeth Weskamp M. A., wäre es nicht entstanden. Ihr bin ich zu großem Dank verpflichtet. Meinen Kindern, Laura Felicitas und Lennart Paul, wünsche ich, dass sie die Welt in ihrer ganzen Sprachenvielfalt kennen lernen. Schließlich möchte ich meinem Freund Christoph Edelhoff (Hessisches Landesinstitut für Pädagogik) auf diese Weise zum sechzigsten Geburtstag gratulieren. Seinem Kenntnisreichtum, seinem Elan und seinem Einsatz für das Fremdsprachenlernen in Europa verdanke ich wesentliche Impulse für meinen beruflichen Werdegang.

Ralf Weskamp

I Englische Fachdidaktik – Eine Standortbestimmung

Als Hans-Eberhard Piepho 1976 seine *Einführung in die Didaktik des Englischen* schrieb, stellte er im einleitenden Kapitel fest, dass es „keine ‚Didaktik des Englischen' als eine in sich, im Kern stimmige, wissenschaftstheoretisch umfassend und konsistent abgeleitete Systematik" gebe (Piepho 1976: 7). Dies stellt auch heute noch ein Problem dar. So gliedern sich literaturwissenschaftliche Einführungen (etwa Breuer/Schöwerling 1980, Klarer 1994) quasi von selbst in Epochen, literarische Gattungen und Literaturtheorien und linguistische Bestandsaufnahmen in durch die Struktur der Sprache vorgegebene Bereiche wie Phonetik/Phonologie, Morphologie, Syntax, Semantik usw. (z. B. Kortmann, 1999). Für die Fachdidaktik gelingt eine solche „natürliche" Gliederung nicht, weil sie weniger auf Tatbestände als auf pädagogisches Handeln abzielt, dessen Grundlagen sich – wie Johannes-Peter Timm (1998) festgestellt hat – immer wieder ändern. Didaktische Entscheidungen sind „geschichtliche Entscheidungen unter bestimmten geschichtlichen Voraussetzungen" (Klafki 1994: 87). Es kann daher kein Lehrbuch der englischen Fachdidaktik vorgelegt werden, sondern eine Bestandsaufnahme dessen, was nach Ansicht des Autors die Theorie des Englischunterrichts heute bewegt. Die Qualität einer solchen Bestandsaufnahme ist dann vor allem daran zu messen, ob sie eine Grundlage für das Verstehen unterrichtlicher Prozesse liefert und als Basis für eine innovative Praxis geeignet ist.

Der Rahmen, in dem sich englische Fachdidaktik bewegt, lässt sich relativ umfassend anhand von drei Definitionen abstecken, in denen jeweils zwei Aspekte der englischen Fachdidaktik gegenübergestellt werden.

Analyse innovativer Praxis
präskriptive Setzungen

> Eine erste Definition kann lauten: Englische Fachdidaktik beschäftigt sich
> – mit der Unterrichtswirklichkeit und
> – mit der Setzung von Leitzielen, d. h. mit der Beschreibung von Unterricht, wie er sein sollte.

Während in früheren Jahren gerade der zweite Aspekt ein deutliches Übergewicht hatte und zur Etablierung einflussreicher Methoden wie der des audiolingualen und des audiovisuellen Englischunterrichts geführt hat, gewinnt heute der erste Aspekt zunehmend an Bedeutung. So wird in qualitativen Studien Lehrerhandeln erforscht, um Erkenntnisse darüber zu erhalten, wie Unterricht tatsächlich verläuft und wie sich Unterschiede erklären lassen (z. B. Bailey/Nunan 1996). Ähnlich sammelt Michael K. Legutke (1999) Beispiele gelungener Praxis, um hieraus generelle Konstruktionsmerkmale für das fremdsprachliche Lernen im Klassenzimmer abzuleiten. Hier wird besonders deutlich, dass sich Fachdidaktik nicht nur mit der Theorie, sondern immer auch mit der Praxis unterrichtlichen Handelns beschäftigt.

Darüber hinaus lässt sich die Fachdidaktik mit der folgenden Dichotomie beschreiben. Ihre Aufmerksamkeit gilt
– dem Lehren und
– Lernen der Fremdsprache Englisch.

Mit dem Begriffspaar des Lehrens und Lernens werden nicht nur die beiden während des Unterrichts ablaufenden Tätigkeiten und ihre Beziehung zueinander erfasst, sondern gleichzeitig die handelnden Personen in den Mittelpunkt gerückt. Es geht also etwa darum, welche Rollen Lehrer und Schüler im Englischunterricht einnehmen, wie Entscheidungen über Lernziele, Lernmaterialien und Methoden getroffen werden, wie das Lernen evaluiert wird und wer für das Management des Lehr-/Lernprozesses verantwortlich ist.

Schließlich können die nachstehenden zwei Perspektiven eingenommen werden, die die Fragestellungen der Fachdidaktik unterschiedlich akzentuieren:
– die externalistische Perspektive und
– die internalistische Perspektive.

externalistische/internalistische Sehweise

Beim externalistischen Standpunkt geht es vor allem darum, was Lehrer von außen (durch die Wahl geeigneter Ziele, Inhalte und Methoden) tun können, um Schülern das Lernen der Fremdsprache zu erleichtern. Die gängige Arbeitsdefinition von Didaktik, wer, was, wann, mit wem, wo, wie, womit, warum und wozu lernen soll, impliziert eine solche externalistische Sehweise von Unterricht. Eine internalistische Sicht hingegen stellt in den Mittelpunkt, wie und was Lehrer und Schüler denken, wenn sie Englisch lehren und lernen, wie sie den Unterricht wahrnehmen und wie sich Englischunterricht durch das Bewusstmachen und den Austausch über solche individuellen Wahrnehmungen entwickeln lässt. Gerade in jüngerer Zeit gewinnt diese Sehweise vor allem durch den Einfluss des Konstruktivismus zunehmend an Bedeutung.

Konstruktivismus
(→ Kap. II)

I.3
**Bezugswissen-
schaften**
Einfluss der anderen
anglistischen Fachwissen-
schaften

Neben das Problem, was englische Fachdidaktik eigentlich ist, tritt die Frage, in welchem Orientierungsrahmen sie sich bewegt. Zu denken ist natürlich primär an die anderen anglistischen/amerikanistischen Fachwissenschaften, also die LINGUISTIK, LITERATURWISSENSCHAFT und LANDESKUNDE. Allerdings wird man hieraus allein keine fachdidaktischen Entscheidungen ableiten. So ist ein Argument für das Lesen bestimmter literarischer Werke in der anglistischen Literaturwissenschaft, dass sie „seit Generationen die Aufmerksamkeit der Literaturwissenschaft auf sich ziehen" (Gelfert 1998: 90). In der Literaturdidaktik jedoch spielen Möglichkeiten des kreativen, spielerischen Umgangs mit den Texten, ihr inhaltlicher und sprachlicher Schwierigkeitsgrad und die Relevanz für Jugendliche eine größere Rolle. Ähnlich sind die Fragestellungen der Linguistik andere als die des Sprachunterrichts; aus einer wissenschaftlichen Grammatik wird eine pädagogische, die sich vornehmlich an den kommunikativen Bedürfnissen von Schülerinnen und Schülern orientiert und in der diese z. B. lernen, durch das Aufstellen von Hypothesen selbst Gesetzmäßigkeiten der Sprache zu formulieren und zu erproben.

Abb. I.1
Bezugswissenschaften

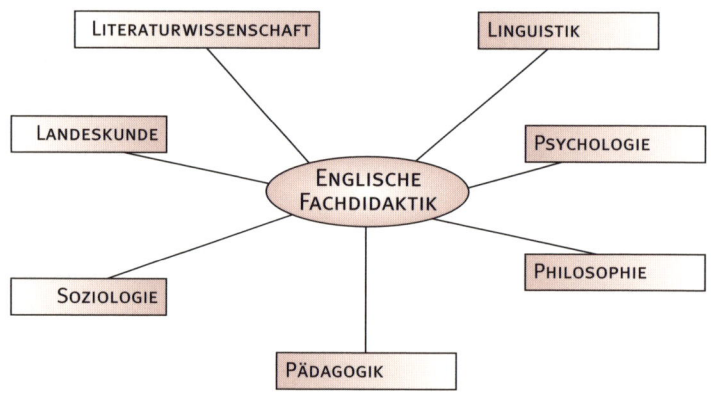

eigene Theorie der
Fachdidaktik

Die englische Fachdidaktik wird also nicht von anderen Fachwissenschaften determiniert, sondern sie entwickelt aus verschiedenen Bezugswissenschaften im Hinblick auf ihre Unterrichts- und Schülerorientierung eine eigene Theorie. In Abb. I.1 findet sich ein Überblick über solche Bezugswissenschaften, deren Einfluss hier exemplarisch verdeutlicht werden soll:

- Die LINGUISTIK (einschließlich der relativ jungen Angewandten Linguistik) hat vielfältig in die Fremdsprachendidaktik hineingewirkt. Hierzu einige Beispiele: Die Pragmalinguistik und insbesondere die Sprechakttheorie (vgl. Kortmann 1999) hat entscheidend zur Entwicklung und zum Fortschritt des kommunikativen Fremdsprachenunterrichts beigetragen. Eng damit verbunden führt ein funktionales Grammatikverständnis zu der Erkenntnis, dass das Lernen grammatischer Kategorien (wie Artikel, Nomen, Adjektive, Verben usw.) nur dann Sinn ergibt, wenn man weiß, was man mit Sprache machen kann, z. B. Informationen erfragen und geben, Ansichten äußern und erfragen oder Kontakt zu anderen Menschen herstellen. Solche Sprachfunktionen sind deshalb heute ein wesentlicher Bestandteil von Qualifikationsbeschreibungen wie dem *Threshold-Level* des Europarates, in dem festgelegt ist, was man können muss, um sich über Alltagsdinge selbstständig zu verständigen (van Ek/Trim, 1998), von VHS-Zertifikatskursen wie *The European Language Certificates*, von Lehrplänen und modernen Lehrwerken. Die Korpuslinguistik, die aus Projekten wie COLLINS *Birmingham University International Language Database* hervorgegangen ist, ist nicht nur als wichtige Neuerung in der englischen Sprachwissenschaft zu sehen, sondern hat auch zum ersten Mal dazu geführt, dass im Englischunterricht Grammatiken und Wörterbücher verwendet werden können, die auf tatsächlichen Sprachgebrauch aufbauen (Rinvolucri 1999). Die Lernersprachenforschung hat zu einer Neubeurteilung von Fehlern geführt, die jetzt nicht mehr so sehr als Makel, sondern als Indikatoren für den sprachlichen Entwicklungsstand der jeweiligen Schülerin bzw. des jeweiligen Schülers gesehen werden. Die Lernstrategieforschung schließlich hat zur stärkeren Berücksichtigung von Arbeitstechniken im Unterricht beigetragen.

  Pragmalinguistik

  funktionale Grammatik (→ Kap. V)

  Korpuslingusitik (→ Kap. V)

  Lernersprachenforschung und Fehlerbewertung (→ Kap. V)

  Lernstrategieforschung (→ Kap. III)

- Die PSYCHOLOGIE hat mit dem Behaviorismus stark in die audiolinguale Methode hineingewirkt. Heute ist der Fremdsprachenunterricht eher von der kognitiven Psychologie beeinflusst, die Informationsverarbeitungsprozesse im Menschen betrachtet. Es geht um Wahrnehmungsprozesse, Lernen, Gedächtnis, Sprache, Emotionen, Konstrukte und um das Denken allgemein. Menschen werden als autonome Wesen gesehen, die mit ihrer Umgebung interagieren (Eysenck/Keane 1995). Die hieraus resultierende Betrachtung interner Vorgänge beim Fremdsprachenlernen hat z. B. zu einer stärkeren Akzentuierung der Lerner mit ihren individuellen Einstellungen, ihrer Selbstwahrnehmung und der Wahrnehmung ihrer Umgebung

  Behaviorismus vs. kognitive Psychologie (→ Kap. II)

geführt. Lernern wird die Fähigkeit zur Metakognition zugestanden, d. h. das Vermögen, über ihr eigenes Lernen zu reflektieren und hieraus Schlussfolgerungen zu ziehen. Diese Sehweise ist konstituierend für das so genannte „autonome Fremdsprachenlernen". Ein weiteres Beispiel bildet die Motivationspsychologie und die hieraus resultierende Frage nach den Beweggründen, dem Fortschritt und dem Erfolg des Fremdsprachenlernens. Letztlich spielen auch entwicklungspsychologischeKriterien eine Rolle bei der Wahl von Inhalten und Methoden.

- Die Didaktik des Englischen zielt auf organisierte Lehr- und Lernprozesse und vor allem auf schulisches Lernen. Die allgemeine Didaktik, ein Arbeitsbereich der PÄDAGOGIK, gibt dabei Leitziele (sog. „Intentionen") vor wie Kompetenz, Autonomie und Solidarität (Schulz 1980). Diese finden auch im Englischunterricht ihren Niederschlag. So heißt es im hessischen *Rahmenplan Neue Sprachen, Sekundarstufe I*: „Sprachliches Lernen macht individuell, gesellschaftlich und beruflich handlungsfähig" (Hessisches Kultusministerium 1996). Für moderne Lehrwerke steht Englischunterricht im Schnittfeld von „Weltorientierung und Lebensvorbereitung" (Dirks 1997). In diesem Zusammenhang werden pädagogische Konzepte wie erfahrungsbezogener und handlungsorientierter Unterricht diskutiert. Die allgemeine Didaktik liefert zudem vor allem mit der bildungstheoretischen und der lehrtheoretischen Didaktik Hilfen für die Planung und Analyse von Englischunterricht (vgl. Meyer 1981). Die Medienpädagogik hält für die Gestaltung des Englischunterrichts Analyse- und Beurteilungsaspekte für die Wahl und die Gestaltung von Medien bereit. Dies ist besonders wichtig, weil Softwareprogramme, das *World Wide Web*, Hörcassetten bzw. -CDs, Fernsehen und Videofilme eine immer stärkere Rolle im Englischunterricht spielen.

- Ein für die Fremdsprachendidaktik interessanter Bereich der PHILOSOPHIE ist die Erkenntnistheorie. Während die scholastische Philosophie, der logische Positivismus oder die materialistische Widerspiegelungstheorie letztlich davon ausgehen, dass die Struktur von Bewusstsein und Außenwelt in einer 1:1-Relation stehen, geht das rationalistische Denken davon aus, dass nicht ein unmittelbarer Perzeptionsakt ein Erfassen der Außenwelt ermöglicht, sondern dies auf Umwegen, eben durch das Denken, erfolgt (Schneider 1998). Auf Fremdsprachenunterricht angewandt bedeutet dies: Auf der einen Seite steht der Verstand als *tabula rasa*, als leere Tafel, auf die der sprachliche Input z. B. durch Drillübungen eingeschrieben wird, auf der anderen Seite das Bild des Lerners, der selbstständig für sich Modelle sprachlichen Handelns konstruiert, erprobt und ggf. korrigiert. Diese Gedanken haben – wenn auch eher indirekt – ihren Niederschlag in lernerzentrierten Konzepten der Fachdidaktik gefunden.

- Die SOZIOLOGIE hat gezeigt, dass sich seit 1950 ein bemerkenswerter Wandel vollzogen hat, in der Menschen „aus traditionellen Klassenbedingungen und Versorgungsbezügen der Familie herausgelöst und verstärkt auf sich selbst und ihr individuelles Arbeitsmarktschicksal mit allen Risiken, Chancen und Widersprüchen" gestellt wurden (Beck 1986: 116). Negativ gesehen zeigen sich Tendenzen bei Jugendlichen wie Zukunftsangst, Motivations-, Identitäts- und Perspektivenlosigkeit, Gewalttätigkeit usw. (Czerwenka 1993). Für den Englischunterricht wurde hieraus das „Prinzip Verantwortung" (Rampillon/Reisener 1993) abgeleitet und didaktisch durch Rollenspiele und Simulationen umgesetzt, in denen Schülerinnen und Schüler lernen, Meinungen in der Fremdsprache miteinander auszuhandeln. Risikogesellschaft veränderte Jugend Simulationen, Rollenspiele (→ Kap. IV)

- Die LANDESKUNDE (Landeswissenschaft, *Cultural Studies*) beschreibt soziokulturelle Bezüge zu englischsprachigen Ländern. Dabei stehen heute sozialwissenschaftliche Beobachtungen, alltagskulturelle Erfahrungen und individuelle Wirklichkeitsausschnitte und weniger scheinbar objektive kulturelle Eigenarten im Vordergrund (vgl. Buttjes 1995: 148). In der fremdsprachendidaktischen Diskussion der vergangenen Jahre ist das Lernziel der interkulturellen Kommunikationsfähigkeit immer wieder herausgestellt worden und hat den kommunikativen Ansatz ergänzt und bereichert. Spracherwerb vollzieht sich in dieser Sehweise als integrativer Prozess des Lernens von Sprache und Kultur, der im Aushandeln von Bedeutungen, in der Auseinandersetzung mit fremder sozialer Erfahrung und in der Relativierung eigener Positionen stattfindet. So zeigen sich beispielsweise im Anredeverhalten, in Regeln der Höflichkeit, bei Humor und Ironie kulturelle und sprachliche Besonderheiten, die Lerner erfahren müssen, um erfolgreich zu kommunizieren. Die Relevanz der hier skizzierten Aspekte für den Fremdsprachenunterricht hat u. a. zur Entwicklung einer eigenen „Didaktik des Fremdverstehens" (Bredella/Christ 1995) geführt, in der das gegenseitige Verstehen, Empathie und Perspektivenwechsel eine besondere Rolle spielen. Möglichkeiten der methodischen Umsetzung ergeben sich besonders bei der Behandlung literarischer Werke, bei der Analyse von Spielfilmen und TV-Sendungen interkulturelle Kommunikationsfähigkeit (→ Kap. IV) Sprachenerwerb = Lernen von Sprache und Kultur Didaktik des Fremdverstehens

Englisch als *lingua franca*

und durch Internet- und E-Mail-Projekte. Der Einbezug des interkulturellen Lernens in Lehrpläne und Lehrwerke lässt vermuten, dass zumindest auf schulischer Seite von einem *lingua-franca*-Ansatz Abstand genommen wird, in dem es lediglich darum geht, über eigene Belange zu reden, ungeachtet der in der Sprache kodierten Kultur.

New Criticism (→ Kap. IX)

Hermeneutik/Rezeptionsästhetik (→ Kap. IX)

postmoderne Literaturtheorien
(→ Kap. IX)

- LITERATURWISSENSCHAFTLICHE MODELLE haben die Literaturdidaktik stark beeinflusst und Auswirkungen auf die Rezeption literarischer Werke vor allem in der gymnasialen Oberstufe gezeigt. Seit der Nachkriegszeit war dies vor allem der *New Criticism*, in dem es um eine möglichst objektive Lesart eines Textes auf der Basis rigider Regeln geht und bewusst Reaktionen der Leser und Wissen über Autoren ausgenommen werden. Fragenkataloge (Freese 1979) oder Wörterbücher zur Textanalyse (Wehrlich 1969) spiegeln diese Lesart in der Fachdidaktik. Ähnlich großen Einfluss haben die Hermeneutik und die Rezeptionsästhetik gewonnen, bei der Leser und Text durch den Prozess des Erklärens und Verstehens miteinander verbunden sind. In der Literaturdidaktik hat diese literaturwissenschaftliche Richtung insbesondere durch Lothar Bredellas Arbeiten ihren Niederschlag gefunden (z. B. Bredella 1980). Zunehmend wird auch auf postmoderne Literaturtheorien (Weskamp 1997b, Landesinstitut 1998) rekurriert und hieraus z. T. handlungsorientierte Ansätze für den Literaturunterricht abgeleitet.

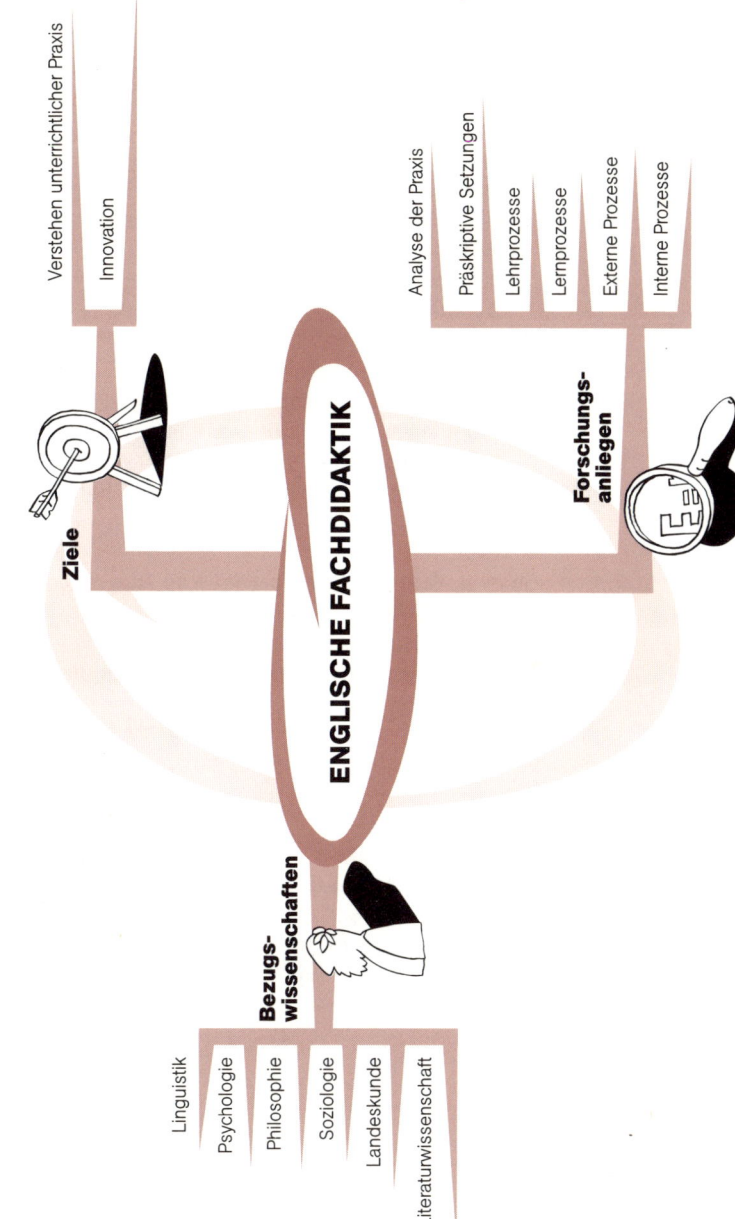

Verstehen unterrichtlicher Praxis

Innovation

Ziele

Analyse der Praxis

Präskriptive Setzungen

Lehrprozesse

Lernprozesse

Externe Prozesse

Interne Prozesse

**Forschungs-
anliegen**

ENGLISCHE FACHDIDAKTIK

**Bezugs-
wissenschaften**

Linguistik

Psychologie

Philosophie

Soziologie

Landeskunde

Literaturwissenschaft

Weiterführende Literatur

- Allgemeine Didaktik

Glöckel, Hans (1996): *Vom Unterricht.* Lehrbuch der Allgemeinen Didaktik. 3. Aufl. Bad Heilbrunn: Klinkhardt.

Jank, Werner, und Hilbert Meyer (1994): *Didaktische Modelle.* 3. Aufl. Frankfurt: Cornelsen-Scriptor.

Klafki, Wolfgang (1994): *Neue Studien zur Bildungstheorie und Didaktik.* 4. Aufl. Weinheim: Beltz.

Peterßen, Wilhelm H. (1994): *Lehrbuch Allgemeine Didaktik.* 4. Aufl. München: Oldenbourg.

Schulz, Wolfgang (1980): *Unterrichtsplanung.* 2. Aufl. München: Urban & Schwarzenberg.

- Fremdsprachendidaktik und englische Fachdidaktik

Bach, Gerhard, und Johannes-Peter Timm (1996): *Englischunterricht.* Grundlagen und Methoden einer handlungsorientierten Unterrichtspraxis. 2. Aufl. Tübingen: Francke.

Bausch, Karl-Richard, Herbert Christ und Hans-Jürgen Krumm, Hrsg. (1995): *Handbuch Fremdsprachenunterricht.* 3. Aufl. Tübingen: Francke.

Gehring, Wolfgang (1999): *Englische Fachdidaktik.* Eine Einführung. Berlin: Schmidt.

Jung, Udo O. H., Hrsg. (1998): *Praktische Handreichung für Fremdsprachenlehrer.* Bayreuther Beiträge zur Glottodidaktik, 2. 2. Aufl. Frankfurt: Lang.

Timm, Johannes-P., Hrsg. (1998): *Englisch lernen und lehren.* Didaktik des Englischunterrichts. Berlin: Cornelsen.

Darüber hinaus empfiehlt sich die begleitende Lektüre des von Rüdiger Ahrens, Wolf-Dietrich Bald und Werner Hüllen herausgegebenen Handbuchs *Englisch als Fremdsprache (HEF)* (Berlin: Schmidt, 1995), einer enzyklopädischen Bestandsaufnahme der deutschen Hochschulanglistik, wobei jedoch – der Titel ist hier irreführend – nicht auf die englische Fachdidaktik eingegangen wird.

II Grundlagen der Fachdidaktik

Englischunterricht stellt sich heute relativ pluralistisch dar; es existiert nicht mehr die eine Methode, die alles bestimmt, sondern es gibt viele "voices from the language classroom" (Bailey/Nunan 1996). Gerade diese Verschiedenartigkeit macht es aber notwendig, einen Rahmen zu finden, um unterrichtliche Prozesse zu betrachten und zu diskutieren. Im folgenden Kapitel werden diejenigen Grundlagen behandelt, die ein Verständnis der Vielfalt ermöglichen und aus denen sich auch die weiteren Kapitel dieses Buches ableiten. Wie der Unterricht selbst sind auch seine Grundlagen dynamisch zu verstehen; sie bedürfen der ständigen Evaluation, ob sie der Unterrichtswirklichkeit noch entsprechen und ob sie die Einordnung aktueller Forschungsergebnisse und eigener Positionen ermöglichen.

II.2
Instruktivismus und Konstruktivismus
Lernen durch Instruktion

Konstruktivismus

Projektunterricht,
Handlungsorientierung,
Autonomie (→ Kap.IV)

Das Lehren und Lernen einer Fremdsprache lässt sich anhand zweier möglicher Paradigmen beschreiben. Das eine basiert weitestgehend auf der behavioristischen Lernpsychologie und der Vorstellung, dass Lernen durch Instruktion erfolgt. Das andere geht davon aus, dass Lernende ihr Wissen auf der Basis des Aushandelns von Bedeutungen in effektiven Lernumgebungen konstruieren. Die Merkmale beider Richtungen sind in Tabelle II.1 zusammengefasst (vgl. Kohonen 1992, Reich 1998, Weskamp 1999a). Insbesondere der Konstruktivismus hat zurzeit einen wesentlichen Anteil am professionellen Diskurs innerhalb der englischen Fachdidaktik (vgl. Wolff 1994a/b, Timm 1996, 1998, Wendt 1996, Bausch et al. 1998, McGroarty 1998, Johnstone 1999) und wird zur Fundierung von Unterrichtsformen herangezogen, die schon seit Jahren ohne theoretischen Bezug praktiziert werden. Zu diesen Konzepten gehören u. a. der Projektunterricht, der handlungsorientierte Unterricht und das autonome Fremdsprachenlernen.

Tab. II.1
Instruktion versus Konstruktion

Instruktion versus Konstruktion		
	Lernen aus instruktivistischer, behavioristischer Sicht	**Lernen aus konstruktivistischer Sicht**
Lernkonzeption	Akkumulation von Wissen nach der Präsentation von Fakten und Regeln Betonung von Faktenwissen und Fertigkeiten	Konstruktion individueller Wissensbestände auf der Basis von Metakognition, Betonung von Lerntechniken, sozialen und kommunikativen Qualifikationen

	Lernen aus instruktivistischer, behavioristischer Sicht	Lernen aus konstruktivistischer Sicht
Lehrer-Schüler-Beziehung	Betonung der Lehrerautorität (hierarchische Struktur)	Lehrer als Lerner unter Lernern (symmetrische Struktur)
Lehrerrolle	Darbietende Vermittlung von Unterrichtsstoffen	Hilfestellungen geben, moderieren, zusammenwirken mit den Schülern
Lernerrolle	Relativ passive Informationsaufnahme	Aktive (Mit-)gestaltung des Lernprozesses
Sozialform	Vor allem Klasse (Frontalunterricht)	Vor allem Gruppe, Partnerarbeit
Lehrplan	Synthetisch, hierarchische Organisation von Lernzielen	Analytisch, entwickelt und konkretisiert sich erst während des Lernprozesses selbst
Lernzielkontrolle	Fremdevaluation durch den Lehrer, produkt- und quantitätsorientiert	Selbstevaluation durch die Lerner, prozess- und qualitätsorientiert
Motivation	Extrinsisch	Intrinsisch
Fremdsprachen-bezogene Aspekte	Progression und Selektion durch Schulbücher Arbeit im Sprachlabor Betonung der Grundfertigkeiten in der Reihenfolge Hören-Sprechen-Lesen-Schreiben *Pattern practice* Explizites phonetisches Training Elaborierte Verfahren zur Vokabeleinführung Memorieren von vorgegebenen Vokabellisten ...	Keine Selektion und vorgegebene Progression Lernen durch Lesen und Zuhören Nutzung von Nachschlagewerken zur Evaluation selbst gefundener Hypothesen darüber, wie Sprache funktioniert Entdecken und Anwenden von Lernstrategien ...
Fehlereinschätzung	Hinweis auf das Nichterreichen von Lernzielen (durch mangelhaftes Lernen oder Lehren) Systematische Fehlerkorrektur durch den Lehrer	Fehler deuten auf einen sprachlichen Entwicklungsprozess hin, auf das Testen von Hypothesen, wie Sprache funktioniert Selbstkorrektur, Fehlerdiskussion durch Mitschüler (*peer*-Beratung)

Der traditionellen und der konstruktivistischen Sehweise des Lernprozesses entspricht ein Perspektivenwechsel von innen nach außen.

externalistische versus internalistische Sehweise

In der externalistischen Sehweise ist Unterricht eine planbare und für Beobachter direkt nachvollziehbare Angelegenheit. Seine Begründung erfolgt weitgehend durch die Lehrenden, die Ziele formulieren, relevante Themen finden, Materialien auswählen und die Abfolge von Lernschritten und die Interaktionsstruktur festlegen. Lernen wird von außen an die Schüler herangetragen. Die Professionalität von Lehrkräften liegt vor allem in der Fähigkeit, Entscheidungen in der Unterrichtsplanung und -durchführung zu treffen und zu evaluieren, welche Auswirkungen ihre Entscheidungen auf den Lernerfolg haben. In der internalistischen Sehweise geht es darum, welche Vorgänge sich im Kopf der Lerner abspielen. Lernende werden hier als selbstständige Individuen gesehen, denen man das Vermögen zuschreibt, mit Hilfe der Lehrenden über ihr eigenes Lernen zu reflektieren, Entscheidungen zu treffen und ihre eigene Lernumgebung kreativ zu gestalten.

Reflektionsfähigikeit

Dass dies keine überzogenen Ansprüche sind, haben Alison Gopnik und Andrew N. Meltzoff (1997) jüngst in einer umfassenden Studie gezeigt. Die beschriebenen Fähigkeiten scheinen hiernach bereits konstituierende Merkmale der Auseinandersetzung von Kleinkindern mit ihrer Umgebung zu sein. Kinder entwickeln offenbar konsistente Theorien darüber, wie die Welt um sie herum funktioniert; und je mehr sie lernen, desto mehr unterschiedliche Wege des Wissenserwerbs erfahren sie. Überträgt man Gopnik und Meltzoffs Erkenntnisse auf die Schule, so wird das Klassenzimmer zu einer Erweiterung dessen, was im Kopf der Lernenden geschieht; und es geht weniger darum,

Klassenzimmer als Erweiterung mentaler Prozesse

Schülern etwas zu vermitteln, als ihnen zu eröffnen, wie und warum sie etwas lernen, wie sie ihre Lernprozesse beurteilen und wie sie ihre kognitiven Fähigkeiten besser einsetzen können (Ridley 1997).

Tradition internalistischen Denkens

Die internalistische Sehweise und die mit ihr verbundene Beziehung zwischen Denken und Außenwelt ist nun nicht unbedingt neu, sondern weist eine lange Tradition von Parmenides, Heraklit und Plato über Vygotsky, Piaget und Chomsky bis zum Konstruktivismus heutiger Prägung auf, auf den ich im Folgenden näher eingehen möchte, um seine wachsende Bedeutung für die englische Fachdidaktik aufzuzeigen.

radikaler und sozialer Konstruktivismus

Der Konstruktivismus lässt sich in zwei Hauptrichtungen einteilen, deren Grenzen fließend sind, nämlich den radikalen Konstruktivismus (*constructivism*) und den sozialen Konstruktivismus (*constructionism*). Beide Richtungen gehen davon aus, dass Wissen nicht aus mentalen Repräsentationen einer unabhängigen Außenwelt besteht, sondern dass es aktiv von denkenden Subjekten aufgebaut wird.

Der radikale Konstruktivismus basiert auf folgenden Thesen (von Glasersfeld 1996: 96):

Thesen des radikalen Konstruktivismus

- „Wissen wird nicht passiv aufgenommen, weder durch die Sinnesorgane noch durch Kommunikation.
- Wissen wird vom denkenden Subjekt aktiv aufgebaut.
- Die Funktion der Kognition ist adaptiver Art, und zwar im biologischen Sinne des Wortes, und zielt auf Passung oder Viabilität.
- Kognition dient der Organisation der Erfahrungswelt und nicht der ‚Erkenntnis' einer objektiven ontologischen Realität."

Besonders die letzten beiden Punkte weisen darauf hin, dass der radikale Konstruktivismus strikt pragmatisch zu verstehen ist: Wissenskonstrukte erweisen sich dann als richtig, wenn sie *viabel* sind, d. h., wenn sie zu Handlungen führen, die als schlüssig innerhalb der Erfahrungswelt der Subjekte empfunden werden. Allerdings ist es nicht die Außenwelt, die Verhaltensweisen determiniert, sondern die Aufbauprinzipien eines unabhängigen Nervensystems. David E. Rumelhart hat eine solche Sehweise mit Hilfe von Computersimulationen in sog. *PDP-[Parallel Distributed Processing]*-Modellen nachgebildet und kommt entsprechend zu dem Schluss: "Knowledge resides only in the connections, and all learning involves a modification of the connections." (1992: 70)

Viabilität

PDP-Modelle

Wissen liegt also in der Aktivierung von Neuronen in einem neuronalen Netzwerk, und die radikal-konstruktivistische Sehweise lenkt die Aufmerksamkeit auf die Funktionsweise des Nervensystems (Maturana/Varela 1987). Richard Young und Kyle Perkins verwenden diesen Standpunkt zur Erklärung des Spracherwerbsprozesses und kommen zu dem Schluss: "[...] although the outcome of learning is observable by means of changes in behavior, these changes in behavior are a surface indication of a change in mental states such as the automatization of procedures, the acquisition and enhancement of metacognitive skills, and the construction, revision, and replacement of schemata [i.e. mental representations]." (Young/Perkins 1995: 150)

Verhaltensänderungen als Indikatoren für mentale Prozesse

Der radikale Konstruktivismus – so hat sein Hauptvertreter Ernst von Glasersfeld immer wieder betont – ist kein Solipsismus, d. h., er akzeptiert die Existenz einer realen Außenwelt, glaubt jedoch, dass wir keinen direkten Zugang zu ihr haben: "It [reality] is made up of the network of things and relationships that we rely on in our living, and on which, we believe, others rely on, too." (von Glasersfeld 1995: 7) Man kann die Umgebung und die in ihr lebenden Individuen somit als

Systemtheorie

unabhängige Systeme betrachten, ein Gedanke, der insbesondere von Nikolas Luhmann (1996) entwickelt wurde. Luhmann geht von der Existenz psychischer und sozialer Systeme aus, die zwar autonom

Interpenetration

sind, aber durch „Interpenetration" wechselseitig ihren Aufbau bedingen können. Diese „Interpenetration" findet als Kommunikation statt, und hier ergibt sich die Schnittstelle zum sozialen Konstruktivismus. Betont man nämlich den Systemcharakter von Individuen und damit auch ihre Systemgrenzen, dann muss es einen Mechanismus geben, der erklärt, wie Individuen die Welt, in der sie leben, als ähnlich erfahren, wie sie Vertrauen und Intimität aufbauen und wie sie verste-

sozialer Konstruktivismus

hen. Im sozialen Konstruktivismus wechselt somit die Perspektive vom geschlossenen Nervensystem zu den sozialen Beziehungen, in

Aushandeln von Bedeutungen

denen das Aushandeln von Bedeutungen stattfindet (Gergen 1994, 1995). Dabei spielt auch die Kultur eine wichtige Rolle: "Although meanings are 'in the mind', they have their origins and their significance in the culture in which they are created. It is this cultural situatedness of meanings that assures their negotiability and, ultimately, their communicatibility." (Bruner 1996: 3) In Klassenzimmern, in denen viele Kulturen aufeinander treffen, kann die kulturelle Kompo-

Kulturabhängigkeit von Lernstilen

nente eine große Rolle spielen. Dies wird z. B. beim Vergleich von Lernstilen von Lernern unterschiedlicher Herkunft deutlich (Oxford/ Anderson 1995). So weisen viele Nordamerikaner einen analytischen Lernstil auf und bevorzugen ein eher traditionelles, sachbezogenes Lernkonzept, während Lateinamerikaner einen globalen Lernstil favorisieren, in dem Lernen über persönliche Beziehungen erfolgt.

Der Konstruktivismus in seinen verschiedenen Ausprägungen hat für die Fremdsprachendidaktik große Bedeutung, weil er auf zwei zentrale Bereiche verweist, nämlich (1) auf die Lerner und Lehrer und (2) auf die Kommunikation, die zwischen allen Beteiligten stattfindet: "One learns through engaging, incorporating, and critically exploring the views of others, and new possibilities of interpretation are opened through the interaction." (Gergen 1995: 34) Dieser zentrale Aspekt wird in der Fremdsprachendidaktik vor allem unter Bezugnahme auf das entwicklungspsychologische Modell von Lev S. Vygotsky disku-

zone of proximal development (ZDP)

tiert, wobei seine *zone of proximal development* besondere Beachtung gefunden hat (Vygotsky 1978). Innerhalb ihrer jeweiligen *ZDP* können Kinder Aufgaben mit Hilfe von Erwachsenen oder Mitschülern lösen, zu deren Bearbeitung sie auf Grund ihrer kognitiven Entwicklung eigentlich noch nicht in der Lage sind. Untersuchungen des *collective scaffolding*, also der gegenseitigen Hilfestellungen bei der Lerner-Lerner-Interaktion, haben gezeigt, dass Lerner von solchen Hilfen profitieren und der Spracherwerbsprozess gefördert wird. Pädagogisch gewollte Gruppenarbeitsprozesse erweisen sich somit auch aus der Perspektive des Fremdsprachenlernens zumindest als unproblematisch (Donato 1994, Pica et al. 1996).

scaffolding

Mit der Hinwendung zu einer kognitiv-konstruktivistischen Sehweise von Fremdsprachenunterricht haben sich in den vergangenen zwanzig Jahren neue Forschungsbereiche herausgebildet. So gilt das Interesse z. B.

- *coherence systems*, d. h., subjektiven Theorien, die Lehrer und Lerner mitbringen bzw. beim Erlernen einer Fremdsprache entwickeln,
- der Verschiedenartigkeit von Lernstilen aller Beteiligten und der Rolle von Lernerstrategien für den Lernprozess,
- der Rolle der Reflexion des Lernprozesses durch die Beteiligten (Metakognition),
- der bewussten Auseinandersetzung mit Sprache (*language awareness*), die auch im Diskurs mit anderen stattfinden kann, um Hypothesen über ihre Funktionsweise aufzustellen,
- der Interaktion im Klassenzimmer und ihrer Bedeutung für die Entstehung eines sozialen Systems, in dem sprachliches Lernen stattfindet,
- den Medien (Printmedien, Fernsehen, *World Wide Web* usw.), die nun weniger als vorgefertigte Unterrichtsbausteine gesehen werden, sondern als Teilhaber der Kommunikation, u. a. bei der Auseinandersetzung mit anderen Kulturen (interkulturelles Fremdsprachenlernen).

coherence systems (→ Kap. III)

Lernstile und Lernerstrategien (→ Kap. III)

Metakognition (→ Kap. III, IV) *language awareness* (→ Kap. V)

Klassenzimmer (→ Kap. III)

Medien als Interaktionspartner (→ Kap. VII)

Instruktivismus (bzw. Behaviorismus) und Konstruktivismus stellen einen allgemeinen Orientierungsrahmen für die Fremdsprachendidaktik bereit. Im Folgenden soll mit der Frage nach der Natur des Spracherwerbs ein weiterer fundamentaler Aspekt betrachtet werden.

**II.3
Expliziter und impliziter Fremdsprachenerwerb**

Grundsätzlich ist unter Spracherwerb der Aufbau einer *Interlanguage (IL)* zu verstehen, also eines mentalen Konstrukts von Regeln, auf das Lerner zurückgreifen, um sich zu verständigen. Die *Interlanguage* unterliegt der kontinuierlichen Veränderung, die im Idealfall zu einer mentalen Grammatik führt, die auch ein Muttersprachler (L1-Sprecher) besitzt. (Diese Ebene wird allerdings häufig nicht erreicht, weil Teilsysteme der mentalen Grammatik fossilieren können. Bestimmte Fehler in der Sprachproduktion treten dann z. B. unter Stressbedingungen immer wieder auf und erweisen sich als relativ immun gegen Fehlerkorrektur oder Bewusstmachung.)

In formellen Lernsituationen, wie sie z. B. im schulischen Englischunterricht ablaufen, ergibt sich das Problem, ob und wie man Einfluss auf die *Interlanguage* von Schülerinnen und Schülern nehmen kann. Zwei grundlegende Positionen lassen sich dabei unterscheiden.

- Implizites Fremdsprachenlernen *(implicit language learning)* sieht den Spracherwerb als natürlichen, unbewussten, assoziativen Vorgang. Dieser Vorgang ist mit dem Erwerb der Muttersprache vergleichbar, bei dem Grammatik internalisiert wird, obwohl man Kenntnisse über sie nur sehr unvollkommen oder gar nicht artikulieren kann: "No linguist in a lifetime has been able to formulate a grammar for any language that will identify all and only the grammtical sentences. However, we as children internalize such a grammar." (Anderson 1995: 364)
- Explizites Fremdsprachenlernen *(explicit language learning)* stellt sich demgegenüber als ein bewusster Prozess dar, der auf Regeln aufbaut, die von anderen vorgegeben werden bzw. die Lerner selbst finden, indem sie Hypothesen über die Verwendung von Sprache aufstellen und ausprobieren.

Beide Möglichkeiten haben sich im Laufe der Geschichte des Englischunterrichts als grundlegend für die Entwicklung verschiedener methodischer Konzepte erwiesen (vgl. Real 1984, Edmondson/House 1993: 106-123):

- Die Grammatik-Übersetzungsmethode, die der neusprachliche Unterricht im 19. Jahrhundert aus der Altsprachenmethodik übernahm, ist ein Beispiel für explizites Fremdsprachenlernen. Ziel dieser Methode war die Bildung korrekter Sätze durch Anwendung von Regeln unter Zuhilfenahme der lateinischen Schulgrammatik.

- Die direkte Methode war der Gegenversuch, um einen natürlichen Spracherwerb zu ermöglichen. Die Präsenz der Muttersprache wurde reduziert, Gedanken in der Fremdsprache sollten assoziativ verstanden werden, Aspekte der gesprochenen Sprache rückten in das Blickfeld. Grammatik wurde in den Spracherwerb zwar mit einbezogen, stellte aber keinen Selbstzweck mehr dar (Batz/Bufe 1991, Neuner 1995).
- Die audiolinguale Methode, die in Deutschland vor allem in den 6oer und 7oer Jahren praktiziert wurde, setzte auf das kontinuierliche Einüben von Satzmustern *(pattern drill)* und damit ebenfalls auf ein implizites Sprachenlernen; Regelhaftigkeiten wurden im Unterricht nicht diskutiert.
- Die in den späten 6oer Jahren aufkommende, wenn auch wenig beachtete kognitive Methode *(Cognitive Code method)* versuchte, die habitualisierende Lernauffasung wiederum zu korrigieren und ging davon aus, dass die Auseinandersetzung mit Regeln ihrer Anwendung vorangehen müsse.
- Im kommunikativen Fremdsprachenunterricht wird Sprache vor allem als Verständigungsmittel gesehen, und jede Übung hat ihren Sinn im „Verstehen und Verständigung" (so der Titel der Festschrift für Hans-Eberhard Piepho, einen der Hauptvertreter kommunikativer Fremdsprachendidaktik; Edelhoff/Candlin 1989). Damit wird der Akzent erneut auf das implizite Fremdsprachenlernen gesetzt.
- Heute gibt es in der Focus-on-Form-Bewegung Bestrebungen, auch formale Aspekte der Sprache im Sinne von Sprachbewusstheit *(language awareness)* und Metareflexion über Sprache deutlicher zu akzentuieren (Doughty/Williams 1998a).

Die Pendelbewegung zwischen explizitem und implizitem Fremdsprachenlernen spiegelt Unsicherheiten, die einer Klärung bedürfen, zu der die Spracherwerbsforschung *(second language acquisition research)* eine Reihe von Beiträgen geleistet hat.

Aus den 8oer Jahren stammt Stephen D. Krashens (1982) Abgrenzung des Fremdsprachenerwerbsprozesses *(language acquisition)* vom Fremdsprachenlernprozess *(language learning)*: | Krashens Theorie des Fremdsprachenerwerbs

- *Language acquisition* geschieht dabei ausschließlich implizit, lediglich durch das Hören von Sprache, die allerdings für den Lerner verständlich sein muss *(comprehensible input)*. Im Fremdsprachenunterricht kann Input durch Kontextualisierungen, durch eine ver- | *comprehensible input* einfachte Lehrersprache (langsames Sprechtempo, Beschränkung des Vokabulars, syntaktische Simplifizierungen) oder den Einsatz von Realien usw. verständlich gemacht werden. Spracherwerb erfolgt dabei immer in bestimmten Entwicklungsstufen, und Lerner entwickeln ihre *interlanguage*, indem sie Input verstehen, der Strukturen aus der nächst höheren Kompetenzstufe enthält (Krashen spricht von „*i+1*").

- *Language learning* hingegen meint die bewusste Erarbeitung von Regelwissen über Sprache. Dieses Regelwissen trägt Krashen zufolge nicht direkt zum Spracherwerb bei (*non-interface*-Position). Es kann jedoch als Monitor fungieren, um Sprachäußerungen zu kontrollieren.

Krashens Theorie folgt Erkenntnissen der Erstsprachenerwerbsforschung, nach der Verstehen meist der Sprachproduktion vorausgeht (Harley 1995). Auch heute wird sein grundlegender Beitrag für eine allgemeine Theorie des Fremdsprachenerwerbs noch diskutiert und rezipiert. Beispielsweise lassen sich mit Hilfe der Input-Hypothese Erfolge des bilingualen Unterrichts *(teaching content in a foreign language, TCFL)* erklären, weil hier deutlich mehr Input zur Verfügung gestellt wird als im herkömmlichen Englischunterricht und i. d. R. keine explizite grammatische Unterweisung erfolgt (Skehan 1998). Allerdings ist insbesondere die strikte Trennung von *acquisition* und *learning* nicht ohne Kritik geblieben. Nick Ellis (1994b) weist z. B. darauf hin, dass der unbewusste Vokabelerwerb möglicherweise gar nicht so unbewusst abläuft, vor allem dann, wenn Lernende Strategien zum Vokabellernen anwenden. Weiterhin stellt sich die Frage, ob es nicht doch einen Zusammenhang zwischen explizitem und implizitem Wissen gibt? Rod Ellis (1994b) geht davon aus, dass explizites Regelwissen dann in implizites Wissen transformiert und in das *IL*-System integriert werden kann, wenn Lernende kognitiv zum Erwerb einer Struktur bereit sind oder wenn es um den Erwerb von Strukturen geht, die nicht in einer bestimmten, natürlichen Abfolge erworben werden (*weak interface*-Position).

Das Verstehen von Input erfolgt dabei in drei Stufen:

1 Bemerken *(noticing)*, d. h. die Wahrnehmung spezieller linguistischer Merkmale im Input.
2 Vergleichen *(comparing)*, d. h. der Vergleich dieser Merkmale mit Strukturen, die ein Lerner typischerweise produziert. Aus Input wird *intake*, der im Kurzzeitgedächtnis gespeichert wird.

3 Integration *(integration)*, d. h. Konstruktion einer neuen Hypothese, wobei die wahrgenommene Struktur in das *IL*-System und damit in das Langzeitgedächtnis übernommen wird.

Ob Lerner eine Struktur bemerken, hängt von verschiedenen Faktoren ab, beispielsweise von der Art der Aufgabenstellung im Klassenraum, von der Häufigkeit der Struktur im Input oder vom Auftreten von Strukturen, die zu Verständigungsproblemen führen.

Krashens relativ reduktionistisches Modell hat also in der Folgezeit eine Reihe von Veränderungen und Erweiterungen erfahren, wobei Input zwar immer noch eine zentrale Rolle spielt, allerdings die Hoffnung aufgegeben wurde, dass es nur eine oder wenige Erklärungen für den Spracherwerbsprozess gibt. Einige Faktoren, die wahrscheinlich eine Rolle spielen, sind in Abb. II.1 zusammengefasst (vgl. R. Ellis 1994a).

Spracherwerb als komplexes Geschehen

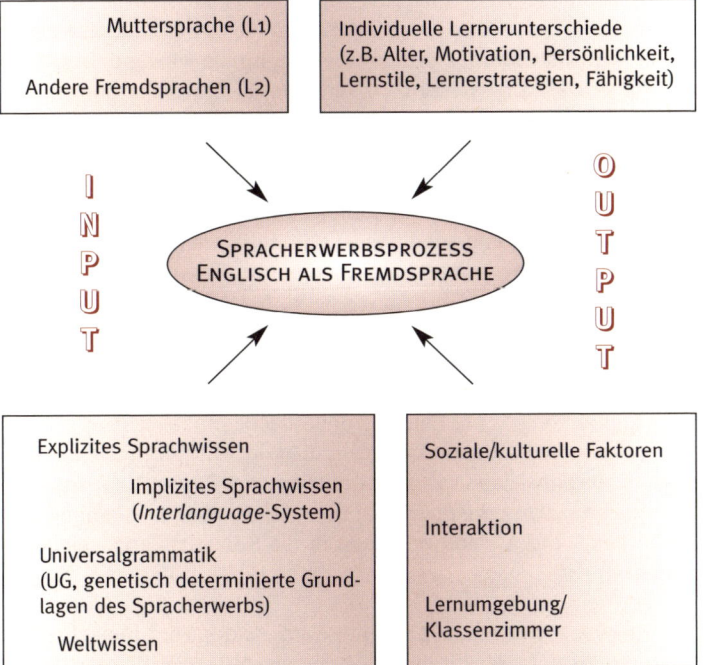

Abb. II.1
Faktoren beim Spracherwerb

Neben dem Input kommt gerade in einem handlungsorientierten Fremdsprachenunterricht, wie er von allen neuen Lehrwerken favorisiert wird, dem Output eine große Bedeutung zu. Wenn Informationen ausgetauscht, *scrapbooks* geführt, Poster erstellt oder Rollenspiele vorgeführt werden, ergibt sich zwangsläufig die Frage, welche Rolle ein solcher Output für den Spracherwerb spielt. Obwohl es nicht als sicher gilt, ob Output auch den Erwerb *neuer* linguistischer Strukturen ermöglicht, erfüllt er doch eine Reihe wichtiger Funktionen (de Beot 1996, Skehan 1998):

- Um Output zu produzieren, müssen Lerner kommunikative Absichten in grammatischen Strukturen verwirklichen *(syntactic processing)*. Sie erfahren dabei, was sie bereits können und was sie noch lernen müssen. Dies kann dazu führen, dass Lerner in Zukunft auf solche Strukturen im Input achten *(noticing)*, mit deren Hilfe sie ihre Sprechabsichten besser verwirklichen können, oder dass sie in Wörterbüchern oder Grammatiken Hilfe suchen.

- Output dient den Lernern dazu, Hypothesen über Sprache zu testen. Je nach Reaktion des Gesprächspartners bzw. der Zuhörer können Rückschlüsse darüber gezogen werden, ob die verwendete sprachliche Struktur angemessen war. Hierdurch ist eine Anpassung des *IL*-Systems möglich.

- Ein hohes Maß an Output führt zur Automatisierung in der Sprachverwendung und damit zu einer flüssigen Sprachverwendung *(fluency)*. Psycholinguistisch gesehen, geht dabei deklaratives, bewusstes Wissen in prozeduales, unbewusstes Wissen über. Auf der deklarativen Ebene machen sich Lerner ihr Sprachwissen bewusst und konstruieren so ihre Äußerungen. Auf der prozedualen Ebene wird dieses Wissen unbewusst, und man kann die notwendigen Strukturen bilden, um über einen Sachverhalt zu sprechen, ohne sie im Kopf vorformuliert zu haben. Im Laufe des Lernprozesses werden so immer komplexere Bereiche der Sprache prozedualisiert.

- Die extensive Produktion von Output in der Interaktion mit anderen kann zur Entwicklung von Diskursstrategien führen, z. B. das Wort ergreifen *(taking the floor)*, um Hilfe bitten, Übereinstimmung ausdrücken, oder andere Menschen in die Kommunikation einbeziehen.

Die Relevanz von In- und Output wird in der Forschungsliteratur auch im Zusammenhang mit der Kommunikation im Klassenzimmer diskutiert. Dabei ist vor allem das Aushandeln von Bedeutungen *(negotiation)* eingehend betrachtet worden (Pica 1994). Der Begriff *negotiation* kennzeichnet die Modifizierungen und Restrukturierungen von Äußerungen, die Sprecher vornehmen, wenn Verständigungsschwierigkeiten auftreten. *Negotiation* gibt Lehrern und Lernern die Möglichkeit, auf bestimmte Formen im In- und Output zu achten und so zu erkennen, an welchen Stellen noch Lernbedarf besteht. Zudem stellt das Besprechen von Bedeutungen eine Hilfe dar *(scaffolding)*, um Bedeutungen zu entschlüsseln, die zuvor unbekannt waren. Hierzu ein Beispiel (aus Pica 1994):

Native speaker	We got a plant.
Non-native speaker	Plant?
Native speaker	Yeah, um it's kind of like a fern, has a lot of big leaves; it's in a pot.

Diese Art von *scaffolding* ist nicht nur zwischen Lehrern und Schülern möglich, sondern prinzipiell auch zwischen Schülern in der Gruppenarbeit (Pica et al. 1996), wenngleich *negotation* hier auf einer einfacheren Ebene stattfindet. *Negotiation* ist eine besondere Form der Interaktion, und man muss sich als Fremdsprachenlehrer entscheiden, ob man sie fördern will oder nicht. Skehan (1998) gibt beispielsweise zu bedenken, dass *negotation* als Kommunikationsform auf Schüler eher unnatürlich wirkt und sie vom eigentlichen Inhalt eines Gespräches ablenkt. Außerdem stellt sich die Frage, wie viele Schüler sich tatsächlich am Aushandeln von Bedeutungen beteiligen. Möglicherweise bleibt diese Aktivität besonders aktiven, interessierten und extrovertierten Lernern vorbehalten.

scaffolding (vgl. oben)

Das Erlernen einer Fremdsprache ist eng verbunden mit Fragen wie Warum lernen Menschen eine Fremdsprache? Wie dauerhaft, intensiv und zielgerichtet sind ihre Anstrengungen? und Warum sind Leistungen trotz gleicher Bedingungen (z. B. im Klassenzimmer) häufig so unterschiedlich? Hierauf sucht die Fremdsprachenmotivationsforschung Antworten zu finden. Dass dies ein besonders schwieriges Unterfangen ist, liegt zum Teil in der Rolle der Sprache begründet, die nicht einfach einen Lerngegenstand darstellt, sondern gleichzeitig auch Medium der Kommunikation und der sozialen und kulturellen Organisation ist und manchmal zum integrativen Bestandteil der Identität eines Individuums werden kann.
Motivationstheorien lassen sich allgemein in Inhalts- und Prozess-

II.4
Motivationsforschung

Fragen der Fremdsprachen-motivationsforschung

besondere Rolle der Sprache

Inhalts- und Prozess-
theorien

theorien unterteilen. Inhaltstheorien versuchen zu erklären, welche Rolle Motivation im Spracherwerbsprozess spielt (Was erzeugt Motivation?). Prozesstheorien beschäftigen sich damit, wie man Schüler motiviert und wie man den Zustand der Motivation aufrecht erhält.

Ausgangspunkt:
Gardners Motivations-
modell

Systematische Untersuchungen nach dem Was sind eng mit dem Namen Robert C. Gardners (Gardner 1985, Gardner/MacIntyre 1993) verbunden und stellten bis zur Mitte der 90er Jahre das einflussreichste Forschungsparadigma in diesem Bereich dar.

*Attitude/Motivation Test
Battery*

Gardner hat im Rahmen seiner Arbeit eine *Attitude/Motivation Test Battery (AMTB)* entwickelt, die sich auf fünf Faktoren konzentriert, um Einstellungen und Motivationen von Lernern in Zusammenhang mit dem Sprachlernerfolg zu untersuchen:

Motivation

1 Motivation an sich, d. h., der Wunsch eine Sprache zu lernen, die motivationale Intensität und Einstellungen zum Fremdsprachenlernen.

Integrativität

2 Integrativität *(integrativeness)*, d. h. Einstellungen zum fremden Land und zu den Menschen, die dort leben und der Wunsch, sich in die fremde Kultur zu integrieren.

Lernsituation

3 Einstellung zur Lernsituation, d. h. beispielsweise zum Lehrer, zur Klasse oder zum Lehrbuch.

Angst

4 Angst vor dem Gebrauch der Sprache *(language anxiety)* in der Lernsituation oder generell.

instrumentelle Faktoren

5 Weitere Faktoren wie instrumentelle Orientierungen oder Förderung durch die Eltern. Instrumentelle Orientierungen sind pragmatischer Natur, z. B. wenn sich Lerner bessere Berufsaussichten versprechen.

Kritik an Gardners Theorie

Vor allem in den 90er Jahren ist Gardners Ansatz heftig diskutiert worden und hat – ähnlich wie Krashens Input-Hypothese – Erweiterungen und Modifizierungen erfahren (Skehan 1989, Oxford/Shearin 1994, Dörneyei 1994a/b, van Lier 1996, Ushioda 1996, Dörneyei 1998). Den Hintergrund dieser Erörterungen bildete vor allem die in Gardners Ansatz angelegte Dichotomie von integrativen und instrumentellen Zielen. So wurde darauf hingewiesen, dass Gardners Betonung inte-

Überbetonung integrativer
Orientierung

Unterschiede zwischen
Zweit- und Fremd-
sprachenlernen

grativer Orientierungen nicht immer zutreffend sei. Dies gilt insbesondere für den Fremdsprachenerwerb im Vergleich zum Zweitsprachenerwerb. Eine Zweitsprache wird typischerweise in einem Land gelernt, in dem diese Sprache auch gesprochen wird (z. B. wenn englischsprachige Kanadier Französisch lernen), eine Fremdsprache hingegen meist in einem Klassenzimmer unter vergleichsweise artifiziellen Bedingungen. Zweitsprachenlerner haben daher vermutlich ein weit höheres Interesse an sprachlicher Integration als Fremdsprachenlerner, die möglicherweise stärker durch instrumentelle Faktoren motiviert werden. Darüber hinaus stellt eine integrative Orientierung gerade für die Motivation von Anfängern ein sehr weit entferntes Ziel dar, das zwar vorhanden sein kann, aber noch diffus bleibt und sich erst im Laufe der Zeit herausbildet.

Gardners Motivationstheorie ist wegen ihrer Ausrichtung auf globale, sozialpsychologische Fragestellungen ein Beispiel für eine eher theoretisch ausgerichtete Forschung. Motivation ist aus dieser Sicht vor allem aus dem Verhältnis des Lerners zu einer Gruppe (in der Regel die des Zielsprachenlandes) zu verstehen, und lässt den praktizierenden Lehrer mit der Frage allein, wie man Schüler motivieren kann. Dies jedoch ist im Hinblick auf die wichtige Rolle der Motivation für den Sprachlernprozess im Klassenzimmer von großer Bedeutung: "Optimal teaching demands that teachers understand why their students are studying a new language and how proficient the students want to become." (Oxford/Shearin 1994: 16)

Rolle der Motivation im Klassenzimmer

Im Hinblick auf die schulische Lernsituation sollten daher drei weitere Motivationselemente in die Überlegungen einbezogen werden:

1 Kursspezifische Motivationskomponenten (Lehrplan, Lernmaterialien, Lehrmethoden, Aufgabenstellungen).

kursspezifische Motivationskomponenten

2 Lehrerspezifische Komponenten (Lehrerpersönlichkeit, Unterrichtsstile, Bereitstellung von Feedback für die Schüler, Beziehung zu den Schülern).

lehrerspezifische Komponenten

3 Gruppenspezifische Komponenten (Gruppenziele, Gruppenzusammenhalt, Entwicklung gemeinsamer Lernrituale, Formen der Belohnung von Lernerfolgen, wettbewerbsorientierte, individualistische oder kooperative Beziehung der Mitglieder einer Gruppe untereinander).

gruppenspezifische Komponenten

Insbesondere Zoltán Dörnyei (1994a/b) hat die Entwicklung einer auf das Klassenzimmer und auf praktische Relevanz hin orientierten Motivation angeregt. Er unterscheidet dabei drei Ebenen der Motivation, aus denen er Möglichkeiten ableitet, wie Lehrerinnen und Lehrer ihre Schüler/innen motivieren können (Abb. II.2).

Wie können Lehrer/innen ihre Schüler/innen motivieren?

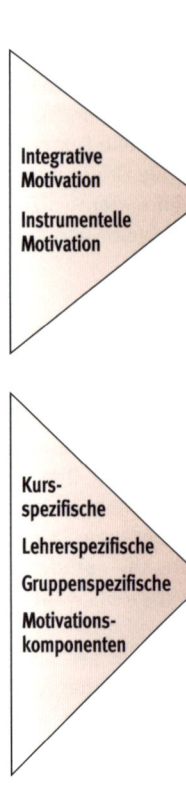

Abb. II.2
Ebenen der Motivation
nach Dörnyei

Integrative Motivation

Instrumentelle Motivation

S P R A C H E

- Soziokulturelle Komponente stärken, z.b. durch Filme oder Fernsehsendungen, Musik, *native speakers*.
- Bewusstsein für die fremde Kultur wecken, vor allem Gemeinsamkeiten, aber auch Unterschiede herausstellen.
- Austauschprogramme, E-Mail-Kontakte, Brieffreundschaften fördern.
- Instrumentelle Motivation stärken durch Diskussion der Bedeutung der Fremdsprache für die Lerner und für die Gemeinschaft, in der sie leben.

Kursspezifische

Lehrerspezifische

Gruppenspezifische

Motivationskomponenten

L E R N S I T U A T I O N

- Lerner in die Kursplanung mit einbeziehen.
- Attraktive Materialien wählen.
- Die Wahl des Lehrbuches und anderer Materialien begründen und Vor- und Nachteile offenlegen und diskutieren.
- Neugier wecken durch die regelmäßige Einführung neuer Stundenelemente, Abbau von langweiligen Routinen.
- Variantenreiche Aufgabentypen verwenden, Spielelemente einbeziehen, Interaktion in Kleingruppen fördern.

Erfolg

Selbstbewusstsein

L E R N E R

- Selbstbewusstsein der Lerner stärken durch Vertrauen in deren Leistungsfähigkeit, durch Feedback, durch das Herausstellen positiver Leistung, durch Reduzierung der Frustration (Wahl geeigneter Aufgaben).
- Lernstategien besprechen und trainieren, Hilfen zur Selbstevaluation geben, über eigene Schwierigkeiten beim Fremdsprachenlernen berichten.
- Herausstellen, was Lerner bereits erreicht haben, die Sehweise von Fehlern als Teil des Lernens kultivieren, eigene Fehler eingestehen.
- Lernern durch eine warme, aufgeschlossene Lernatmosphäre Angst nehmen.
- Lernern helfen, Bezüge zwischen ihren Bemühungen und Erfolgen herzustellen.

Während Dörnyeis Ansatz mehr darauf zielt, Lehrern Hilfestellungen zu bieten, geht Ema Ushioda (1996) der Frage nach, wie man Lerner dabei unterstützen kann, sich selbst zu motivieren. Ihr Ansatz folgt einem sozial-konstruktivistischen Paradigma, weil sie Motivation als eine kognitive Fähigkeit des Individuums betrachtet, das selbst Entscheidungen trifft, die allerdings vom sozialen und kulturellen Umfeld beeinflusst werden. In diesem Zusammenhang rücken Attributionen in den Mittelpunkt des Interesses, also welche Ursachen ein Individuum bestimmten Ereignissen zuweist, welche Erwartungen und welche internen Aufgabenziele vorliegen. Dabei spielt es eine entscheidende Rolle, ob Attributionen zeitlich als konstant (stabil) oder als variabel (instabil) empfunden werden. Die Erfahrungen von Lernern, ein schlechtes Ergebnis erzielt zu haben, wirkt daher nicht unbedingt demotivierend, sondern hängt von den Gründen ab, die Lerner für ihr Versagen finden. Glauben sie, dass eine schlechte Vorbereitung die Ursache war, man es also das nächste Mal besser machen kann, dann wird die Motivation, die Fremdsprache zu lernen, sicherlich kaum negativ beeinflusst (instabile Attribution). Sind die Gründe jedoch in ihren Augen kaum änderbar, wie z. B. eine mangelnde Fähigkeit zum Sprachenlernen (liegen also stabile Attributionen vor), dann kann die Motivation stark leiden. Hieraus lässt sich für den Lehrer die Aufgabe der Lernberatung ableiten. Durch konstruktives Feedback und Analyse des Lernverhaltens zusammen mit den betroffenen Schülern lassen sich Faktoren für den Misserfolg herausstellen, die die Schüler selbst verändern können.

Wie können Lerner sich selbst motivieren?

Attribution

stabile/variable Attributionen

Marion Williams und Robert L. Burden (1997) haben ähnlich wie Dörnyei eine Reihe von Faktoren analysiert, die Motivation im Fremdsprachenunterricht beeinflussen (Abb. II.3 basiert auf diesen Erkenntnissen). Sie greifen dabei auf die gängige Unterscheidung von intrinsischer und extrinsischer Motivation zurück. Intrinsisch motiviert ist ein Lerner, der seine Befriedigung aus dem Lernen der Fremdsprache selbst bezieht, während ein extrinsisch Motivierter aus den Begleitumständen des Lernens (z. B. gute Noten, Lob durch die Lehrer) schöpft. Intrinsische Motivation mündet im Idealfall in ein *flow*-Erlebnis, in dem Lerner aus eigenem Antrieb lernen, neue Fertigkeiten entwickeln und die Komplexität einer Aktivität selbst erhöhen (Csikzentmihalyi 1990). Beide Arten der Motivation sind nicht als Extreme zu sehen, sondern interagieren miteinander in dynamischer Weise.

intrinsische/extrinsische Motivation

Abb. II.3

Interne und externe Ursachen für Motivation

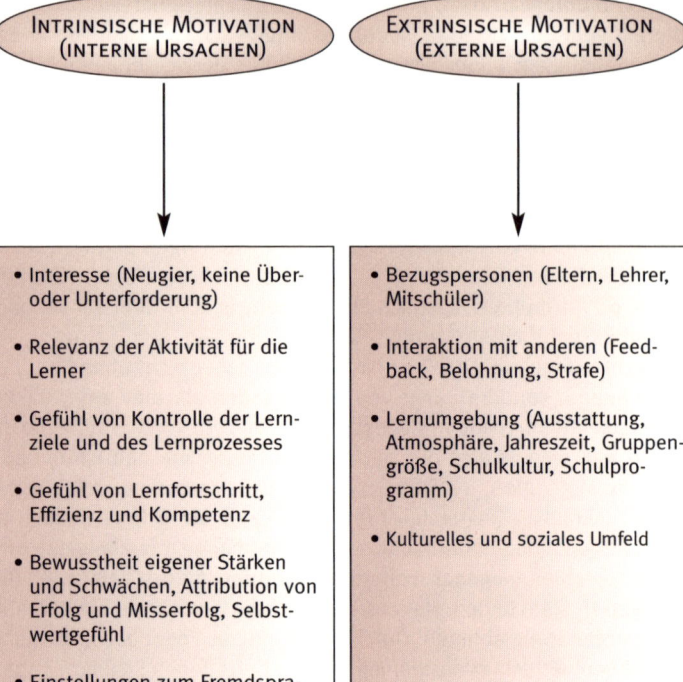

INTRINSISCHE MOTIVATION (INTERNE URSACHEN)	EXTRINSISCHE MOTIVATION (EXTERNE URSACHEN)
• Interesse (Neugier, keine Über- oder Unterforderung)	• Bezugspersonen (Eltern, Lehrer, Mitschüler)
• Relevanz der Aktivität für die Lerner	• Interaktion mit anderen (Feedback, Belohnung, Strafe)
• Gefühl von Kontrolle der Lernziele und des Lernprozesses	• Lernumgebung (Ausstattung, Atmosphäre, Jahreszeit, Gruppengröße, Schulkultur, Schulprogramm)
• Gefühl von Lernfortschritt, Effizienz und Kompetenz	• Kulturelles und soziales Umfeld
• Bewusstheit eigener Stärken und Schwächen, Attribution von Erfolg und Misserfolg, Selbstwertgefühl	
• Einstellungen zum Fremdsprachenunterricht, zur Fremdsprache, zur Kultur des Ziellandes	
• Vertrauen, Angst	

Motivationstheorien für den Fremdsprachenunterricht, die eine Vielzahl von Faktoren einbeziehen, kommen dem Wunsch nach einer ganzheitlichen Betrachtung des Gegenstandes nahe. Allerdings macht diese Vielzahl auch eine empirische Überprüfung schwierig (Dörnyei 1998), und obwohl erste Untersuchungen vorliegen (Gardner/Tremblay/Masgoret 1997), ist es ist noch relativ ungeklärt, wie die unterschiedlichen Elemente einander beeinflussen. Dies gilt besonders für das Lernen im Klassenzimmer, weil hier u. U. Menschen mit sehr verschiedenen Einstellungen und Motivationen aufeinander treffen.

Mind Map zum Kapitel II

GRUNDLAGEN

Instruktivismus
- Passive Informationsaufnahme
- Frontalunterricht
- Synthetischer Lehrplan
- Fremdevaluation
- Extrinsische Motivation
- Prinzip der Progression und Selektion
- Fehler: Nichterreichen von Lernzielen
- Externalistische Sehweise von Unterricht

Motivation
- Inhalts- vs. Prozesstheorien
- Sprache
- Lerner
- Lernsituation
- Integrativität
- Instrumentelle Faktoren
- Angst
- Zweit- vs. Fremdsprachenlernen
- Selbstmotivation
- Attributionstheorie
- Intrinsische vs. extrinsische Motivation

Konstruktivismus
- Lernen durch mentale Konstruktion
- Lehrer als Unterstützer von Lernprozessen
- Gruppen-/Partnerarbeit
- Analytischer Lehrplan
- Selbstevaluation
- Intrinsische Motivation
- Keine vorgegebene Selektion/Progression
- Fehler: Hinweis auf Lernprozesse
- Radikaler Konstruktivismus
- Sozialer Konstruktivismus
- Systemtheorie
- PDP-Modelle

Spracherwerbskonzepte

Expliziter Fremdsprachenerwerb
- Grammatik-Übersetzungsmethode
- Kognitive Methode
- Focus-on-Form

Impliziter Fremdsprachenerwerb
- Direkte Methode
- Audiolinguale Methode
- Kommunikativer Fremdsprachenunterricht

Einflussfaktoren
- Muttersprache
- Andere Fremdsprachen
- Explizites Sprachwissen
- Interlanguage
- Universalgrammatik
- Weltwissen
- Individuelle Lernerunterschiede
- Soziokulturelle Faktoren
- Klassenzimmer

Input
- Comprehensible input
- Language Acquisition vs. Language learning
- "i+1"

Output
- Non-Interface-Position
- Weak-Interface-Position
- Noticing
- Prozedualisierung

Negotiation
- Entwicklung von Diskursstrategien
- Scaffolding/Zone of Proximal Development (ZDP)

Weiterführende Literatur

● Konstruktivismus

Andreas Krapp, Comp. (1995): *Konstruktion von Wissen*. Thementeil der *Zeitschrift für Pädagogik* 41: 6.

Leslie P. Steffe und Jerry Gale, Hrsg. (1995): *Constructivism in Education*. Hillsdale, N. J.: Erlbaum.

Michael Wendt (1996): *Konstruktivistische Fremdsprachendidaktik. Lerner- und handlungsorientierter Fremdsprachenunterricht aus neuer Sicht*. Tübingen: Narr.

Dieter Wolff (1994): „Der Konstruktivismus: Ein neues Paradigma in der Fremdsprachendidaktik?". *Die Neueren Sprachen* 93.5: 407-429

● Explizites und implizites Fremdsprachenlernen

Willis Edmondson und Juliane House (2000): *Einführung in die Sprachlehrforschung*. 2. Aufl. Tübingen: UTB-Francke.

Nick C. Ellis, Hrsg. (1994): *Implicit and Explicit Learning of Languages*. London: Academic Press.

Rod Ellis (1994): *The Study of Second Language Acquisition*. Oxford: Oxford UP.

Peter Skehan (1998): *A Cognitive Approach to Language Learning*. Oxford: Oxford UP.

● Fremdsprachenmotivationsforschung

Zoltán Dörnyei (1998): „Motivation in Second and Foreign Language Learning". *Language Teaching* 31.3: 117-135.

Ema Ushioda (1996): *The Role of Motivation*. Learner Autonomy, 5. Dublin: Authentik.

III Lehrende, Lernende und das Klassenzimmer

Mit „Lehrende, Lernende und das Klassenzimmer" werden in diesem Kapitel Akteure und Prozesse angesprochen, die die Eckpfeiler für eine wissenschaftliche Auseinandersetzung mit dem Englischunterricht bilden. In den letzten Jahrzehnten sind dabei sehr unterschiedliche Traditionen entstanden, die das komplexe Zusammenspiel der drei Aspekte untersuchen. Das Interesse der Forschung ist dabei sowohl externalistisch und zielt auf beobachtbares Verhalten als auch internalistisch und stellt dann die kognitiven Prozesse der Beteiligten in den Vordergrund. Die Erforschung des Unterrichts kann ferner durch die beteiligten Akteure (Insider) selbst erfolgen oder durch von außen kommende Wissenschaftler (Outsider). Einige der sich hieraus ergebenden Untersuchungsmöglichkeiten sind in Abb. III.1 zusammengefasst.

Abb. III.1
Forschungsrichtungen

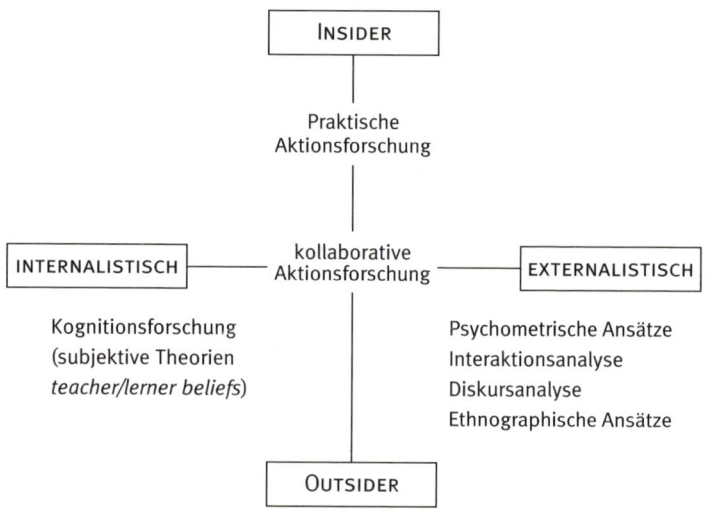

Psychometrische Ansätze, Interaktions- und Diskursanalysen sind am beobachtbaren Lehrer- und Lernerverhalten und an den Ergebnissen des Unterrichts interessiert (für eine ausführliche Besprechung dieses *process-product research* vgl. Chaudron 1988). Der psychometrische Ansatz beinhaltet die Anwendung mathematisch-statistischer Verfahren und untersucht i. d. R. die Wirksamkeit spezieller Unterrichtsverfahren unter Verwendung standardisierter Pre- und Posttests, die im Vergleich zu einer Kontrollgruppe durchgeführt werden. Dabei spielen vor allem zwei Gütekriterien eine wichtige Rolle: Die Reliabilität

process-product research
Psychometrie

Reliabilität

bezeichnet die Exaktheit, mit der gemessen wird. Diese Exaktheit kann z. B. durch die Länge des Tests (große Zahl von Items), objektive Auswertungsbedingungen und Vermeidung von Zufallstreffern bei der Aufgabenbeantwortung erreicht werden. Bei wiederholten Anwendungen muss ein so konstruierter Test unter gleichen Bedingungen die gleichen Ergebnisse erzielen. Die Validität oder diagnostische Gültigkeit gibt an, ob die Forschungsmethode und die Interpretation der Ergebnisse bedeutsam sind, der Test also das misst, was er messen soll.   **Validität**

In der Interaktionsanalyse kennzeichnen Beobachter in einem Raster in bestimmten Intervallen, welches Interaktionsverhalten sie gerade wahrgenommen haben (z. B. ob der Lehrer ermutigt, Ideen der Schüler aufgreift, Fragen stellt; ob Schüler einzeln oder im Chor antworten, eigene Ideen einbringen oder schweigen). In der Diskursanalyse wird die formale Struktur und die Funktion von Gesprächselementen erfasst. Funktionale Aspekte wären z. B. Klärungsfragen, Reparaturversuche bei unklaren oder unrichtigen Äußerungen, strukturelle Gesichtspunkte wie etwa fragmentarische Satzbildung, Äußerungen oder Prädikationen.   **Interaktionsanalyse** **Diskursanalyse**

Das Ziel der hier nur kurz angesprochenen Verfahren ist das Auffinden von allgemein gültigen Prinzipien, die zu einem erfolgreichen Spracherwerb im fremdsprachlichen Klassenzimmer führen. Die ethnographische Forschung (z. B. van Lier 1988) kritisiert an diesem Vorgehen, dass das Untersuchungsinstrumentarium (z. B. der Markierungsbogen bei der Interaktionsanalyse) vor der eigentlichen Untersuchung vorliegt. Das, was beobachtet werden soll, ist also schon im Vorfeld festgelegt und wird damit aus ethnographischer Sicht nicht der Komplexität des fremdsprachlichen Klassenzimmers gerecht. Je nach sozialer und ethnischer Zusammensetzung der Lerngruppe, den Einstellungen von Lehrern und Lernern, den angestrebten und verwendeten Methoden, der Orientierung z. B. auf Tests oder Examen hin, dem Alter und Geschlecht der Beteiligten können sich vorgefertigte Untersuchungskriterien als problematisch oder gar irrelevant erweisen. Erst mit der Beobachtung kristallieren sich daher für Ethnographen die Fragestellungen heraus. Dies setzt eine unvoreingenommene Beobachtung des Klassenzimmers in seiner ganzen Vielschichtigkeit voraus. Ethnographie dient damit dem Verstehen des Klassenzimmers und dem Aufbau von Theorien auf der Basis dieses Verständnisses.   **Ethnographie**

Erforschung mentaler
Konstrukte

Gerade in jüngster Zeit ist die externalistische, beobachtende Forschungsperspektive durch eine internalistische ergänzt worden. Dabei steht der Versuch im Vordergrund, die zu Grunde liegenden Konstrukte und kognitiven Prozesse zu beschreiben, die den Englischunterricht bedingen und die die Wahrnehmung des Unterrichts durch Lehrer und Schüler steuern (vgl. Freeman 1996, Woods 1996). Da mentale Konstrukte nicht direkt erfassbar sind, bedienen sich Forscher z. B. Interviews, Tagebüchern und Lehrer- und Schülerkommentaren zu Videoaufzeichnungen und vergleichen sie mit ihren ethnographischen Beobachtungen, um Rückschlüsse über die Denkweise der Beteiligten zu ziehen. Die Erkenntnisse dieser Forschungsrichtung tragen sehr viel dazu bei, Fremdsprachenerwerb in Abhängigkeit von einem Vermittlungskontext zu sehen, der durch die Denkweisen und Kommunikationsprozesse von Schülern und Lehrern geschaffen wird.

Die vergleichsweise einfache Handhabung vor allem qualitativer Forschungsmethoden und ihre argumentative Nähe zum professionellen Diskurs von Lehrern haben dazu geführt, die Beteiligten selbst dazu anzuregen, ihre Denkweisen und ihr Klassenzimmer zu erforschen und daraus Rückschlüsse für ihre Arbeit zu ziehen (z. B. Nunan 1989, Allwright/Bailey 1991, Burns/Hood 1995, Hermes 1996, Altrichter/Posch

Aktionsforschung

1998). Dieser mit dem Begriff Aktionsforschung *(action research)* verbundene Ansatz lässt sich auf verschiedenen Ebenen verwirklichen (R. Ellis 1997):

- In der technischen oder kollaborativen Aktionsforschung *(technical action research, collaborative action research)* kooperieren Lehrer und Wissenschaftler, um Aspekte zu untersuchen, die sich aus vorangegangener Forschung oder aus theoretischen Überlegungen ergeben haben.
- In der praktischen Aktionsforschung *(practical action research)* erforschen Lehrer selbst ihr Klassenzimmer, indem sie (1) ein bestimmtes Problem identifizieren, (2) Daten darüber sammeln und analysieren, (3) Handlungspläne zur Lösung des Problems entwickeln, (4) diese umsetzen und (5) erneut Daten sammeln und analysieren. Dieser Kreislauf von Reflexion und Aktion führt zur Weiterentwicklung der unterrichtlichen Praxis und trägt über die Schaffung einer Reflexionskultur, die man mit anderen Kollegen teilen kann, zu einer Professionalisierung des Lehrerberufes bei.
- Kritische Aktionsforschung stellt den Unterrichtszusammenhang und seine Erforschung in einen breiteren sozialen Kontext:

"Teachers need to become aware that their own understandings of classroom may be distorted and that their capacities for reflection (an essential part of the action research cycle) are influenced by social factors." (R. Ellis 1997: 86)

Aktionsforschung kann internalistisch ausgerichtet sein, wenn sie z. B. der Frage nachgeht, welche Einstellungen Schüler zum Englischlernen mitbringen und wie man solche Einstellungen ggf. ändern kann, sie kann aber auch eher externalistische Problemstellungen aufgreifen, z. B. wenn Lehrer beobachten, dass sie in ihren Stunden zu viel reden und Möglichkeiten erproben, den Sprechanteil der Schüler zu erhöhen. Da Aktionsforschung als Klassenzimmerforschung einen sehr komplexen Referenzrahmen hat, sind die Übergänge zwischen internalistisch und externalistisch allerdings fließend.

Aktionsforschung ist ein Beispiel für eine von Lehrern selbst ausgeführte Forschung. Obwohl die Veröffentlichung von Fallbeispielen solcher Forschung auch anderen Lehrern Reflexionshilfen für deren Unterrichtspraxis liefern kann, sind ihre Ergebnisse primär für das spezielle Klassenzimmer von Relevanz und lassen sich nur bedingt auf andere Situationen übertragen. Aktionsforschung „gehört" den an ihr Beteiligten und gerade dies macht sicherlich ihre Attraktivität für Lehrer aus (Wallace 1996). Neuerdings hat die Aktionsforschung durch die Einbeziehung von Schülern einen neuen Impuls erfahren, die gemeinsam mit ihren Lehrern das Klassenzimmer erforschen und so ihren Unterricht weiterentwickeln (Davis/Garside/Rinvolucri 1998, Weskamp 1999a/b).

Aktionsforschung von Lehrern mit Schülern

Insbesondere die internalistisch ausgerichtete Kognitionsforschung, ethnographische Ansätze und die Aktionsforschung sind für eine Fachdidaktik, die sich als eine praxisorientierte Wissenschaft versteht, von großer Relevanz. Auf sie wird daher im Folgenden besonders zurückgegriffen, um die Rolle von Lehrern, Schülern und dem Klassenzimmer im Englischunterricht zu klären.

Die Aufgaben von Lehrern im Englischunterricht sind vielfältig. Lehrer können Lernziele festlegen, Materialien und Methoden auswählen, sie können Schülern Hinweise auf ihren Lernfortschritt geben, sie können verschiedene Arten von Lernerfolgskontrollen durchführen, sie können aber auch die Kontrolle für diese Bereiche schrittweise auf die Lerner übertragen (Holec 1994); sie können die Bedürfnisse der Schüler berücksichtigen, sie können ihnen helfen, sich selbst zu beurteilen. Wie Lehrer in ihrem Unterricht verfahren und welche Wirkungen ihre Verfahrensweisen haben, lässt sich mit traditionellen Forschungsmethoden beschreiben. Allerdings bleibt dabei ungeklärt, Warum Lehrer im Klassenzimmer auf eine bestimmte Art und Weise verfahren.

konstruktivistische
Sehweisen (→ Kap. II)

In den letzten Jahren ist die Forschung der Frage nach dem Warum vor allem unter Bezugnahme auf den Konstruktivismus nachgegangen (Johnstone 1999). Die Erfahrung von Menschen wird durch die Selektion, Integration und ggf. Akkommodation (Rekonstruktion) bestehender mentaler Konstrukte organisiert. Dies gilt natürlich auch für Englischlehrer, die ihren Unterricht auf der Basis von Konstrukten planen und interpretieren. Devon Woods (1996) bezeichnet solche Konstrukte als *BAK networks (beliefs, assumptions, knowledge)*. *BAK*-Netzwerke beinhalten:

BAK-Netzwerke

- Annahmen über die Fremdsprache, z. B. welche Rolle Lesen, Hören, Sprechen, Schreiben, Vokabular und Grammatik spielen, ob diese Bereiche voneinander abhängig sind, ob grammatikalische Korrektheit beim Schreiben wichtiger ist als beim Sprechen usw.
- Annahmen über den Sprachlernprozess, z. B. ob man Sprachen eher induktiv oder deduktiv lernt, ob Menschen Sprachen auf verschiedenartige Weisen lernen, wie viel Eigeninitiative man Lernern einräumen sollte, welche Rollen Motivation oder Aufmerksamkeit spielen usw.
- Annahmen über das Lehren, z. B. ob ein Lernerstrategietraining sinnvoll ist oder ob man eine bestimmte Methode bevorzugen sollte.
- Kenntnisse z. B. aus der pädagogischen, psychologischen und fachdidaktischen Literatur und die Bedeutung, die Lehrer diesen Theorien zuweisen.

BAK-Netzwerke steuern die Planung, Wahrnehmung und Interpretation von Unterricht.

BAK-Netzwerke, so hat Woods in seiner umfassenden Studie nachgewiesen, sind allgegenwärtig in der Planung, Wahrnehmung und Interpretation des Unterrichts und erweisen sich als ausgesprochen kohärent: "[...] the BAK was part of the perceiving and thinking about the events, and part of the structuring and organizing of the decisions. When a decision was considered, it was considered in the context of BAK, and when it was remembered later it was also remembered in the context of BAK." (Woods 1996: 247)

Die Wichtigkeit der *BAK*-Netzwerke in den interpretativen Prozessen von Lehrern zeigt sich beispielsweise in der Verwendung grammatischer Begriffe im Unterricht, die Simon Borg (1999) untersucht hat. So vertritt eine Lehrerin in dieser Studie die Ansicht, dass Schüler zwar mit Hilfe der grammatischen Terminologie Grammatikbücher selbst lesen könnten und dass sie eine Vorliebe dafür hätten, Phänomene beim Namen zu nennen, dass aber das Verständnis der Funktionsweise von Sprache Vorrang habe. Sie erwartet daher nicht, dass ihre Schüler die Terminologie anwenden, gestattet aber Fragen danach. Dieses Konstrukt über die Sinnhaftigkeit grammatischer Begriffe hängt mit der starken kommunikativen Orientierung ihres Unterrichts zusammen und mit den Erfahrungen aus ihrer Schulzeit, in der sie nie den Umgang mit der Fachterminologie gelernt hat.

Beispiel: Die Verwendung grammatischer Terminologie

Die Bestandteile von *BAK*-Netzwerken und ihre Beziehungen untereinander sind Teil der individuellen Persönlichkeit einer Lehrerin oder eines Lehrers und erweisen sich infolgedessen als sehr stabil. Änderungen in der Erfahrungswelt von Subjekten führt jedoch manchmal dazu, dass sich Konstrukte als nicht mehr viabel erweisen. In diesem Fall kommt es zu einer Anpassung der mentalen Konstrukte durch Reorganisation bzw. Akkommodation (vgl. von Glasersfeld 1996). Einige Aspekte, die zur Entstehung und zur Veränderung von *BAK*-Netzwerken beitragen, sind in Abb. III.2 zusammengefasst (vgl. Richards/Lockhart 1996, Weskamp 1999a).

Anpassung und Veränderung von *BAK*-Netzwerken

Abb. III.2

Konstruktbildung bei Lehrern

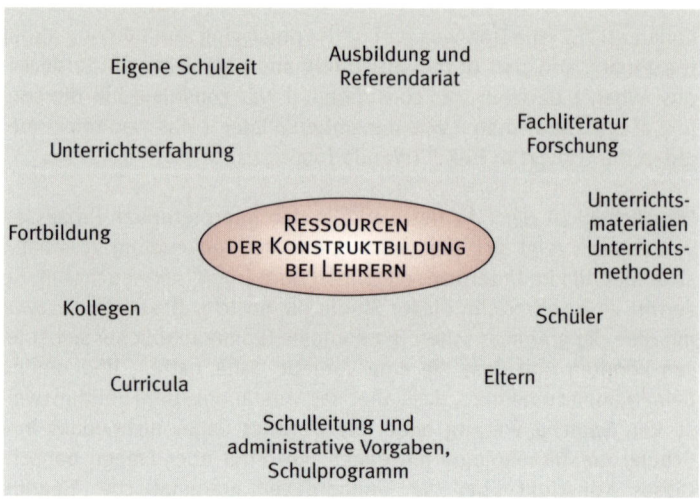

Eigene Schulzeit

Ausbildung und Referendariat

Fachliteratur Forschung

Unterrichtserfahrung

RESSOURCEN DER KONSTRUKTBILDUNG BEI LEHRERN

Unterrichtsmaterialien Unterrichtsmethoden

Fortbildung

Kollegen

Schüler

Curricula

Eltern

Schulleitung und administrative Vorgaben, Schulprogramm

Fragen der Aus- und Weiterbildung

Die hier angesprochene zentrale Rolle von *BAK*-Netzwerken für die Unterrichtspraxis wirft die Frage der Aus- und Weiterbildung von Lehrern auf: "Following on from this notion of the personal construction of meaning is the point that teachers themselves are the primary initiators of their own development. The spirit of inquiry, the wish to reflect on one's own teaching, perhaps to explore other paths, comes from within the practitioner; it cannot be imposed from outside and then measured by some objective assessment tool." (Wajnryb 1992: 10)

Ein Weg zu einer professionellen Entwicklung stellt folglich die Reflexion und das Sichbewusstmachen von Elementen eigener *BAK*-Netzwerke dar, weil offen gelegtes, zuvor nur intuitives Wissen evaluier- und veränderbar ist. Ein wichtiges Hilfsmittel, um solche Reflexionen zu institutionalisieren, kann insbesondere zu Beginn der Ausbildung das Verfassen von Sprachlernbiographien oder *student teacher*

Sprachlernbiographien

portfolios sein. Eine Sprachlernbiographie enthält u. a. Reflexionen darüber, was man selbst als Sprachlerner erfahren hat, welche Rückschlüsse man aus der eigenen Biographie über effektives Sprachlernen ziehen kann und inwieweit die Erfahrungen als Lerner einen Menschen auch als Lehrer beeinflussen (Bailey et al. 1996). *Student*

portfolios

teacher portfolios erfüllen eine ähnliche Aufgabe; in ihnen dokumentieren überwiegend angehende Lehrer ihre Praxis und reflektieren über sich und ihre Arbeit (Antonek/McCormick/Donato 1997). Solche *working portfolios* entstehen als Begleitprodukt während der gesam-

46

ten Ausbildungszeit und dokumentieren die professionelle Entwicklung. Sie können später die Basis für ein *showcase portfolio* sein, in dem die wichtigsten Inhalte des *working portfolios* so zusammengefasst und aufbereitet sind, dass sie beispielsweise bei einer Bewerbung Aufschluss über die Fähigkeiten des Kandidaten geben. Eine bedeutende Rolle spielt auch der professionelle Diskurs mit Kollegen. Woods (1996: 295-296) beschreibt dies anhand einer Lehrerin aus seiner Studie: "According to her, the changes occured through her experience with learners during a period in which she interacted a great deal with other teachers, sharing views, ideas and materials, and in which she felt particularly invested in the teaching she was doing. She noted that the change occured as a gradual progression, implying that the central aspects of her own approach and character were at no time threatened (as if there were central aspects which she identified with, and peripheral aspects that she was more ready to give up)." Entsprechend ergibt sich die Forderung nach einer „kommunikativen Lehrerfortbildung" (Edelhoff 1996), die einen solchen Austausch institutionalisiert. Schließlich sei auf die bereits zuvor erwähnte Aktionsforschung verwiesen, die in eine professionelle Gesprächskultur eingebettet sein kann.

professioneller Diskurs

Ähnlich wie Lehrer/innen verfügen auch Schüler/innen über *BAK*-Netzwerke, die der Wahrnehmung, Interpretation und Steuerung ihres Handelns dienen (Richards/Lockhart 1996; vgl. Abb. III.3). Anita L. Wenden (1998: 516) spricht in diesem Zusammenhang auch von metakognitivem Wissen und definiert es als "relatively stable information human thinkers have about their cognitive processes and those of others." Dabei lassen sich vier Bereiche isolieren:

III.3 Schüler/innen

Bereiche in *BAK*-Netzwerken

- Wissen um die eigene Person als Lerner *(person knowledge)*, vor allem, welche Faktoren man selbst für wichtig oder eher für hinderlich beim Spracherwerb erachtet. Hierzu gehören Alter, Motivation, Risikofreudigkeit, Ängstlichkeit, Lernstile, aber auch die Selbsteinschätzung beim Hören, Lesen, Sprechen oder Schreiben, in der Vokabelaneigung und in der Grammatikarbeit oder wie effektiv man allgemein als Fremdsprachenlerner ist.

Personenwissen

- Wissen um Aufgaben *(task knowledge)*, d. h. Wissen um den Zweck, den Aufbau und die Anforderungen von Übungen und die Einschätzung ihrer Sinnhaftigkeit für die Weiterentwicklung des eigenen Sprachkönnens.

Aufgabenwissen

strategisches Wissen

- Strategisches Wissen *(strategic knowledge)* beinhaltet Kenntnisse darüber, welche Lernerstrategien man bei der Lösung einer Aufgabe anwenden muss.

Sachwissen

- Sachwissen *(domain knowledge)*, meint nicht nur Faktenwissen, sondern auch konzeptionelles Wissen, also z. B. Kenntnisse über die Struktur eines fachspezifischen Diskurses. (Juristische Texte besitzen z. B. ein spezifisches Vokabular und eine besondere Gliederung, die sie von anderen Texten unterscheidet.)

Abb. III.3
Konstruktbildung bei Schülern

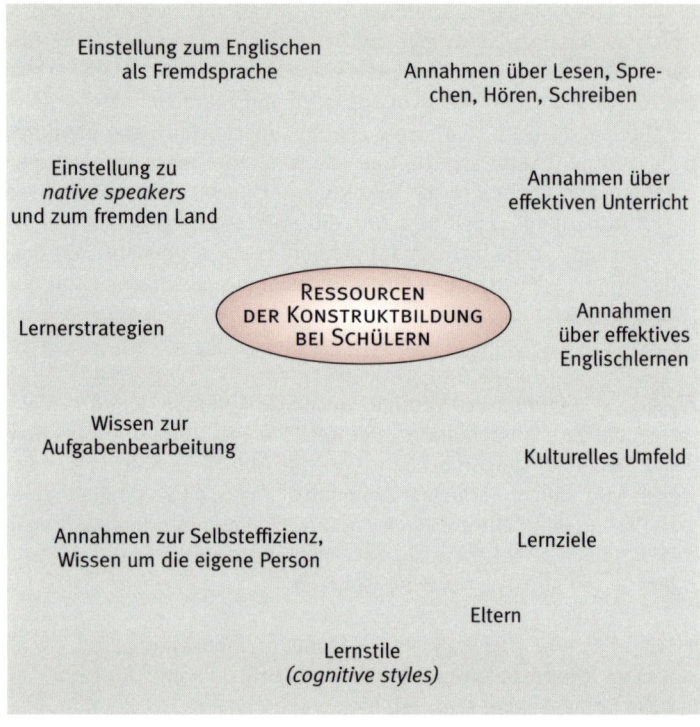

Einstellung zum Englischen als Fremdsprache

Annahmen über Lesen, Sprechen, Hören, Schreiben

Einstellung zu *native speakers* und zum fremden Land

Annahmen über effektiven Unterricht

Lernerstrategien

RESSOURCEN DER KONSTRUKTBILDUNG BEI SCHÜLERN

Annahmen über effektives Englischlernen

Wissen zur Aufgabenbearbeitung

Kulturelles Umfeld

Annahmen zur Selbsteffizienz, Wissen um die eigene Person

Lernziele

Eltern

Lernstile *(cognitive styles)*

Beispiele für die Funktionsweise von *BAK*-Netzwerken bei Schülern

BAK-Netzwerke fungieren als Orientierungs- und Analyserahmen. Lerner, die z. B. eine Hörverstehensaufgabe erhalten, die ihren eigenen Lernzielen, ihren Fähigkeiten und ihren Einstellungen entspricht, werden diese Aufgabe nutzen, um ihr Wissen zu erweitern. Lerner hingegen, die glauben, dass sie ohnehin nicht fähig sind, Hörtexten zu folgen, werden die Aufgabe nicht oder nur unwillig lösen. Lerner, die das Erlernen einer Fremdsprache als einfach empfinden, erbringen

48

bessere Leistungen als Lerner, die es für schwierig halten. Lerner, die glauben, dass Fehler unbedeutend sind, wenn die Kommunikation gelingt, haben mehr Freude am Fremdsprachenlernen und erwarten bessere Noten. Offenbar kann eine positive Einstellung zum Fremdsprachenlernen eigene Schwächen kompensieren (Mori 1999).

Lernerfahrungen in der Fremdsprache führen zur Integration neuer Elemente oder zur Akkommodation von *BAK*-Netzwerken. In einer von Marion Williams und Robert Burden (1999) durchgeführten Studie glauben beispielsweise die Schüler einer sechsten Klasse (Alter: 10–11), dass vor allem Sprechen und Konzentrationsfähigkeit zum Spracherfolg beitragen und – allerdings in geringerem Ausmaß – Lernen, Behalten und Üben. In der siebten Klasse (Alter: 11–12) kommt Fleiß hinzu, aber auch Interesse, Freude und die Qualität des Lehrers. In der neunten und zehnten Klasse (Alter 13–15) finden sich eine Fülle von Attributionen, wobei die wichtigsten Faktoren Fleiß und die Hilfe und Ermunterung durch Lehrer, Eltern und Mitschüler sind. Schüler dieser Altersstufe sehen auch den Zusammenhang zwischen Sprachlerneignung *(aptitude)* und Lernerfolg, wenn sie zum Beispiel äußern *I pick it up quickly*. Für Mori (1999: 409) stellt diese Erweiterung der *learner beliefs*, aber auch die Fähigkeit, eigene Konstrukte zu hinterfragen und zu überdenken einen wesentlichen Faktor für den Lernerfolg dar: "[...] the differences in beliefs between novice and advanced learners also suggest that only students who are able to change their beliefs make it into advanced courses. If students want to become advanced language learners, they should learn to be flexible in modifying their conceptions about learning in general and language learning in particular." Lehrer können diesen Prozess unterstützen, indem sie mit ihren Schülern Einstellungen und Wissen zum Sprachenlernen austauschen und ihnen Erfahrungen nahe bringen, die ihnen bislang verborgen waren. Dabei ist der Bereich der Lernerstrategien von besonderer Bedeutung, auf den im Folgenden eingegangen wird.

Sprachlerneignung

Lernerstrategieforschung stellt eine Reaktion auf den Behaviorismus dar und ist internalistisch ausgerichtet, betrachtet also kognitive Prozesse, die während des Spracherwerbs oder des Sprachgebrauchs ablaufen. Ihren Anfang nahm diese Forschungsrichtung mit der Beschreibung dessen, was gute von schlechten Fremdsprachenlernern unterscheidet (für einen kritischen Überblick vgl. R. Ellis 1994a). In der Folgezeit hat die Beschäftigung mit dem Terminus „Lernerstrategie" und seine Abgrenzung zu Lerntechniken zu Uneinheitlichkeit und Un-

Lernerstrategieforschung

Kompensationsstrategien

schärfe geführt (Zimmermann 1997). Zwar bezeichnen Strategien häufig innere Vorgänge (wie die Anwendung von Regeln, um Sprache zu verstehen oder zu produzieren) und Techniken äußere Handlungen (wie im Wörterbuch nachschlagen), jedoch teilen nicht alle Autoren diese Auffassung. Andrew D. Cohen (1998) schlägt daher vor, eine saubere Trennung der Begriffe aufzugeben und von einem Strategiekontinuum zu sprechen, das von allgemeinen Strategien (z. B. Hypothesen darüber zu formulieren, wie die Fremdsprache funktioniert) bis hin zu sehr speziellen Strategien (z. B. Randnotizen in Büchern anfertigen) reicht.

Seine allgemeine Definition lautet entsprechend: "[...] *language learning and language use strategies* can be defined as those processes which are consciously selected by learners and which may result in action taken to enhance the learning or use of a second or foreign language, through storage, retention, recall, and application of information about that language." (Cohen 1998: 4) In Anlehnung an die neuere Forschung (McDonough 1999) wird im vorliegenden Buch im Übrigen der Begriff „Lernerstrategie" gegenüber „Lernstrategie" bevorzugt, weil hierdurch der Lerner und seine aktive Rolle im Lernprozess in den Vordergrund rücken.

Welche Strategien tatsächlich von Lernern verwendet werden lässt sich durch eine Reihe von Forschungsmethoden, wie z. B. Interviews, Fragebögen, Beobachtung, „lautes Nachdenken" oder Tagebücher, erfassen und klassifizieren. J. Michael O'Malley und Anna Uhl Chamot (1990) differenzieren zwischen folgenden Strategien:

- **Kognitive Strategien** bearbeiten die eingehenden Informationen, um den Lernerfolg zu steigern. Hierzu gehören *resourcing* (die Nutzung von Nachschlagewerken), *grouping* (z. B. die Einteilung von Wörtern nach ihren Eigenschaften), *note taking* (das Anfertigen von Notizen), *summarising* (Anfertigen einer mentalen oder realen Zusammenfassung eines gehörten oder gelesenen Textes), *deduction* (Anwendung von Regeln, um Sprache zu verstehen oder zu produzieren), *imagery* (Nutzung mentaler oder realer Bilder, um Informationen zu verstehen und zu behalten), *auditory representation* (Sprechen im Geiste, um Verstehen und Behalten zu fördern oder zu ermöglichen), *elaboration* (das Herstellen von Assoziationen zwischen alten und neuen Informationen), *transfer* (Nutzung vorhandenen Wissens zum Verstehen oder zur Sprachproduktion), *inferencing* (Verwenden von Informationen aus einem Text, um unbekannte Teile zu verstehen).

- **Sozial-affektive Strategien** umfassen das komplexe Gebiet der der Interaktion mit anderen Personen und beinhalten *questioning for clarification, cooperation* und *selftalk*.
- **Metakognitive Strategien** beinhalten die Planung, die Selbstkontrolle und -evaluation einer Lernaktivität. Hierzu zählen *advance organisation* (Erfassen der Hauptgedanken des Aufgabenmaterials, z. B. durch Überfliegen eines Textes), *advance preparation* (z. B. durch Einüben der Sprachmittel, die zur Erledigung einer Aufgabe notwendig sind), *organisational planning* (Planung der mündlichen und schriftlichen Äußerungen), *selective attention* (Erfassen eines Textes durch das Achten auf Schlüsselbegriffe, *sentence adjuncts*, bestimmte Phrasen usw.), *self-monitoring* (Selbstkontrolle des Verständnisses beim Lesen, Schreiben, Hören und Sprechen), *self-evaluation* (Beurteilung des eigenen Lernerfolgs), *self-management* (Suchen nach Lernmöglichkeiten).

In O'Malley und Chamots Systematik sind die häufig separat behandelten Kommunikationsstrategien *(communication strategies)* integriert, die sich nicht so sehr auf das Sprachenlernen beziehen, sondern auf den Sprachgebrauch. Kommunikationsstrategien

Claus Faerch und Gabriele Kasper (1983b: 36) definieren solche Strategien als "potentially conscious plans for solving what to an individual presents itself as a problem in reaching a particular communicative goal." Sie unterscheiden hierbei zwischen

- formalen Reduktionsstrategien *(formal reduction strategies)*, bei denen Lerner in einer Kommunikationssituation mit bestimmten grammatischen Regeln oder Strukturen umgehen, um ihre Sprechgeschwindigkeit *(fluency)* zu steigern oder Fehler zu reduzieren formale Reduktionsstrategien
- funktionalen Reduktionsstrategien *(functional reducation strategies)*, bei denen Lerner ihr kommunikatives Ziel modifizieren, weil sie bestimmte Sprechakte nicht verwirklichen können. Die Folge kann z. B. das Umgehen bestimmter Themen, die Suche nach allgemeineren Ausdrücken oder der Abbruch eines begonnenen Satzes sein funktionale Reduktionsstrategien
- aktiven Problemlösestrategien *(achievement strategies)*, bei denen Lerner ein Kommunikationsproblem durch Erweiterung kommunikativer Mittel beheben. Hierzu gehören (1) Kompensationsstrategien *(compensatory strategies)* wie Rückgriff auf Problemlösestrategien

Kompensationsstrategien

Abrufungsstrategien

die Muttersprache (L1), die Verwendung von Paraphrasen, die Neubildung eigentlich nichtexistierender Wörter, die Umstrukturierung eines schon begonnenen Satzes oder die Bitte um Hilfe, und (2) Abrufungsstrategien *(retrieval strategies)*, die auftreten, wenn einem ein Wort auf der Zunge liegt und man nachdenkt, um es zu aktivieren.

Die umfassende Erforschung von Lernerstrategien und die zunehmende Lernerzentriertheit des Englischunterrichts haben zu einer Reihe von Veröffentlichungen zum Lernertraining geführt (z. B. Rampillon 1985a/b, Ellis/Sinclair 1989, Kleinschroth 1992, Aßbeck 1999, für kommunikative Strategien Weskamp 1997c) und die Integration von Lernerstrategien in das Englischcurriculum bewirkt (z. B. Kultusministerium NRW 1993). Grundsätzlich muss dabei über die Frage nachgedacht werden, ob man ein Strategietraining als separaten Kurs bzw. Workshop durchführt oder ob man es in den normalen Englischunterricht integriert. Cohen (1998) schlägt eine *strategies-based instruction* vor, in der Lehrer über Strategien informieren und Beispiele geben, mit Schülern über ihre eigenen Lernerfahrungen und über die Sinnhaftigkeit bestimmter Strategien diskutieren, ihre Schüler zum Experimentieren mit verschiedenen Strategien anregen und schließlich Strategien in ihre Unterrichtsmaterialien integrieren, um Schüler Strategien im Lernkontext erproben zu lassen. Ein solches Training zielt auf die Bewusstmachung von Lernerstrategien, kann zu einem Überdenken von subjektiven Theorien über „gute" Lernstrategien führen und damit zu einer Veränderung in Richtung zunehmender Reflexivität des eigenen Lernprozesses beitragen (vgl. Ridley 1997).

Weniger veränderbar als von Schülern verwendete Lernstrategien erweisen sich Lernstile (kognitive Stile, *learning styles*): "Learning styles are internally based characteristics, often not perceived or consciously used by learners, for the intake and comprehension of new information. In general, students retain these preferred learning styles despite the teaching styles and classroom atmospheres they encounter, although the students may over time, acquire additional styles." (Reid 1998b: ix) Lernstile kann man als alternative Sehweise zur Sprachlerneignung *(aptitude)* verstehen, die zwar eine der wichtigsten Erklärungen für den Erfolg im Spracherwerbsprozess darstellt, aber Lerner auch als Gewinner und Verlierer erscheinen lässt – entweder man besitzt die Begabung, eine fremde Sprache zu erlernen oder nicht (vgl. R. Ellis 1994a, Skehan 1998). Eine eher ganzheitliche Seh-

Lernertraining

strategies-based instruction

Lernstile

Sprachlerneignung

weise des Lerners, die sich in der Zeit nach dem Behaviorismus durchgesetzt hat, macht das Konzept der Lernstile attraktiver. Eine Person kann mehrere Lernstile besitzen, und Lernstile werden als wertneutral betrachtet. Allerdings ist bislang noch unklar, ob bestimmte Lernstile zu einem schnelleren oder besseren Spracherwerb führen.

Lernstile sind auf sehr unterschiedliche Weisen eingeteilt worden. Eine Möglichkeit bietet die Differenzierung zwischen „umfeldabhängig" und „umfeldunabhängig" (*field dependence/independence*; vgl. Edmondson/House 1993, Skehan 1998, Ehrman 1998). Umfeldunabhängige Individuen (*FI*-Individuen) denken gewöhnlich analytisch, zerlegen also eine komplexe Aufgabenstellung in einzelne Teile und konzentrieren sich dann auf die wesentlichen Aspekte; sie treffen Entscheidungen auf Grund ihrer eigenen Interpretationen, sie gehen ihre eigenen Wege und orientieren sich nicht an Personen in ihrem Umfeld. Umfeldabhängige Individuen (*FD*-Individuen) nehmen Aufgabenstellungen holistisch, als Ganzes wahr, sind in ihren Entscheidungen auf die Meinungen anderer Personen angewiesen und sozial eingestellt. Im Sprachlernprozess profitieren *FD*-Individuen vor allem von kommunikativen Situationen, in der sie sehr viel sprachlichen Input erhalten, der ihren Mangel an analytischen Fähigkeiten (z. B. sich auf wichtige Bereiche der Sprache zu konzentrieren) möglicherweise kompensiert. *FI*-Individuen hingegen haben vor allem von formellen Übungen Nutzen, die sie unabhängig von anderen lösen können.

FD-/FI-Lernstile

Im Klassenzimmer treffen *FD*- und *FI*-Individuen und damit ganz unterschiedliche Lernstile aufeinander. Solche Lernstile offen zu legen, kann dazu beitragen, dass Lehrer und Schüler ihre Gewohnheiten besser verstehen und dass Übungen bereitgestellt werden, die unterschiedliche Bedürfnisse berücksichtigen (Oxford 1997). Auf diese Weise können Konflikte beigelegt werden, die z. B. dadurch entstehen, dass der eine Lerner am liebsten Englisch lernt, indem er sich mit Grammatik auseinander setzt, indem er selbst seine Fehler aufspürt, während der andere es bevorzugt, mit seinen Klassenkameraden zu sprechen und sich gerne vom Lehrer korrigieren lässt. Dies gilt in besonderem Maße für kulturell heterogen zusammengesetzte Lerngruppen. So scheinen Südamerikaner und Vietnamesen eher umfeldabhängig zu sein, weil ihre Kultur eine starke Orientierung auf die Gruppe und die Kontrolle durch die Eltern favorisiert, während Anglo-Amerikaner oft umfeldunabhängig erscheinen, weil sie einen analytischen

Lernstile im Klassenzimmer

Kulturbezogenheit von Lernstilen

Umgang mit Problemen bevorzugen. Allerdings sind diese Erkenntnisse in der Forschung nicht einheitlich belegt (Oxford/Anderson 1995).

Theorie multipler
Intelligenzen

Wie bereits angedeutet, können Lehrer im Sinne einer stärkeren Berücksichtigung individueller Bedürfnisse auf der Basis einer Diagnose, welche unterschiedlichen Lernertypen sich in ihren Klassen befinden, unterschiedliche Aufgabentypen bereitstellen. Eine für pädagogische Zwecke feinere Klassifizierung als die des *FD/FI*-Modells ist beispielsweise auf der Basis von Howard Gardners Theorie multipler Intelligenzen möglich (Christison 1998). Gardner (1993) unterscheidet sechs verschiedene „Intelligenzen", d. h. Mechanismen im Gehirn, die jeweils spezifischen Input (z. B. Bewegung oder Tonhöhen) verarbeiten. Diesen Intelligenzen lassen sich Übungstypen zuordnen:

- Linguistische Intelligenz: Lernen durch Vorträge, Diskussionen, Arbeitsblätter, Wortspiele, Debatten, Erzählungen, Produktion von geschriebenen Materialien (z. B. Klassenzeitung, eigene Erzählungen).
- Logisch-mathematische Intelligenz: Lernen durch die analytische Präsentation von Sprache, durch Sprachspiele oder durch das Erkennen von Regelhaftigkeiten.
- Räumliche Intelligenz: Lernen durch Visualisierungen, Diagramme, Videos, Bildern, Assoziogramme (Mind Maps), Zeichnungen.
- Körperintelligenz: Lernen durch das Umsetzen von Sprache in kreative Bewegungen, Rollenspiele, Standbilder.
- Musische Intelligenz: Lernen durch das Singen und Vorspielen englischer Songs.
- Personelle Intelligenz: Lernen durch Gruppenarbeit, Reflexion über den Lernprozess, durch das Führen von Tagebüchern.

Verschiedene Übungsbeispiele können im Unterricht durchgeführt werden, und über Fragen wie Welcher Teil der Stunde war für dich am angenehmsten? Welchen Teil fandest du am einfachsten? Wann hast du am meisten gelernt? lassen sich Lernpräferenzen als Teil des *BAK*-Netzwerkes bewusstmachen. Schüler werden so befähigt, eigene Schwierigkeiten besser zu verstehen und lernen ggf. aus Übungen auszuwählen, die für sie besser geeignet sind.

Lehrer und Lerner gehen nicht als *tabula rasa* in das Klassenzimmer, so haben die vorangegangenen Abschnitte gezeigt, sondern sie bringen ihre jeweiligen Einstellungen und Annahmen mit. Wie kann sich das Klassenzimmer als Zusammenspiel so unterschiedlicher Personen entwickeln?

Es ist bereits gezeigt worden, dass *BAK*-Netzwerke Teil von Individuen (psychischen Systemen) sind und daher zunächst als abgeschlossene Einheiten verstanden werden müssen. Aus sozialkonstruktivistischer Sicht ist der Aufbau eines sozialen Systems – und hierzu zählt das Klassenzimmer – nur möglich, wenn psychische Systeme miteinander kommunizieren. Luhmann (1996) spricht in diesem Zusammenhang von Interpenetration, also von der Möglichkeit, dass der gegenseitige Austausch von psychischen (und sozialen) Systemen zur Strukturbildung beider Systeme beiträgt. Die Kommunikation zwischen den Individuen orientiert sich dann notwendigerweise daran, „was psychische Systeme in ihr Bewusstsein bereits aufgenommen haben und was nicht." (Luhmann 1996: 295) Falls kein gegenseitiger Austausch über die jeweiligen Einstellungen und subjektiven Theorien stattfindet, läuft der Unterricht Gefahr, ineffizient zu werden. Hierzu ein Beispiel: Viele Englischlehrer glauben, dass das Führen von Vokabellisten das Erlernen von Wörtern positiv unterstützt. Ihre Schüler lernen aber möglicherweise zu Hause mit Hilfe von Vokabellernprogrammen oder Karteikastensystemen. Falls der Unterricht keinen Austausch zwischen Schülern und Lehrern ermöglicht, Interpenetration also nicht stattfindet, dann führen Schüler Vokabellisten nur, weil es von ihnen verlangt wird, während sie sich den Wortschatz eigentlich auf andere Art und Weise aneignen. Ein im Unterricht etabliertes Verfahren ist dann im Grunde irrelevant geworden.

sozialkonstruktivistische
Perspektive (→ Kap. II)

Interpenetration
(→ Kap. II)

Leo van Lier (1996) spricht von einem Übergang der Lernkultur von Transmission zu Transformation, also von der Vermittlung von Wissen zu einer kontinuierlichen, gemeinsamen Neubestimmung des Klassenzimmers: "At this level it is appropriate to speak of true *co-construction* of meanings and events." (van Lier 1996:180) Ausgangspunkt für einen solchen Ansatz ist das Erforschen der vielfältigen *BAK*-Netzwerke und das Verstehen von Unterschiedlichkeit. Wolfgang Fichten (1993) hat hierzu ein Konzept vorgeschlagen, das er als „Meta-Unterricht" bezeichnet. Schüler und Lehrer tauschen sich dabei über ihre Einstellungen aus, erheben und interpretieren Daten und ziehen Schlussfolgerungen für die Weiterentwicklung ihres

Transmission → Transformation

Meta-Unterricht

Klassenzimmers (für ein Beispiel vgl. Weskamp 1999a). Methodisch gesehen handelt es sich um Aktionsforschung unter Beteiligung von Lehrern und Schülern (vgl. Abb. III.4). Die Bewusstmachung eigener Konstrukte und ihre Beziehung zum Unterricht kann durch spezielle Übungen vorbereitet werden, wie sie z. B. Paul Davis, Barabara Garside und Mario Rinvolucri (1998) gesammelt haben. Ein Beispiel aus ihrem Buch *Ways of Doing* ist die Ballondebatte, in der es eigentlich darum geht, dass ein Freiluftballon an Höhe verliert und man sich von einem Insassen trennen muss, um nicht abzustürzen. Diese etwas makabre Diskussion wird nun nicht über Personen, sondern über Unterrichtselemente geführt. Die Lehrerin oder der Lehrer bittet die Schüler zunächst, Bestandteile ihres Kurses an die Tafel zu schreiben (etwa Grammatik, Vokabular, Aussprache, Hören, Sprechen, Lesen, Schreiben, Spiele, Lieder, Diktate, Videos) und dann Schülergruppen zu bilden, die je einen Bestandteil repräsentieren. Die Schüler bereiten Argumente vor, um ihren Bestandteil zu retten. Anschließend diskutieren sie ihre Erwartungen und Reaktionen. Dies ist ein Anfang, Schülern ihre *BAK*-Netzwerke bewusst zu machen und in einen Diskurs über den Unterricht einzutreten.

Abb. III.4
Meta-Unterricht (Weskamp 1999a: 165)

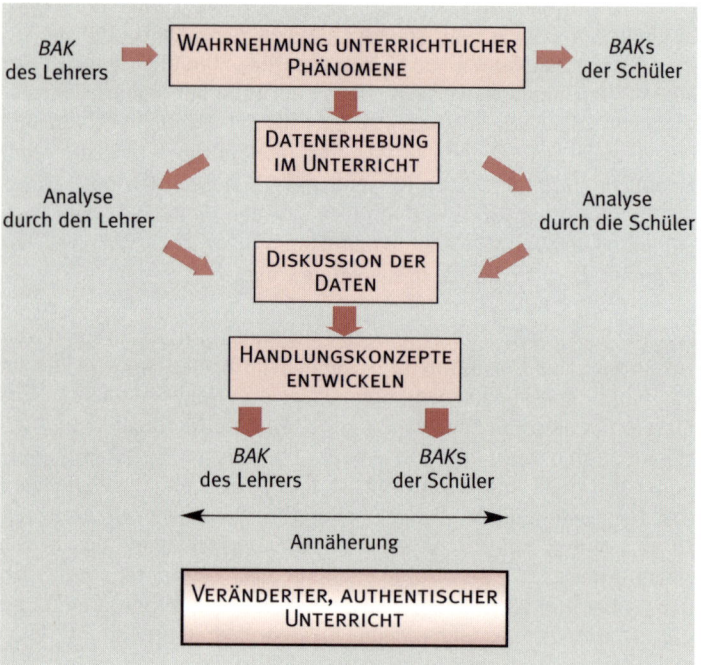

56

Im Rahmen einer so gefassten Entwicklung des Klassenzimmers unter gemeinsamer Anstrengung von Schülern und Lehrern ist auch der Begriff der Authentizität zu überdenken und zu erweitern (vgl. Breen 1985, van Lier 1996, Siebold 1997, Amor 1999, Weskamp 1999a). Grundsätzlich lassen sich verschiedene Ebenen der Authentizität und damit verbundene Fragestellungen unterscheiden:

Authentizität

Ebenen von Authentizität

- **Authentizität von Materialien:** Von wem stammt das Material? Wer bringt das Material in den Unterricht ein (Lehrer oder Schüler)? Für wen ist es intendiert? Wie wird das Material im Unterricht benutzt?
- **Kontextuelle Authentizität:** Nimmt sich das Klassenzimmer selbst als Klassenzimmer ernst, d. h. als Raum für Experimente, als Diskussionsforum; als Teil des Lebensraums von Lehrern und Lernern, an dem diese aktiv partizipieren?
- **Authentizität der Person:** Reflektieren die Beteiligten ihre Vorstellungen, Einstellungen und Gefühle? Sind sie intrinsisch motiviert und schaffen sie zielgerichtet Möglichkeiten für den eigenen Lernfortschritt, soweit dies in der jeweiligen Situation möglich ist?

Authentizität in diesem Sinne hat dann weniger mit „guten" authentischen und „schlechten" unauthentischen Texten zu tun, sondern ist ein wertneutrales Konstrukt, das an die handelnden Personen gebunden ist und erst im Kontext des unterrichtlichen Rahmens entsteht.

Mind Map zum Kapitel III

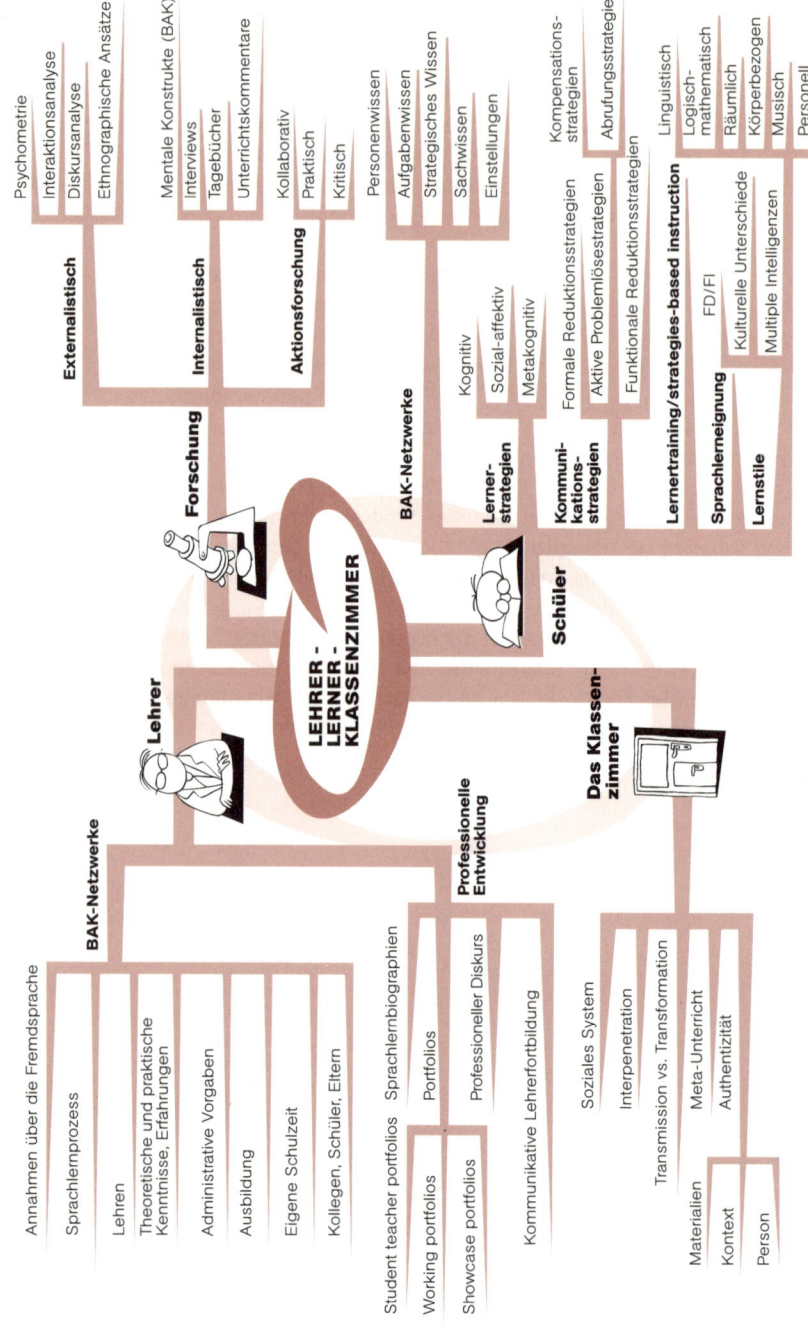

LEHRER - LERNER - KLASSENZIMMER

Lehrer

BAK-Netzwerke
- Annahmen über die Fremdsprache
- Sprachlernprozess
- Lehren
- Theoretische und praktische Kenntnisse, Erfahrungen
- Administrative Vorgaben
- Ausbildung
- Eigene Schulzeit
- Kollegen, Schüler, Eltern

Professionelle Entwicklung
- Sprachlernbiographien
- Portfolios
  - Student teacher portfolios
  - Working portfolios
  - Showcase portfolios
- Professioneller Diskurs
- Kommunikative Lehrerfortbildung

Forschung

Externalistisch
- Psychometrie
- Interaktionsanalyse
- Diskursanalyse
- Ethnographische Ansätze

Internalistisch
- Mentale Konstrukte (BAK)
  - Interviews
  - Tagebücher
  - Unterrichtskommentare

Aktionsforschung
- Kollaborativ
- Praktisch
- Kritisch

Schüler

BAK-Netzwerke
- Personenwissen
- Aufgabenwissen
- Strategisches Wissen
- Sachwissen
- Einstellungen

Lernerstrategien
- Kognitiv
- Sozial-affektiv
- Metakognitiv

Kommunikationsstrategien
- Kompensationsstrategien
- Abrufungsstrategien
- Formale Reduktionsstrategien
- Aktive Problemlösestrategien
- Funktionale Reduktionsstrategien

Lernertraining/strategies-based instruction
- Linguistisch
- Logisch-mathematisch
- Räumlich
- Körperbezogen
- Musisch
- Personell

Spracherneignung
- FD/FI
- Kulturelle Unterschiede
- Multiple Intelligenzen

Lernstile

Das Klassenzimmer
- Soziales System
- Interpenetration
- Transmission vs. Transformation
  - Meta-Unterricht
  - Authentizität
    - Materialien
    - Kontext
    - Person

- Fremdsprachendidaktische Forschungsmethoden

Kathleen M. Bailey und Daivd Nunan, Hrsg. (1996): *Voices from the Language Classroom*. Qualitative Research in Second Language Education. Cambridge: Cambridge UP.

Craig Chaudron (1988): *Second Language Classrooms*. Research on Teaching and Learning. Cambridge: Cambridge UP.

- Lehrende

Jack C. Richards und Charles Lockhart (1996): *Reflective Teaching in Second Language Classrooms*. Cambridge: Cambridge UP.

Devon Woods (1996): *Teacher Cognition in Language Teaching*. Beliefs, Decision-making and Classroom Practice. Cambridge: Cambridge UP.

- Lernende

Andrew D. Cohen (1998): *Strategies in Learning and Using a Second Language*. London: Longman.

Joy M. Reid, Hrsg. (1998): *Understanding Learning Styles in the Second Language Classroom*. Upper Saddle River, N. J.: Prentice Hall.

Jennifer Ridley (1997): *Developing Learners' Thinking Skills*. Learner Autonomy, 6. Dublin: Authentik.

- Klassenzimmer und Authentizität

Leo van Lier (1996): *Interaction in the Language Curriculum*. Awareness, Autonomy & Authenticity. London: Longman.

Weiterführende Literatur

IV Lernerzentrierter Englischunterricht – Konzeptionen und Methoden

IV.1
Die Suche nach
geeigneten Methoden

Über viele Jahrzehnte war die Geschichte des Englischunterrichts von der Suche nach einer geeigneten Methode geprägt, um die Schwierigkeiten und Mühen des Erlernens einer Fremdsprache zu minimieren und schneller zu besseren Ergebnissen zu gelangen. Während ursprünglich jeder Fremdsprachenlehrer seine eigene Methode verfolgte, kam es seit Ende des 18. Jahrhunderts immer wieder zu Vorschlägen, die eine Lösung des Sprachlernproblems versprachen. Hiermit verbunden sind Namen, die auch jetzt noch klangvoll erscheinen: Die Methode Toussaint-Langenscheidt, die Hoffnung, nach der Methode M. François Gouins eine Fremdsprache in nur sechs Monaten zu erlernen, Wilhelm Viëtors neue Methode (im Anschluss an seine Streitschrift *Der Fremdsprachenunterricht muss umkehren!*), die Berlitz-Methode, schließlich in neuerer Zeit die audio-linguale, die audio-visuelle, die bilinguale Methode, die den *mainstream* geprägt haben, und *Total Physical Response, Silent Way* und *Community Language Learning*, die eher am Rande wirken (Butzkamm et al. 1977, Batz/Bufe 1991, Nunan 1991). Heute scheint sich die Erkenntnis durchgesetzt

Die eine Methode gibt es nicht.

zu haben, dass es keine Methode geben wird, die für alle Menschen geeignet ist und die den unterschiedlichen Bedürfnissen von Lernern von Europa über Amerika bis hin zu Kambodscha, China, Indonesien oder Vietnam gleichermaßen Rechnung trüge.

Einfluss der Postmoderne

Die Postmoderne als Denkweise, in der Unbestimmtheit, Fragmentierung, Komplexität und Selbstreflexion eine wesentliche Rolle spielen, unterstützt die Vielfalt, die die heutigen Klassenzimmer prägt. Statt einer Methode anzuhängen, bedienen sich Lehrer bei den verschiedensten Ansätzen und greifen häufig zu Ideenbausteinen wie den von Alan Maley herausgegebenen *Resource Books for Teachers* (Oxford University Press) oder den bei Cornelsen-Scriptor erschienenen *Fundgruben für den Englischunterricht*. Methodische Entscheidungen im Unterricht erscheinen dann als legitim, wenn sie zum gewünschten Ergebnis führen. Solche Entscheidungen sind stark kontextabhängig und können nur frei von Dogmatismus getroffen werden. Hier ist eine starke Analogie zur postmodernen Wissenschaftstheorie Paul Feyerabends zu sehen, der gezeigt hat, dass nur ein einziger Grundsatz den Fortschritt nicht behindert, nämlich „anything goes" (Feyerabend 1986: 21). Dies setzt allerdings ein Bewusstsein aller Beteiligten für methodische Möglichkeiten voraus und macht die situationsspezifische Überprüfung von Erfolgen z. B. mit Hilfe der Aktionsforschung notwendig. Auf dieser Ba-

Methodik: Bestimmung des Begriffes

sis lässt sich der Begriff der Methodik mit Bezug auf die Lehrer anhand von drei Komponenten näher bestimmen (vgl. Meyer 1987):

- Unterrichtsmethodisches Handeln beschreibt die Inszenierung des Unterrichts und bezieht sich auf die Organisationsformen des Lernens.
- Unterrichtsmethodische Handlungskompetenz bezeichnet die Fähigkeit von Lehrern, die Lernprozesse von Schülern in häufig kaum vorhersagbaren Unterrichtssituationen zu organisieren.
- Unterrichtsmethodisches Theoriewissen bezeichnet das in der fachdidaktischen Diskussion etablierte Wissen über fremdsprachliche Lehr- und Lernprozesse.

Eine Vagheit bei der Methodenbestimmung ist nicht nur in der Didaktik des Englischen, sondern auch in der allgemeinen Didaktik zu beobachten, in der die ehemals „großen Didaktiken", nämlich die lerntheoretische und die bildungstheoretische, nahezu zu einer Position verschmolzen sind und den Eindruck einer eher stagnierenden Diskussion hinterlassen haben. Jank und Meyer (1994: 127) sprechen von einem „Paradigmenschwund" und einer "Paradigmenverschmelzung". Was allerdings geblieben ist, sind Intentionen eines konsequent schülerorientierten Unterrichts: Solidarität, Kompetenz, Autonomie (bei Wolfgang Schulz) und Selbstbestimmungsfähigkeit, Mitbestimmungsfähigkeit und Solidaritätsfähigkeit (bei Wolfgang Klafki). Dieser Trend hat auch den Englischunterricht erfasst, und bezeichnenderweise ist es mit Wolfgang Schulz ein allgemeiner Didaktiker, der 1990 in der Zeitschrift *Der fremdsprachliche Unterricht* für offenere Formen des Unterrichts plädiert hat. Insgesamt scheint der Englischunterricht heute stärker von der Pädagogik als von der Linguistik beeinflusst zu sein. Die Ursache dieser „Pädagogisierung" (Weskamp 1996b) ist u. a. darin zu sehen, dass sich der Diskurs der angewandten Linguistik zunehmend vom Diskurs der Fremdsprachenlehrer entfernt hat: "SLA [second language acquisition research] and LP [language pedagogy] have different goals – theory building versus practical action – and draw on different epistomologies – technical versus professional knowledge. A simple transfer of information from one Discourse to the other is, therefore, simply not possible." (R. Ellis 1997: 88) Die allgemeine Didaktik hingegen liefert mit Unterrichtskonzepten wie Projektunterricht, handlungsorientiertem Unterricht und offenem Unterricht eine „Didaktik zum Anfassen" (Jank/Meyer 1994: 291), die auch für Englischlehrer attraktiv ist.

Im Bereich der Fremdsprachendidaktik hat sich die Lernerzentriertheit mit dem kommunikativen Ansatz (*Communicative Language Teach-*

Pädagogisierung des Fremdsprachenunterrichts

angewandte Linguistik und Unterrichtspraxis

Kommunikativer Fremdsprachenunterricht (CLT)

ing, CLT) vollzogen, der in Deutschland vor allem durch die Arbeiten Hans-Eberhard Piephos entwickelt und verbreitet wurde. *CLT* hat sich als sehr offen gegenüber neuen Trends erwiesen und kann daher nicht als geschlossene Methode verstanden werden, sondern als Basis für einen sich ständig erneuernden Fremdsprachenunterricht. So haben beispielsweise Überlegungen zu einem projektorientierten, prozessorientierten, autonomen und interkulturellen Fremdsprachenlernen zu deutlichen Veränderungen der Unterrichtspraxis geführt, die manche Forscher sogar von einer „postkommunikativen Fremdsprachendidaktik" sprechen lassen (z. B. Wolff 1994b). Im Folgenden sollen die Grundzüge des *CLT* zunächst vorgestellt werden, um hieraus Neuansätze für die Methodik des Englischunterrichts abzuleiten.

IV.2 Kommunikativer Fremdsprachenunterricht

Pragmalinguistik

Sprachphilosophie (Sprechakttheorie)

Soziolinguistik

Theorie des kommunikativen Handelns

Kritische Erziehungswissenschaft

kommunikative Kompetenz

Modern Language Projects

Robert Lado beschrieb 1961 als Hauptanliegen des Fremdsprachenunterrichts, "among the general elements to be learned there is the linguistic form to be produced and heard, to be remembered, and to be established as a habit" (Lado 1961: 16). Diese Position wurde seit Ende der 60er Jahre immer stärker hinterfragt, wobei insbesondere die Erkenntnisse der Pragmalinguistik (z. B. Bronislaw K. Malinowski, John R. Firth, M. A. K. Halliday), der aus der Sprachphilosophie erwachsenen Sprechakttheorie (z. B. John L. Austin, John R. Searle) und der Soziolinguistik (z. B. Dell Hymes, John J. Gumpertz, William Labov) eine wesentliche Rolle spielten (vgl. Richards/Rodgers 1986). In Deutschland fanden im Zusammenhang mit dem Wunsch, einen neuen Weg für den Fremdsprachenunterricht zu finden, auch intensive Auseinandersetzungen mit sozialwissenschaftlichen Erkenntnissen (Jürgen Habermas' *Theorie des kommunikativen Handelns*) und mit der pädagogischen Theoriebildung (vor allem Karl-Hermann Schäfer und Klaus Schallers *Kritische Erziehungswissenschaft und kommunikative Didaktik*) statt. Intention des Englischunterrichts ist in der Folgezeit nicht mehr allein die Beherrschung von Sprachstrukturen wie in der audiolingualen Methode, sondern die „kommunikative Kompetenz", also die Fähigkeit von Individuen, in unterschiedlichsten Situationen sprachlich angemessen zu handeln. Dabei spielen das Thema *(field of discourse)*, die Beteiligten und ihre Beziehungen zueinander *(tenor of discourse)* und die Funktion der gesprochenen oder geschriebenen Sprache *(mode of discourse)* eine wesentliche Rolle (vgl. Halliday/Hassan 1989).

Auf politischer Ebene haben bis heute in besonderem Maße die *Modern Language Projects* des Europarates zur Verbreitung des *CLT* beigetragen. Leitziele waren und sind dabei, dass Sprachenlernen ein Recht jedes Bürgers sei, dass es auf reale, lebensnahe Kommunikationssituationen zielen solle und dass es die Bedürfnisse, Interessen und Fähigkeiten der Lerner mit einbeziehen müsse. Im *Common European Framework of Reference* (*Council of Europe* 1996), der ein Planungsinstrument für die Curriculumsentwicklung, Lehrwerkerstellung und Lehrerbildung in allen europäischen Ländern darstellt, ist auch eine ausführliche Spezifizierung der „kommunikativen Kompetenz" enthalten, die in Abb. IV.1 zusammengefasst ist.

Europäischer Referenzrahmen (→ Kap. VIII)

Abb. IV.1
Kommunikative
Kompetenz

Linguistische Kompetenz: Das Wissen und die damit verbundene Fähigkeit, auf lexikalischer, grammatischer, semantischer und phonologischer Ebene adäquat und für andere akzeptabel zu formulieren.

Soziolinguistische Kompetenz: Das Wissen und die Fähigkeit, soziale Beziehungen sprachlich zu etablieren (z. B. Grußformeln), Höflichkeit auszudrücken, feststehende Ausdrücke zu verwenden, registerbezogen zu formulieren, Dialekte und Akzente zu erkennen und adäquat darauf zu reagieren.

Pragmatische Kompetenz: Das Wissen und die Fähigkeit, sprachlichen Diskurs angemessen zu gestalten (Gliederung, Stil, Register, rhetorische Gestaltung usw.), Texte und Äußerungen funktional zu gestalten (z.B. bei Erzählungen, Argumentationen, Kommentaren, beim *socializing*, beim Ausdruck von Emotionen).

Strategische Kompetenz: Das Wissen und die Fähigkeit, Interaktion zu planen, auszuführen, zu kontrollieren und ggf. auf Kommunikationsprobleme (wie Missverständnisse) zu reagieren.

Die Prinzipien einer kommunikativen Didaktik für den Englischunterricht formuliert Piepho (1979: 120-123), wie folgt:

- Sinn jeder Kommunikation ist die Mitteilung von Absichten, Meinungen, Gedanken, Gefühlen, Einstellungen bzw. deren Rezeption und Deutung beim Hören und Lesen.
- Der Inhalt einer kommunikativen Äußerung ist meist wichtiger als ihre formale Kodierung.
- Die Bewertung einer Schüleräußerung kann sich nicht an der sprachlichen Form orientieren, sondern daran, wie verständlich und wie für den Zweck der Kommunikation bedeutsam die jeweilige Äußerung ist.
- Kommunikative Situationen können im Klassenzimmer unmittelbar *(classroom discourse)* oder vermittelt *(simulation, role play)* auftreten.
- Kommunikative sprachliche Tätigkeiten sind sowohl Ziel als auch Mittel des Englischunterrichts.
- Kommunikative Ziele bedingen eine Übungstypologie, die Übungen enthält, die die Voraussetzungen für die Kommunikation schaffen, die kommunikatives Handeln aufbauen, die der Strukturierung und Verbesserung kommunikativer Versuche dienen, die Simulationen bereitstellen und die kontrollierte kommunikative Handlungen sind.
- Ziel einer jeden Etappe (Stunde, Phase, Einheit, Jahrgangskurs, Lehrgang) ist es, die Schüler zur souveränen, bereitwilligen und aus der eigenen Perspektive geplanten und vollzogenen Teilnahme an der soziokulturellen Realität Englisch und der sekundären sozialen und geistigen Realität Unterricht zu befähigen.

CLT ist heute fester Bestandteil nahezu aller Lehrpläne und Lehrwerke. Es liegen zwei umfassende Übungstypologien vor (Edelhoff 1978, 1996), die Lehrern Hilfen bei der Unterrichtsvorbereitung und Lehrwerkautoren Anregungen bieten. Dabei werden (in der Neuauflage von 1996) sowohl die traditionellen Fertigkeiten als auch das Lernertraining berücksichtigt und mit Übungsprinzipien eines modernen kommunikativen Fremdsprachenunterrichts in Verbindung gebracht. Hierzu gehören (Edelhoff 1996: 77):

- *Creativity:* Übungen, die Schüler zu kreativem, schöpferischem Sprachhandeln herausfordern.
- *Autonomy:* Übungen, die selbstständiges Handeln in die Wege leiten.

- *Exploration:* Übungen, die forschendes Lernen beinhalten.
- *Insight:* Übungen die helfen, Inhalte zu erschließen und eigene Vorstellungen zu einem Thema zu entwickeln.

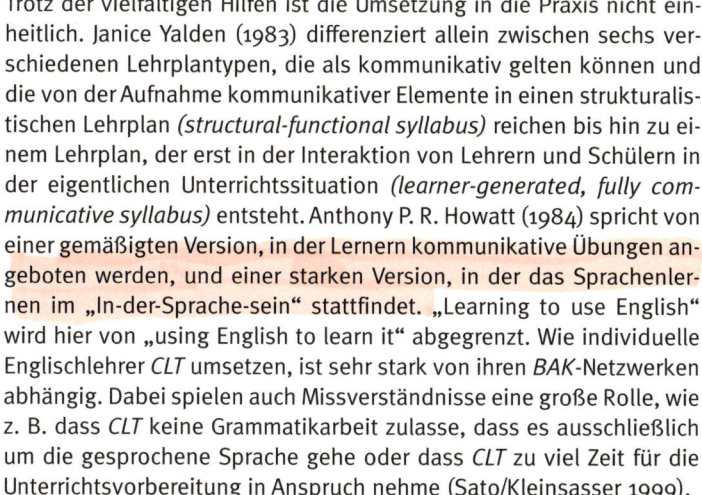

Trotz der vielfältigen Hilfen ist die Umsetzung in die Praxis nicht einheitlich. Janice Yalden (1983) differenziert allein zwischen sechs verschiedenen Lehrplantypen, die als kommunikativ gelten können und die von der Aufnahme kommunikativer Elemente in einen strukturalistischen Lehrplan *(structural-functional syllabus)* reichen bis hin zu einem Lehrplan, der erst in der Interaktion von Lehrern und Schülern in der eigentlichen Unterrichtssituation *(learner-generated, fully communicative syllabus)* entsteht. Anthony P. R. Howatt (1984) spricht von einer gemäßigten Version, in der Lernern kommunikative Übungen angeboten werden, und einer starken Version, in der das Sprachenlernen im „In-der-Sprache-sein" stattfindet. „Learning to use English" wird hier von „using English to learn it" abgegrenzt. Wie individuelle Englischlehrer *CLT* umsetzen, ist sehr stark von ihren *BAK*-Netzwerken abhängig. Dabei spielen auch Missverständnisse eine große Rolle, wie z. B. dass *CLT* keine Grammatikarbeit zulasse, dass es ausschließlich um die gesprochene Sprache gehe oder dass *CLT* zu viel Zeit für die Unterrichtsvorbereitung in Anspruch nehme (Sato/Kleinsasser 1999).

Uneinheitlichkeit kommunikativer Unterrichtspraxis

Insbesondere in den 90er Jahren hat die Neurezeption der Reformpädagogik zu einer noch deutlicheren Lernerzentriertheit geführt. Dabei ging und geht es natürlich nicht um die Imitation reformpädagogischen Unterrichts, sondern vielmehr um das Aufgreifen und die Weiterentwicklung von Ideen. Die Reformpädagogik ist daher als ein „Reservoir unter mehreren" (Flitner 1996: 11) für die Veränderung des Englischunterrichts zu sehen. Andere solche Reservoirs sind z. B. Vygotskys *zone of proximal development (ZDP)*, Ruth C. Cohns themenzentrierte Interaktion oder der Konstruktivismus, auf die bei der Betrachtung einzelner methodischer Konzeptionen eingegangen wird.

IV.3 Reformpädagogischer Ansatz

John Dewey (1859-1952), der zusammen mit seinem Schüler und Nachfolger William H. Kilpatrick (1871-1965) meist in Zusammenhang mit der „Projektmethode" zitiert wird, stellte Entwicklungstrends fest, die ohne weiteres auch heute noch gelten können: "To imposition from above is opposed expression and cultivation of individuality; to external discipline is opposed free activity; to learning from texts and teachers, learning through experience; to acquisition of isolated skills

John Dewey und die Projektmethode

and techniques by drill, is opposed acquisition of them as means of attaining ends which make direct vital appeal; to preparation for a more or less remote future is opposed making the most of the opportunities of present life; to static aims and materials is opposed acquaintance with a changing world." (Dewey 1938: 19-20)

Ein frühes Beispiel, in dem diese Aspekte aufgegriffen werden, ist Michael Legutke und Wolfgang Thiels *Airport*-Projekt, in dem Schüler einer sechsten Klasse auf dem Flughafen Frankfurt Interviews mit ausländischen Passagieren und Flugpersonal führen, Materialien sammeln und schließlich Dokumentationen erstellen (Legutke/Thiel 1983). Dass eine solche Vorgehensweise eher eine Ausnahme im Englischunterricht darstellte, zeigt auch die Tatsache, dass Brigitte Vaters Erfahrungen z. B. mit einem Forschungsprojekt über Tee nicht in einer fachdidaktischen Zeitschrift, sondern in der *Pädagogik* erschienen sind (Vater 1989, 1991). Heute sind Projekte Teil von Lehrwerken (wie z. B. "Handicapped people in our community" in *Notting Hill Gate, Textbook 3A*) und werden zunehmend zur Normalität. Ein solcher Unterricht fordert freilich auch andere Lehrer- und Schülerrollen. Maria Montessori (1870-1952) spricht vom „passiven Lehrer, der sich bemüht, das Hindernis beiseite zu räumen, das seine eigene Tätigkeit und Autorität darstellen könnte, und der somit bewirkt, dass das Kind von sich aus tätig werden kann" (Montessori 1992: 116-117). Hugo Gaudig (1860-1923) fordert Lehrer auf, „sich selbst ins Passivum und den Schüler ins Aktivum [zu] setzen" (Gaudig 1912: 31)

Maria Montessori und der passive Lehrer

Auch Piepho (1979: 124) fordert 67 Jahre später einen solchen Lehrer und Gerhart Bach meint noch einmal 19 Jahre später: „Vielmehr ist es jetzt die Rolle des Lehrers, *mediator* und *moderator* zu sein, Wege und Zugangsweisen zu Informationen aufzuzeigen, und diese ggf. vorzubereiten, Lernprozesse zu vermitteln und Problemlösestrategien anzubieten." (Bach 1998: 198-199)

Hugo Gaudig und der freitätige Schüler

Was den Schüler angeht, so formuliert Gaudig (1911: 12): „Unser freitätiger Schüler ist nicht ein Arbeiter, der in einem Arbeitsvorgang, dessen Plan er nicht kennt und dessen Zweck und Ende er nicht absieht, ab und an zu einer kurzfristigen Leistung aufgefordert oder befohlen wird; er selbst kennt Zweck und Ziel der Arbeit, er selbst entwirft den Plan, er kommandiert sich selbst, aus eigenem Vermögen hilft er sich über Schwierigkeiten hinweg." Um dies zu erreichen, brauchen Schüler „Arbeitstechniken", z. B. „der Gesprächsführung, des Lesens, Rezitierens, des Beschreibens und Erzählens, [...], des Einprägens und Einübens" (Gaudig 1911: 16). Hier sind die im prozessorientierten Fremdsprachenunterricht zentralen Lern- und Arbeitstechniken vorgedacht. Bereits im vorangegangen Kapitel ist im Hinblick auf die Authentizität des Klassenzimmers angedeutet worden, dass Lehrer und Schüler das Klassenzimmer im Idealfall gemeinsam entwickeln. Auch dieser Gedanke findet sich mit Bezug auf die Qualifizierung von Lehrkräften bei Montessori wieder: „Denn er [der Erzieher] wird vom Kind selbst die Mittel und den Weg für seine eigene Erziehung lernen, das heißt, er wird vom Kind lernen, sich als Erzieher zu vervollkommnen." (Montessori in Heiland 1992: 55)

Authentizität des Klassenzimmers (→Kap. III)

Neben der Schüler- und Lehrerrolle ist gerade für den Fremdsprachenunterricht die Rolle der benutzten Materialien und Medien von Bedeutung. Célestin Freinets (1896-1966) Kritik an der Verwendung von Schulbüchern und den damit verbundenen Zwang, „dem Schüler und zwar jedem Schüler, nur dieses eine bestimmte Stück auf den gleichen Blättern und der gleichen Form anzubieten, wo doch die persönlichen Fähigkeiten, die Intelligenz, das Verständnis der Kinder so vielfältig und unterschiedlich sind" (Freinet 1981: 46), findet heute ihren Nachhall in Rahmenplänen (z. B. Hessisches Kutusministerium 1996). Hier steht das Lehrwerk zwar im Anfangsunterricht noch im Mittelpunkt, verliert aber zunehmend an Bedeutung und wird als eine Materialsammlung unter anderen aufgefasst. Freinets zwischenschulische Korrespondenz schließlich erhält durch die Möglichkeiten von E-Mail eine neue Dimension. Im Gegensatz zu den anderen reformpädagogischen Richtungen hat die Freinet-Pädagogik auch eigene Schlussfolgerungen für den Fremdsprachenunterricht gezogen (Schlemminger 1995, Dietrich/Hövel 1995). Ein Überblick über die in diesem Kontext wichtigen „Freinet-Techniken" findet sich in Abb. IV.2.

Célestin Freinet und die Kritik am Schulbuch

Freinet-Techniken

Abb. IV.2
Freinet-Techniken (nach
Dietrich/Hövel 1995: 225)

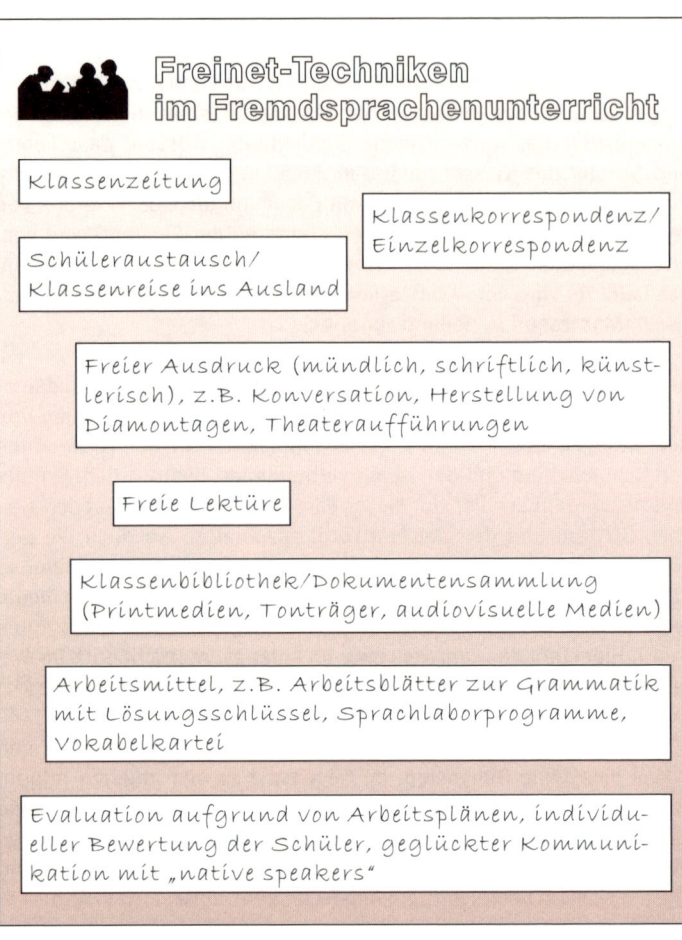

Freinet-Techniken
im Fremdsprachenunterricht

Klassenzeitung

Klassenkorrespondenz/
Einzelkorrespondenz

Schüleraustausch/
Klassenreise ins Ausland

Freier Ausdruck (mündlich, schriftlich, künstlerisch), z.B. Konversation, Herstellung von
Diamontagen, Theateraufführungen

Freie Lektüre

Klassenbibliothek/Dokumentensammlung
(Printmedien, Tonträger, audiovisuelle Medien)

Arbeitsmittel, z.B. Arbeitsblätter zur Grammatik
mit Lösungsschlüssel, Sprachlaborprogramme,
Vokabelkartei

Evaluation aufgrund von Arbeitsplänen, individueller Bewertung der Schüler, geglückter Kommunikation mit „native speakers"

IV.4
Aufgabenbezogener Fremdsprachenunterricht

In jedem kommunikativen Englischunterricht sind Aufgaben zentral, die Kommunikation im Klassenzimmer ermöglichen. Aufgabenbezogener Fremdsprachenunterricht *(task-based language learning, TBL)* ist ein Versuch, einen eher naturalistischen Spracherwerb zu ermöglichen, gleichzeitig aber eine sprachliche Strukturierung und Systematik zu implementieren. Die Erkenntnisse des *TBL* lassen sich auch auf die weiteren, in diesem Kapitel angesprochenen Konzepte übertragen.

Aufgaben im Sinne des *TBL* sind im Gegensatz zu Übungen deutlich komplexer. Übungen beinhalten das Element der Wiederholung und dienen dazu, Fähigkeiten und Fertigkeiten heranzubilden, zu verfeinern und zu automatisieren (Bönsch 1988). Aufgaben *(tasks)* hingegen

Aufgaben im *task-based language learning (TBL)*

- sind auf ein Ziel hin orientiert;
- bedürfen zu ihrer Lösung des Verstehens und Aushandelns von Bedeutungen;
- zielen primär auf kommunikative Absichten und sekundär auf deren sprachliche Verwirklichung, d. h., Lerner können diejenigen Sprachstrukturen frei wählen, die sie zur Erfüllung der Aufgabe benötigen;
- sollen so angelegt sein, dass sie natürlich erscheinen und eine Beziehung zu Problemen haben, die auch im Alltagsleben auftreten;
- sind dann erfolgreich abgeschlossen, wenn das Ergebnis zufrieden stellend ist (vgl. Skehan 1996).

Damit sind Aktivitäten wie *Make short forms, please.* oder *Play 'Who am I?' with a partner. Use 'Are you ...', 'Yes, I am', 'No, I'm not.'* keine Aufgaben, weil es hauptsächlich darum geht, richtige Strukturen zu produzieren, die nicht unbedingt einem kommunikativen Bedürfnis entsprechen und deren Bedeutung gegenüber der Form in den Hintergrund tritt.

Aufgabenorientiertes Fremdsprachenlernen lässt sich in drei Schritten im Unterricht umsetzen (Willis 1996):

Phasen des *TBL*

1 Auf *pre-task*-Ebene werden die Lerner in das Thema und die Aufgabenstellung eingeführt, und es wird das themenbezogene Vokabular aktiviert bzw. vorgegeben.

2 Der *task cycle* beinhaltet die Bearbeitung der Aufgabe, die Planung eines Ergebnisses und das Vorstellen dieses Ergebnisses.
3 Es folgt ein *language focus*, in dem es um die Struktur der Sprache geht. Dabei werden die Sprachfunktionen, die eine Rolle im *task cycle* gespielt haben, von ihrer formellen Seite her betrachtet. Dies geschieht z. B. durch die Analyse geeigneter Texte oder Beispiele (z. B. *Find phrases or clauses with verbs ending in '-ing'. How could you classify them?*) und durch Übungen wie das Herstellen von Lückentexten für Mitschüler.

Input und *noticing* in der
pre-task-Phase (→Kap. II)

Die *pre-task*-Phase beinhaltet eine Materialvorgabe oder gestattet den Lernern, *native speakers* zum Beispiel in einer Videoaufzeichnung bei der Bearbeitung einer ähnlichen Aufgabe zu beobachten. Dies führt zum notwendigen Input für den Spracherwerbsprozess und bietet bei geeigneter Aufgabenstellung (z. B. *Note down three things they say about* ...) Gelegenheit zur Wahrnehmung *(noticing)* bestimmter linguistischer Strukturen. Während des Aufgabenzyklus und insbesondere während der Planungsphase kommt den Lehrern die Funktion zu, ihren Schülern bei der Formulierung zu helfen und so deren Aufmerksamkeit bereits auf die Form der Sprache zu richten, die später eine zentrale Rolle im *language focus* spielt.

Aufgabentypologie

Jane Willis (1996) unterschiedet sechs Arten von Aufgaben: Hören, Ordnen und Sortieren, Vergleichen, Problemlösen, Erfahrungen austauschen, Kreativität ausdrücken. Aufgaben können relativ einfach sein (z. B. das Hören von Popsongs mit dem Ziel, ein Assoziogramm von englischen Wörtern zu erstellen, die es auch im Deutschen gibt); sie können aber auch sehr komplexe Züge annehmen, insbesondere wenn mehrere Aufgabenarten kombiniert werden bzw. wenn mehrere Aufgaben aufeinander aufbauen. Ein Beispiel für eine kreativ-problemlösende Aufgabe wäre, einen Bericht über die Missstände in einem städtischen Nahverkehrssystem zu verfassen, der dann dem Management vorgelegt werden soll. Die Anschlussaufgabe könnte sein, diesen Bericht im Management zu diskutieren und geeignete Schritte zum Abstellen der Probleme zu beschließen. Auch hier schließen sich Übungen zu den Sprachstrukturen an, die zur Lösung der Aufgabe notwendig waren.

Kriterien für die Analyse
und Erstellung von
Aufgaben

Schwierigkeitsgrad

Wenn Lehrer Aufgaben im Sinne des *TBL* in ihrem Unterricht verwirklichen wollen oder wenn sie vorgegebene Aufgaben evaluieren möchten, dann benötigen sie Kriterien (Skehan 1998). Eine zu einfache Aufgabe stellt keine Herausforderung dar und Lernen findet nicht statt; eine zu schwierige Aufgabe führt zu einer zu starken Verwendung von kommunikativen Strategien und zu einer Betonung der Lexis gegenüber den eigentlich notwendigen Sprachfunktionen. Eine angemessene Aufgabenstellung hingegen ermöglicht optimales Lernen in der *zone of proximal development (ZDP)*. Einen zentralen Punkt stellt dabei die Wahl des geeigneten Schwierigkeitsgrades dar (Abb. IV.3).

Abb. IV.3
Schwierigkeitsgrad einer
Aufgabe

Faktoren, die den Schwierigkeitsgrad einer Aufgabe beeinflussen

Große Arbeitsgruppen	Kleine Arbeitsgruppen
Abstrakte Informationen/ Aufgabenstellungen	Konkrete Informationen/Aufgabenstellungen
Aufgaben, die die Übertragung von Gelerntem erfordern	Aufgaben, die die Bereitstellung von Gelerntem erfordern
Entlegene, unbekannte Informationen	Auf die unmittelbare Lernersituation bezogene, bekannte Informationen

Eher schwierig   *Eher einfach*

Ein weiterer wichtiger Aspekt für den Spracherwerb ist das Aushandeln von Bedeutungen *(negotiation)* bei der Bearbeitung einer Aufgabe, weil dies zur Weiterentwicklung der *interlanguage* beiträgt.

negotiation (→ Kap. II)

Ein hohes Maß an *negotiation* ist zu erwarten,

- wenn Gruppenmitglieder unterschiedliche Informationen erhalten, die weitergegeben und erörtert werden müssen, um zu einem Ergebnis zu gelangen;
- wenn die Aufgabe eine symmetrische Interaktion erfordert, in der das Recht und die Pflicht an der Interaktion teilzunehmen, gleichmäßig verteilt ist;
- wenn nur eine gemeinsame Lösung möglich ist und die Beteiligten sich einigen müssen;
- wenn die Gruppenmitglieder miteinander vertraut sind;
- wenn man schon einmal als Zuschauer bei der Bearbeitung einer ähnlichen Aufgabe teilgenommen hat.

sprachliche Zielkategorien:
Flüssigkeit, Richtigkeit,
Komplexität

Aufgaben müssen schließlich im Hinblick auf die sprachlichen Zielkategorien Flüssigkeit *(fluency)*, Richtigkeit *(accuracy)* und Komplexität *(complexity)* geplant werden. *Fluency* bezeichnet die Fähigkeit von Lernern, die Fremdsprache in ähnlicher Geschwindigkeit zu produzieren und zu verstehen wie ihre Muttersprache. *Accuracy* bezieht sich auf einen Sprachgebrauch auf der Basis von Regeln, der dem eines *native speaker* gleichkommt. *Complexity* entsteht durch eine kontinuierliche Restrukturierung und Erweiterung des *interlanguage*-Systems. Alle drei Faktoren sind beim Spracherwerb gleichermaßen wichtig. Ein Mangel an Richtigkeit kann Kommunikation ineffektiv machen und stigmatisieren, ein Mangel an Komplexität macht den Ausdruck schwieriger Gedanken problematisch und führt zu einer geringeren Akzeptanz als Sprecher der Fremdsprache, ein Mangel an *fluency* führt zu Frustration, weil Gedanken nicht in Echtzeit ausgedrückt werden können (Skehan 1996). Eine wesentliche Aufgabe von Lehrern im *TBL* ist daher die Auswahl oder Erstellung von Aufgaben, die auf einer Analyse der größten Schwierigkeiten ihrer Lerner basiert.

Grundsätze im Hinblick auf
sprachliche Zielkategorien

Dabei können folgende Grundsätze eine Hilfe sein (Skehan 1998):

Planungszeit

• Die Planungszeit im Aufgabenzyklus beeinflusst Flüssigkeit, Komplexität und Richtigkeit. Wird die Planungsphase vom Lehrer nicht vorstrukturiert, dann konzentrieren sich Lerner eher auf die Sprachform und die Sprachrichtigkeit wird gefördert. Geben Lehrer jedoch Hinweise auf die inhaltliche und sprachliche Nutzung der Planungsphase, dann führt dies zu einer höheren Sprachkomplexität. Während schon geringe Planungszeiten vermutlich einen Effekt auf die Richtigkeit haben können, steigert sich der Planungseffekt im Bereich der Flüssigkeit in den ersten zehn Minuten, stagniert aber in der Folgezeit.

Zeitvorgaben

• Rigide Zeitvorgaben führen zu einer Vernachlässigung von Richtigkeit und Komplexität.

mündliche vs. schriftliche
Aufgaben

• Aufgaben, die auf mündlichen Sprachgebrauch zielen, lassen weniger Planung zu und führen eher zu einer Betonung der Flüssigkeit, während man durch schriftliche Aufgaben alle drei Aspekte betonen kann.

Unterstützung

• Unterstützung durch den Lehrer fördert die Richtigkeit bei der Planung des Ergebnisses.

BAK-Netzwerke
(→ Kap. III)

• Schließlich spielen auch die *BAK*-Netzwerke von Lernern eine Rolle. So nutzen Lerner die Planungsphase weniger, um auf Richtigkeit und Komplexität zu achten, wenn sie die soziale Interaktion als Ziel identifizieren und glauben, dass Fehler nicht so wichtig sind. In diesem Zusammenhang ist es entscheidend, dass sich Schüler ihrer Ziele bewusst werden und dass Lehrer Bedürfnisse erkennen, um hierauf Aufgaben abzustimmen (vgl. Tudor 1996). Dabei kann die Aufgabenstellung auch dazu führen, Defizite zu korrigieren.

Jede Aufgabe schließt, wie eingangs erwähnt, mit Übungen zu formalen Aspekten der Sprache. Ziel ist die Entwicklung einer Sensibilität für die Form von Sprache. Eine weitere Möglichkeit, diese zu erreichen, ist die Evaluation der Arbeitsergebnisse durch die Mitschüler. Beispielsweise können Schülergruppen ihre schriftlichen Ergebnisse austauschen und Gutachten erstellen, in denen sie ihren inhaltlichen und sprachlichen Eindruck verschriftlichen. Diese Gutachten werden dann mit der jeweils anderen Schülergruppe erörtert. Auch hier bieten sich Gelegenheiten zum Aushandeln von Sprache und damit zur Entwicklung der *interlanguage*.

Evaluation durch Mitschüler (→ Kap. VIII)

Hilbert Meyer (1989: 402) definiert handlungsorientierten Unterricht aus allgemeindidaktischer Sicht als ganzheitlichen und schüleraktiven Unterricht, „in dem die zwischen dem Lehrer und den Schülern vereinbarten Handlungsprodukte die Organisation des Unterrichtsprozesses leiten, so dass Kopf- und Handarbeit der Schüler in ein ausgewogenes Verhältnis zueinander gebracht werden können." Hinter diesem Konzept steht ein Menschenbild, wie es insbesondere die humanistische Psychologie entworfen hat. Zentral sind dabei die Ausrichtung auf die Person, die nicht statisch, sondern im Begriff des Werdens betrachtet wird, eine holistische Sehweise, die an eine jedem Menschen innewohnende positive und schöpferische Kraft glaubt, und die Selbstbestimmungsfähigkeit betont (vgl. Stevick 1990, Hutterer 1998).

IV.5 Handlungsorientierter, ganzheitlicher und prozessorientierter Fremdsprachenunterricht

Definition handlungsorientierten Unterrichts

Für den Fremdsprachenunterricht lässt sich handlungsorientierter Unterricht wie folgt näher bestimmen (Bach/Timm 1996):

Dimensionen handlungsorientierten Fremdsprachenunterrichts

• Ziel ist die sprachliche Handlungskompetenz im Klassenzimmer und für außer- und nachschulische Situationen. Aufgaben, die sich nicht direkt auf die Alltagserfahrungen der Schüler beziehen, werden so gestaltet, dass sie einen Sinn ergeben und authentisch wirken. Dies lässt sich z. B. durch Spiele erreichen, in denen Schüler Sprachkompetenzen gezielt aufbauen (Lernspiele), etwas darstellen oder interagieren (vgl. Löffler 1979).

sprachliche Handlungskompetenz

- Die Entwicklung fremdsprachlicher Handlungskompetenzen erfolgt durch die mündliche und schriftliche Interaktion, in der Schüler die Fremdsprache als Instrument sprachlichen Handelns erfahren. Interaktion ist also immer inhaltsorientiert und auf ein bestimmtes Ziel (Handlungsprodukt) hin ausgerichtet. Die Schüler erfahren, dass sie in der Kommunikation eine Beziehung zum Gesprächspartner herstellen, dass sie neben Informationen auch Emotionen übermitteln und so beim Partner Reaktionen auslösen.

- Das Einüben sprachlicher Strukturen ist nicht Voraussetzung für Kommunikation, sondern findet parallel zum Kommunikationsprozess statt. Die Basis stellt ein reichhaltiger Input dar, der zu Äußerungen herausfordert.

- Lernerstrategien spielen zur Organisation und Strukturierung des Lernens eine wichtige Rolle und müssen entsprechend erweitert bzw. entwickelt werden.

- Die Schüler werden ermuntert, Unsicherheit bewusst in Kauf zu nehmen und mit Sprache zu experimentieren, um selbstbewusst Bestätigung oder Korrektur zu erfahren.

- Lernen erfolgt ganzheitlich, d. h. nicht nur einseitig kognitiv, sondern mit „Kopf, Hand und Herz" (Pestalozzi).

Ganzheitliches Lernen ist nicht nur als integrativer Bestandteil handlungsporientierter Konzepte zu sehen, sondern hat auch zu eigenen Überlegungen geführt (Timm 1995, Löffler 1996). Grundlage ist dabei Ruth Cohns „themenzentrierte Interaktion" (TZI; Cohn 1994), in der die Ansprüche der Einzelpersonen, der Gruppe und der Sache unter Berücksichtigung des Umfeldes in ein dynamisches Gleichgewicht gebracht werden. Cohns Modell hat sowohl in Wolfgang Schulz' lehrtheoretische Didaktik hineingewirkt (Schulz 1981), als auch in Michael Legutke und Howard Thomas' (1991) „starke" Version des kommunikativen Fremdsprachenunterrichts. Die Dimension der Einzelperson umfasst hiernach Bereiche wie das Weltwissen, die Erwartungen, die Vorlieben, die Fähigkeiten und die Lernerfahrungen von Lehrern und Schülern. Die Gruppendimension schließt u. a. Gruppenziele, Gruppenkonstellationen (die Klasse als Ganzes, Kleingruppen usw.) ein. Die thematische Dimension bezieht sich auf Aspekte wie die Welt der Lerner, die der Zielkultur, die Sprache, das Lernen der Sprache, die Ergebnisse von Lernprozessen (z. B. die Texte, die Lerner erstellt haben). Das Umfeld schließlich wird bestimmt von institutionellen Rahmenbedingungen, von gesellschaftlichen Vorgaben und materiellen Aspekten (z. B. Ausstattung des Klassenraumes und der Schule).

Im ganzheitlichen Fremdsprachenlernen sollen die Lerner ihre Möglichkeiten entdecken, wobei neben der kognitiv-intellektuellen auch die affektiv-emotionale Seite eine besondere Rolle spielt. Die dynamische Balance zwischen Einzelschüler, Lerngruppe und Stoff wird dabei immer wieder durch „Meditationsübungen, Entspannungsübungen, Rollenspiele, Selbst- und Wir-Erfahrungen mit Musik, Malen, Bewegung, verbale und nonverbale Kommunikationsübungen" sichergestellt (Löffler 1996: 48). Dies sind Elemente, die sich im Übrigen auch in der Suggestopädie wieder finden (vgl. z. B. Schiffler 1989).

Betonung affektiv-emotionalen Lernens

Suggestopädie

Ferner beruft sich die Theorie des ganzheitlichen Fremdsprachenlernens auf die Teilung des Gehirns in zwei Hemisphären. Dabei ist die linke Hälfte für das analytisch-logische Denken zuständig und damit für sprachliche und mathematische Fähigkeiten, die Rechte verarbeitet ganzheitliche Geistestätigkeiten, sinnliche Wahrnehmungen, gefühlsmäßiges Erkennen und intuitives Erfassen. Da unsere Gesellschaft die linkshemisphärischen Funktionen betone, so Löffler (1996), sei die Einbeziehung von rechtshemisphärischen Funktionen in den Fremdsprachenunterricht notwendig. Obwohl diese Dichotomisierung des Gehirns aus neuropsychologischer Sicht problematisch ist und die Forschung hier erst am Anfang steht (McCrone 1999), lassen sich doch einige fachdidaktische Schlussfolgerungen ziehen. Dabei geht es weniger um ein Entweder-Oder der beiden Gehirnhälften, als um ein Zusammenwirken: Ein Wort z. B. lässt sich nicht nur verstehen, sondern zumindest in der Vorstellung auch mit Klang, Aussehen, Geschmack und Tastsinn in Verbindung bringen und so als inneres Bild abspeichern. Grammatik kann man nicht nur lehren, sondern in Geschichten einbinden oder motorisch-spielerisch vermitteln, Textarbeit muss nicht nur auf Wiedergabe und Kommentare abzielen, sondern sie kann Gefühle und Erinnerungen mit einbeziehen. In diesem Zusammenhang sind auch Überlegungen zur Kreativität zu sehen (z. B. Karbe 1993), in denen es darum geht, originelles Denken und Handeln, das zu sinnvollen Produkten führt, im Englischunterricht zu fördern. Solche kreative Arbeit findet z. B. beim Suchen von Reimwörtern und Erstellen kleiner Verse, beim Schreiben von Geschichten, bei der Erstellung eines Werbespots oder beim Umschreiben eines Textes (z. B. einer Kurzgeschichte in ein Hörspiel) statt.

neurophysiologische Fundierung

kreatives Fremdsprachenlernen

Stärker als der handlungsorientierte und der ganzheitliche Fremdsprachenunterricht ist die prozessorientierte Fremdsprachendidaktik von Erkenntnissen der kognitiven Psychologie und der Psycholinguistik beeinflusst. Uwe Multhaup und Dieter Wolff (1992: 7) verstehen un-

prozessorientierte Fremdsprachendidaktik

ter Prozessorientierung „eine stärkere Fokussierung auf den Fremdsprachenlerner, seine Sprachverarbeitungs-, seine Sprachproduktions- und seine Sprachlernprozesse". In Anlehnung an John R. Anderson unterscheiden sie deklaratives Wissen über sprachliche Strukturen und lexikalische Elemente von prozedualem Wissen, das die Lerner bei der Sprachbenutzung und beim Sprachlernen einsetzen. Prozeduales Wissen ist zentral für strategisches Lernen, das Lerner dazu führt, problemlösendes Denken zu organisieren (Anderson 1995). Hieraus ergibt sich die Notwendigkeit der Integration von Lern- und Arbeitstechniken in den Unterricht, bis ein Repertoire entsteht, das Lernern hilft, eigene Lernwege zu entdecken und zu erweitern, bis sie angemessene strategische Verhaltensweisen entwickelt haben.

deklaratives und prozeduales Wissen (→ Kap. II)

Integration von Lern- und Arbeitstechniken (→ Kap. III)

Rolle der Medien (→ Kap. VII)

Im prozessorientierten Lernen spielen Medien im weiteren Sinne, d. h. alle nicht-personalen technischen und nicht-technischen Medien, eine zweifache Rolle (Gienow/Hellwig 1993, 1996). Zum einen dienen sie als Anregung für Arbeits- und Lernabläufe, indem sie für Lerner bedeutungsvolle Inhalte bereitstellen, zum anderen ermöglichen sie das Erlernen der Fremdsprache über die Aktivierung und Modifizierung von deklarativem und prozedualem Wissen. Dabei werden „kunsthaltige" Medien (häufig fiktionale Texte) bevorzugt, weil sie auf Grund ihrer Mehrdeutigkeit, Symbolik und Deutungsoffenheit als günstig erscheinen, beim Lerner eigene Gedankengänge und Verarbeitungsprozesse auszulösen. Dies rückt die prozessorientierte Fremdsprachendidaktik in Richtung Literaturdidaktik. Wie beim aufgabenbezogenen und handlungsorientierten Unterricht ist das Lernergebnis ein Produkt, das die Verarbeitungsprozesse der Individuen gewissermaßen materialisiert. Dabei erfordert die prozessuale Verarbeitung des Medienimpulses andere Lern- und Arbeitstechniken als die prozessuale Erarbeitung des Produktes. Im Bereich der Sprachrezeption sind dies z. B. *note-taking, scanning* (schnelles Erfassen einer bestimmten Textinformation) oder *skimming* (globales Erfassen der Textinformation), im Bereich der Sprachproduktion z. B. *associating* (Sammeln von Assoziationen zu einem Thema) oder *media transferring* (z. B. Umwandeln von einer Textform in eine andere).

literaturdidaktische Ausrichtung (→ Kap. IX)

Lern- und Arbeitstechniken bei der Informationsver- und -erarbeitung

Zwischen prozessorientierter und handlungsorientierter Fachdidaktik gibt es eine Reihe von Schnittstellen, zumal sich beide integrativ in Bezug auf verwandte Konzepte verhalten. Prozessorientierung bedeutet explizit auch Handlungs- und Kreativitätsorientierung und das Anstreben von Lernerautonomie. Letztlich ist daher eine klare Abgrenzung aus heu

Schnittstellen zwischen Prozess- und Handlungsorientierung

tiger Sicht nicht möglich und im Sinne einer Weiterentwicklung des Englischunterrichts für die Praxis auch nicht wünschenswert.

Projektorientierter Englischunterricht ist ein auf komplexe Aufgaben bezogener Unterricht. Grundsätzlich lassen sich Projekte anhand folgender Merkmale charakterisieren (Bastian/Gudjons 1993):

IV.6
Projektorientierter Fremdsprachen-unterricht
Charakteristika von Projekten:
Situationsbezogenheit
Interessenbezogenheit

- Projekte sind situationsbezogen, d. h., sie haben eine Verbindung zum wirklichen Leben und bedeuten für Schüler eine Herausforderung, die sie meistern können.
- Projekte orientieren sich an den Interessen der Beteiligten. Diese können bereits vorhanden sein oder lassen sich zu Beginn eines Projektprozesses wecken und verändern sich möglicherweise während des Projektes.
- Projekte haben nur dann einen Bildungswert, wenn sie gesellschaftlich relevant sind. In John Deweys (1964: 136) Formulierung: Die „Gesellschaft braucht eine Form der Erziehung, die in den Einzelnen ein persönliches Interesse an sozialen Bindungen und am Einfluss der Gruppen weckt und diejenigen geistigen Gewöhnungen schafft, die soziale Umgestaltungen sichern, ohne Unordnung herbeizuführen."

Gesellschaftsrelevanz

- Projekte erfordern eine zielgerichtete Planung. Dies bedeutet, dass Lehrer und Schüler gemeinsam einen Arbeitsplan zur Lösung der Aufgabe erarbeiten.

zielgerichtete Planung

- Projekte sind durch Selbstorganisation und Selbstverantwortung seitens der Schüler gekennzeichnet.

Organisation durch Lerner

- Projekte erfordern eine handlungsorientierte Auseinandersetzung mit einer Aufgabe. Dabei haben geistige und körperliche Arbeit einen gleichermaßen hohen Stellenwert und im Lernprozess werden möglichst viele Sinne angesprochen.

Handlungsorientierung

- In Projekten findet eine Zusammenarbeit in Gruppen statt, die soziales Lernen ermöglicht. Dabei spielen Aspekte wie ein positives Beziehungsgefüge zu schaffen und zu erhalten oder die Bewältigung von Spannungen und Konflikten eine wichtige Rolle. Es entsteht eine „kollaborative Kreativität" (*collaborative creativity*; Ricchiuto 1996).

Gruppenlernen

- In Projekten entstehen Produkte, die dazu dienen, die erarbeitete Problemlösung an der Wirklichkeit zu überprüfen.

Überprüfung an der Wirklichkeit

- Projekte sind i. d. R. interdisziplinär angelegt.

Es dürfte deutlich sein, dass eine solch anspruchsvolle Unterrichts-

Interdisziplinarität

form vorbereitet sein muss. Im Englischunterricht tritt daher neben die kommunikative Kompetenz eine Prozesskompetenz, die sich auf drei Ebenen definieren lässt (Legutke/Thomas 1991):

- Auf der individuellen Ebene muss der Einzelne Wissen über sich und seine Möglichkeiten erwerben; sie/er muss lernen, sich aufgeschlossen zu zeigen und verantwortlich zu handeln.
- Auf der Gruppenebene müssen Lerner gruppendynamische Prozesse verstehen lernen, sie müssen in die Lage versetzt werden, zu interagieren und zu kooperieren.
- Auf der Lernprozessebene müssen Lerner das Lernen erlernen, d.h., sie müssen letztlich in der Lage sein, metakognitive Strategien effektiv einzusetzen.

Diese Fähigkeiten müssen im Unterricht entsprechend erarbeitet werden. Dies kann durch *bridging activities* geschehen, in denen ein durch den Lehrer oder das Unterrichtsmaterial kontrollierter Sprachgebrauch immer weiter reduziert wird. Hierzu gehören beispielsweise: Rollenspiele, für ein Thema in einer Bibliothek zu recherchieren und über Erfahrungen zu berichten, eine Untersuchung zur Verwendung von Taschengeld oder die Titelseite einer Tageszeitung anhand von vorgegebenen Originaltexten zu gestalten. Lesen, Schreiben, Hören und Sprechen werden in der Projektarbeit nicht als isolierte Fertigkeiten betrachtet, sondern treten häufig kombiniert auf: "Once the project is under way, however, the students will be using all four skills simultaneously. Speaking and listening (e.g. in the interviews), writing (taking notes), and reading (brochures, pamphlets, background material) – in short, combining the skills." (Fried-Booth 1986: 8) Die ganzheitliche Betrachtung von Sprache *(whole language)* als *language in use* stellt eine systematische Grammatikarbeit, die auf die Form von Sprache zielt, in den Hintergrund: "There is no artificial breaking down of language learning into sequences of abstract skills and no synthetic language designed to control the form of written language out of the context of its functional use. The form of language is examined as it is necessary to communicate to others. Reasons for language convention are explored so that students have opportunities to choose when they want to be conventional and when they are willing to take the risk to invent." (Goodman/Goodman 1990) Projektorientierter Fremdsprachenunterricht schließt also Spracharbeit nicht aus, sondern integriert sie so, dass die kommunikative Funktion für die Schüler deutlich ist. Wenn Schüler beispielsweise einen Theaterabend mit einem selbstverfassten Theaterstück über London veranstalten (Weskamp 1995a), dann üben sie bei Vorbereitung des Stückes, wie man effektiv liest, wie man sich ein Video über London in der Fremdsprache erschließt, wie man Notizen anfertigt, wie man Informationsmaterial in England anfordert *(letters of request, enquiries)*. Die Lehrer haben hierbei die Aufgabe, inhaltliche und sprachliche Probleme bei der Projekarbeit zu identifizieren und mit den Schülern gemeinsam zu lösen. Die Lehrerrolle ändert sich so vom Sprachvermittler zum *Human Resource Manager* (Weskamp 1997c), der seinen Schülern zugesteht, Fehler zu machen, der ihnen aber auch hilft, aus Fehlern zu lernen, um so ihre Sprach- und Prozesskompetenz zu verbessern.

Lehrer/in als *Human Resource Manager*

Die Diskussion um Lernerautonomie im Fremdsprachenunterricht *(learner autonomy in language learning)* reicht in die 70er Jahre zurück und verweist auf ein übergeordnetes Konzept, das heute zentraler Bestandteil der meisten fachdidaktischen Überlegungen ist. Allerdings ist der Gebrauch des Begriffes z. T. so unpräzise, dass er als Etikett für praktisch jede Art von kommunikativem Fremdsprachenunterricht in Anspruch genommen wird (etwa bei Boos 1997). Es ist daher notwendig, sich die Basisaussagen dieses Konzeptes zu vergegenwärtigen, um darauf aufbauend Schlussfolgerungen für seine Weiterentwicklung und für die Unterrichtspraxis zu ziehen (vgl. Little 1991, Wolff 1994c, Benson/Voller 1997, Müller-Verweyen 1997, Cotterall/Crabbe 1999, Edelhoff/Weskamp 1999).

IV.7 Lernerautonomie

David Little (1999: 77) meint, "in formal educational contexts, learners are autonomous when they set their own learning agenda and take responsibility for planning, monitoring and evaluating particular learning activities and the learning process overall. The practice of learner autonomy thus depends upon, but also develops and expands, the learner's capacity for detachment, critical reflection, decision making, and independent action." Das Konzept der Lernerautonomie stellt also die Lerner mit ihren Fähigkeiten und persönlichen Konstrukten (*BAK*-Netzwerken) in das Zentrum und ist sowohl Mittel als auch Ziel einer anzustrebenden Selbstständigkeit. Lernerautonomie ist zwar im Individuum als „capacity" (Little 1991: 4) angelegt, sie bedarf jedoch gerade in formellen Lernsituationen der graduellen Entwicklung und Förderung. David Nunan (1995) schlägt fünf Stufen innerhalb eines derartigen lernerzentrierten Curriculums vor:

Definition

Stufen eines zur Lernerautonomie führenden Curriculums

Tab. IV.1
Lernerzentriertes
Curriculum

Stufe	Lernzielebene	Lernprozessebene
Bewusstmachung	Lerner machen sich (mit Hilfe des Lehrers) Inhalt und Ziele des Unterrichts bewusst	Lerner erkennen ihre eigenen Lernstile und bevorzugten Lernerstrategien und analysieren Aufgaben im Hinblick auf intendierte Lernziele
Einbeziehung	Lernern wird die Möglichkeit gegeben, ihre eigenen Inhalte und Ziele aus einer Reihe von Optionen auszuwählen	Lerner können aus verschiedenen Aufgaben auswählen
Intervention	Lernern wird die Möglichkeit gegeben, Inhalte und Ziele nach ihren Bedürfnissen zu modifizieren	Lerner modifizieren Aufgaben nach ihren Bedürfnissen
Selbstständigkeit	Lerner setzen sich eigene Ziele und beschäftigen sich mit Inhalten ihrer Wahl	Lerner erstellen ihre eigenen Aufgaben
Übertragung	Lerner verbinden ihr Fremdsprachenlernen im Klassenraum mit Lernmöglichkeiten außerhalb des Klassenzimmers	Lerner nehmen auch eine Lehrerrolle ein und erforschen und verändern ihr Klassenzimmer

Autonomes Fremdsprachenlernen im Klassenzimmer wird als sozial-konstruktivistischer Prozess gesehen, in dem sich die Entwicklung des Individuums als abgeschlossenes System und die Fähigkeit zur sozialen Interaktion gegenseitig beeinflussen. Dabei ändert sich auch die Art der Interaktion, je stärker das Ziel der Lernerautonomie erreicht wird (van Lier 1996):

sozial-konstruktivistischer Prozess (→ Kap. II)

Entwicklung der Interaktion beim autonomen Fremdsprachenlernen

- Dialoge im Klassenzimmer finden weniger in der Form Aufforderung → Erwiderung → Feedback statt, sondern werden zunächst dialogisch (wobei Lehrer noch die Kommunikation steuern) und schließlich zwanglos. Dabei spielen auch Charakteristika der gesprochenen Sprache wie *No problem, …, Sorry, wow, ha, aha* oder *gosh, my God* usw. eine zunehmende Rolle.
- Die Interaktion wird symmetrisch, d. h., sie baut auf Gleichheit der Partner. Dabei erkennen die Lehrer Verständnisschwierigkeiten, erklären Sachverhalte und teilen ihr Wissen mit den Schülern.
- Die Interaktion im Klassenzimmer bezieht stärker die Interessen und Möglichkeiten aller Beteiligten ein und lässt den Austausch von Informationen und das wechselseitige Lernen von Lehrern und Schülern zu.

Autonomes Fremdsprachenlernen als Weg zur Entwicklung von Selbsttätigkeit basiert auf Vygotskys Idee einer *Zone of Proximal Development*, in der Lerner Dinge mit Hilfe erlernen können, die sonst jenseits ihrer Fähigkeiten gelegen hätten. Solches *scaffolding* erfolgt durch die Mitwirkung von Lehrern und besseren Mitschülern, durch die Interaktion mit gleich guten, aber auch mit schwächeren Mitschülern (*negotiation*, Lernen durch Lehren) und durch die zur Verfügung stehenden inneren Ressourcen jedes Einzelnen wie Erfahrung, Wissen, Persönlichkeit und Gedächtnis. Lernen in der *ZPD* ermöglicht den einzelnen Lernern den Erwerb der Fremdsprache in einer ihnen angemessenen Geschwindigkeit, und zwar unabhängig von einer durch einen Lehrplan oder ein Lehrwerk vorgegebenen grammatischen Progression. Dies ist aus Spracherwerbssicht bedeutsam, weil Schüler offenbar Sprachstrukturen auch in der Fremdsprache in einer natürlichen Abfolge lernen, die sich kaum beeinflussen lässt. Manfred Pienemann (1989: 60) hat hieraus seine *Teachability Hypothesis* abgeleitet: "[...] instruction can only promote language acquisition if the interlanguage is close to the point when the structure to be taught is acquired in the natural setting." Im traditionellen Fremdsprachenunterricht kann eine zu starke Forcierung einer Struktur bei Lernern, die noch nicht zu

Bedeutung der *ZDP* und des *scaffolding* (→ Kap. II)

Teachability-Hypothese

ihrem Erwerb bereit sind, zu Vermeidungsstrategien und Unbehagen führen. Beim Lernen in der *ZPD* wird diese Gefahr vermieden.

praktische Umsetzung

Eine erste vollständige Umsetzung des Lernerautonomiekonzeptes findet sich bei der dänischen Lehrerin und Lehrerfortbilderin Leni Dam (1995), deren Erfahrungen bis in die Mitte der 70er Jahre zurückreichen, als sie, frustriert von der Schulverdrossenheit ihrer Schüler, Wege suchte, um diese aktiv in den Lernprozess einzubeziehen. Dams Unterricht beginnt im ersten Lernjahr mit einer Reihe von Aktivitäten, die Schüler mit der Arbeit in Gruppen vertraut machen und in denen Ideen für kleinere und größere Projekte gesammelt und ausprobiert werden. Anhand dreier Leitfragen evaluieren die Schüler ihre Vorgehensweise ständig selbst: What did I/we do? What was good/bad? Why? und What can it be used for? Die Beantwortung dieser Fragen führt zur Planung weiterer Aktivitäten, die dann erneut evaluiert werden. Das Ergebnis ist ein Klassenzimmer, das durch eine Reihe sich selbst steuernder Arbeitsgruppen bestimmt wird. In einer einzigen Klasse werden so nach einem Jahr Englischunterricht beispielsweise eine TV-Talkshow produziert, verschiedene Spiele für andere Schüler hergestellt, Storys und Comics geschrieben, ein Musikmagazin herausgegeben und ein Theaterstück verfasst (Dam 1994). Dam nutzt in ihrem Unterricht konsequent die Schüler mit ihrem Weltwissen, ihren Erwartungen und Vorstellungen, ihren Lernerfahrungen und Fähigkeiten als Ressourcen. Nicht nur Materialien von außen, sondern auch die von den Schülern erstellten Produkte sind daher Input für den Spracherwerbsprozess. Ein Unterricht, wie Dam ihn durchführt, bedarf eines organisatorischen Instrumentariums, um handhabbar zu sein und den Lernerfolg zu sichern. Hierzu gehören:

Organisations-instrumentarien

- Tagebücher, in denen die Schüler die Aktivitäten der Stunde kommentieren, neue Vokabeln niederschreiben und eine Notiz über (selbst-)gegebene Hausaufgaben machen.
- Selbsterstellte Poster, die im Klassenzimmer hängen und Ideen für Aktivitäten, Vokabular, Gruppenaufgaben, Grammatikregeln usw. enthalten.
- Die Gruppenarbeiten.
- Die ständig präsenten Fragewörter *why, what* und *how*, die die Schüler und die Lehrerin zwingen, über jede Entscheidung zu reflektieren;
- Die Abschlussevaluation am Ende eines Lernjahres, in der Lerner darüber Rechenschaft ablegen, was sie gelernt haben, wie sie ihre

Lernerrolle empfunden haben, welche Aktivitäten sie besonders gern gemacht haben, wie sie ihre Arbeit evaluiert haben, wie sie die Arbeit der Lehrerin wahrgenommen haben und welche Ziele sie sich für das kommende Jahr setzen.

Ebenso wie das autonome Fremdsprachenlernen im Klassenzimmer stellt das Lernen in Selbstlernzentren *(self-access centres)*, die sich jetzt bereits in Schulen finden (Olberding 1999), ein relativ komplexes Unterfangen dar. Auch hier benötigen die Lerner eine kontinuierliche Unterstützung, um sich letztlich eigene Lernziele zu setzen, Materialien und Methoden auswählen, ihren Lernfortschritt einzuschätzen und ihren Lernprozess zu organisieren. Lehrer sind dann nicht mehr Unterrichtende im Klassenzimmer, sondern Angehörige eines *support staff* (Holec 1994), die verschiedenen Bedürfnisse ihrer Lerner analysieren, um sie kenntnisreich bei der Wahl von Materialien und Medien und bei der Organisation des Lernens beraten zu können.

Selbstlernzentren

Autonomes Fremdsprachenlernen hat jedoch nicht nur etwas mit Schülerorientierung und Lernertraining zu tun, sondern wird gerade in jüngster Zeit zunehmend im Hinblick auf seine kulturelle Dimension diskutiert. Im Mittelpunkt steht dabei die Frage, wie Lernerautonomie sich in unterschiedlichen Kulturen darstellt: "[...] in the particular contexts in which we teach, the notion of being an autonomous language learner cannot be considered merely within the psychological and individualistic frame of 'language acquisition' but must start to pose questions about what it means to be an autonomous user of language. Such a notion is centrally concerned with voice, with how a language user can come to express cultural alternatives, with becoming the author of one's own world." (Pennycook 1997: 48) Dieser Aspekt ist auch zentral für die Zielsetzungen eines „interkulturellen Fremdsprachenunterrichts", um den es im Folgenden gehen wird.

kulturelle Aspekte beim autonomen Fremdsprachenlernen

Landeskundliche Aspekte haben immer eine Rolle im Fremdsprachenunterricht gespielt (vgl. Buttjes 1982, Hüllen 1987), sei es als Auslands- und Kulturkunde bis 1945, als Mittel zur Völkerverständigung bis etwa 1965 oder unter pragmatischen Gesichtspunkten insbesondere seit der „kommunikativen Wende". Eine substanzielle Neudiskussion unter dem Schlagwort des „interkulturellen Fremdsprachenlernens" findet seit Ende der 70er Jahre (z. B. Buttjes 1981, Dirven/Pütz 1993, Bausch/Christ/Krumm 1994, Bredella/Christ 1995, Hinkel 1999)

IV.8
Interkultureller
Fremdsprachen-
unterricht

statt, wobei sich drei einander ergänzende Forschungsrichtungen identifizieren lassen:

- **Soziolinguistische Fragestellungen** richten das Augenmerk auf die wechselseitige Abhängigkeit von Sprache und Kultur. Sie befassen sich mit Regeln der Interaktion (Gesprächsführung, Handlungsmuster, nonverbale Kommunikation) in einem sozialen Bezugsrahmen, zu dem Schichtenzugehörigkeit, ethnischer Hintergrund und regionale Aspekte gehören.
- **Psycholinguistische Fragestellungen** beschäftigen sich damit, wie Fremdsprachenlerner pragmalinguistisches Wissen erwerben, wie sie dieses Wissen erweitern und inwiefern es sich von dem eines *native speaker* unterscheidet (*interlanguage*-Pragmatik).
- **Pädagogische Fragestellungen** verweisen auf die Notwendigkeit interkultureller Erziehung mit dem Ziel, Empathie zu wecken und andere Menschen mit ihren unterschiedlichen Verhaltensweisen zu verstehen und zu respektieren. Sprachliches Lernen dient der Reflexion über eigene und fremde Lebenswelten und wird so zur sprachlichen Bildung.

Auf diese Bereiche soll im Folgenden näher eingegangen werden.

Eine von der Soziolinguistik beeinflusste Fremdsprachendidaktik geht davon aus, dass der Begriff der kommunikativen Kompetenz weit mehr beinhaltet als die Fähigkeit, grammatikalisch korrekt zu sprechen, einen großen Wortschatz zu besitzen und über eine dem Muttersprachler entsprechende Aussprache zu verfügen. Der in bestimmten Situationen erforderliche Sprachgebrauch folgt vielmehr bestimmten Normen und Regeln, die selbst Bestandteil der Kultur sind. Ein Ab-

weichen von diesen Normen und Regeln kann zu Missverständnissen führen. Diese Problematik wird jedoch oft im Kontext des schulischen Fremdsprachenlernens nicht deutlich genug wahrgenommen. Lehrer und Schüler sind meist Angehörige derselben Sprachgemeinschaft *(speech community)* und verstehen einander auf der Basis einer gemeinsamen Sprache, gemeinsamer Regeln bei der Verwendung und

Interpretation von Sprechakten und gemeinsamer Kenntnisse kultureller Bezüge. Ein Schüler, der die ihm aus seiner Sprachgemeinschaft geläufige Form (z. B. einer Beschwerde) einfach in die Fremdsprache überträgt, wird daher kaum auf Missverständnisse stoßen und unter Umständen keine Korrektur erfahren (Kramsch 1993). Das kann dann bei der Begegnung mit Menschen im fremden Land zu Schwierigkeiten führen. Beth Murphy und Joyce Neu (1996) haben in diesem Zusammenhang untersucht, wie sich amerikanische und koreanische Studenten an einer amerikanischen Universität bei ihrem Professor über eine unfaire Note beschweren. Sie kommen dabei zu dem Ergebnis, dass amerikanische Studenten in einer solchen Situation eine Teilschuld an ihrer Note zugeben, dass sie Modalverben und Höflichkeitsformeln verwenden und eher zögerlich auftreten, um den Professor zu bewegen, seine Note zu überdenken, während die koreanischen Studenten deutliche Kritik üben, eine Teilschuld von sich weisen und dem Professor vorschreiben, wie er zu verfahren habe. Eine solche in Korea als angemessen empfundene Vorgehensweise wirkt an amerikanischen Hochschulen inakzeptabel und zu aggressiv und führt entsprechend nicht zum Erfolg. Mit ähnlichen Problemen sind Manager in international tätigen Unternehmen konfrontiert, zumal kulturelle Kenntnisse entscheidend zum Gelingen eines Geschäftsvorhabens beitragen können (Gibson 2000).

Die Gepflogenheiten einer Sprachgemeinschaft hängen von vielen Faktoren ab, zu denen auch die Wahl einer geeigneten Varietät im Hinblick auf Alter, Geschlecht, soziale Schicht und Beziehung der Gesprächspartner zueinander zählt. Kulturelle Unterschiede offenbaren sich allerdings nicht nur auf Sprechaktebene. So ist z. B. die Kenntnis darüber, in welchen Bereichen des Wortschatzes sich Bedeutungen eher decken oder auseinander gehen, von Relevanz (*science* ist z. B. nicht Wissenschaft im Allgemeinen, sondern Naturwissenschaft, Nebel gibt es im Englischen in drei Dichtegraden, *haze, mist, fog*, im Deutschen aber nur in zwei, Dunst und Nebel usw.) und die Verwendung bestimmter Wörter kann Merkmal einer Gruppenzugehörigkeit sein (z. B. *Leave it aht John, or I'll 'ave to give you a knuckle sandwich!*). Ein Beispiel für die unterschiedliche Wahrnehmung von Grammatik ist das Passiv, das im Englischen z. B. verwendet wird, wenn man das Agens nicht kennt oder seine Erwähnung für unwichtig hält. In vielen asiatischen Sprachen wird das Subjekt des Passivsatzes aber als „Opfer" gesehen. Selbst fortgeschrittene japanische Englischlerner interpretieren den Satz, *That cake was baked by John* als „John hat den Kuchen ruiniert". Auf Diskursebene stellt man fest, dass Menschen unterschiedlicher Sprachgemeinschaften dieselbe Geschichte unterschiedlich nacherzählen (Saville-Troike 1996). Eine besondere Rolle spielen auch feste Redewendungen *(formulaic language)* wie *sort of thing*, *in terms of* oder *if she's a day*, nicht nur, weil Lerner häufig nicht die gleiche Formulierung wählen wie ein *native speaker*, sondern weil ihre Äußerungen allgemein zu wenige solcher Redewendungen enthalten (Wray 1999).

Unterschiede zwischen Sprachgemeinschaften

Semantik

Grammatik

Diskursorganisation

Angesichts der hier nur angedeuteten Komplexität kulturgebundenen Sprachgebrauchs stellt sich die Frage, ob man „kommunikative Kompetenz" in einem umfassenden Sinne überhaupt erreichen kann. Ein realistisches Zwischenziel kann aber sein, Lernern Strategien zu vermitteln, um mit kulturellen Missverständnissen umzugehen: "The general idea of this intercultural communicative competence is that the learner should develop strategies for bridging gaps between his (imperfect and 'uncultural') use of the foreign language and the fluent and culturally-loaded native speaker. These strategies include a number of specific abilities such as the ability not to take misunderstood or nonunderstood passages or phrases for granted, but to bring them up again, or the ability not to impose interpretations on the native speakers' utterances too quickly and to wait or negotiate interpretations." (Dirven/Pütz 1993: 152). Dies setzt voraus, dass im Fremdsprachenunterricht ein Bewusstsein für die kulturelle Dimension der Sprache geschaffen wird *(intercultural language awareness)*. Andrew D. Cohen (1996) schlägt fünf Schritte vor, um Lerner für Sprechakte zu sensibilisieren:

interkulturelle Kommunikationskompetenz

Möglichkeiten der Sensibilisierung für Sprechakte

1 **Diagnose:** Es wird festgestellt, in welchem Maße Lerner bereits ein interkulturelles Sprachbewusstsein entwickelt haben. Dies kann z. B. dadurch geschehen, dass ihnen Situationen vorgestellt werden, deren sprachliche Angemessenheit sie auf einer Skala einschätzen.

2 **Modelldialoge:** Den Lernern werden Dialoge auf Tonband vorgespielt und sie sollen Sprechakte identifizieren und Aussagen über die Situation und die interagierenden Personen machen. Die Diskussion hierüber fokussiert die Aufmerksamkeit der Lerner auf bestimmte Charakteristika, z. B. die Verwendung von *intensifiers* wie *very* und *really* bei Entschuldigungen mit *sorry*.

3 **Situationsevaluation:** Hier werden den Lernern Situationen vorgegeben, und sie müssen in Kleingruppen diskutieren, welche Reaktionen adäquat wären und mit welchen sprachlichen Mitteln sie zu verwirklichen sind.

4 **Rollenspiele:** Die Lerner erhalten Situationsbeschreibungen auf Rollenkarten (vgl. Abb. IV.4) und spielen die sich daraus ergebenden Situationen.

5 **Feedback/Diskussion:** Die Lerner sprechen über Ähnlichkeiten und Unterschiedlichkeiten bei der Wahl von Sprechakten in der Mutter- und in der Fremdsprache. Eine solche Diskussion bietet sich im Anschluss an ein Rollenspiel an.

Role card A

You are an important theatre critic, sitting in a theatre waiting for a performance of Shakespeare's Othello to start. Your review will be in tomorrow's Sunday paper. You bought a cheap ticket from the box office two minutes ago. Someone comes to speak to you.

Role card B

You are in the theatre to see a very popular version of Shakespeare's Othello. You bought your ticket two weeks ago. As you come into the auditorium you notice that someone (your partner) is sitting in your seat. The play starts in three minutes. Go and talk to the person and try to resolve the situation.

Abb. IV.4
Beispiel eines Rollenspiels zu Sprechakten (nach: Avard et al. 1993: 132-133)

psycholinguistische Aspekte: *Interlanguage*-Pragmatik

Ein relativ junges Gebiet der angewandten Linguistik ist die *interlanguage*-Pragmatik, in der es um den Erwerb pragmatischer Kenntnisse geht. Wenn auch eine Reihe von Fragen noch unbeantwortet sind, kann man folgende Aspekte festhalten (Kasper/Schmidt 1996, Bardovi-Harlig 1999):

Pragmatische Kompetenz muss erlernt werden.

- Obwohl es wahrscheinlich repräsentative, direktive, kommissive, expressive und deklarative Sprechakte – um Searles Klassifikation zu verwenden – in allen Sprachen gibt und diese Universalität die Entwicklung pragmatischer Kompetenz erleichtert, sind die Unterschiede doch so gravierend, dass sie erlernt werden müssen.

Einfluss der L1

- Die Muttersprache (L1) der Lerner beeinflusst das Erlernen von Sprechakten in der Fremdsprache.

keine sensitive/kritische Periode

- Kinder haben gegenüber Erwachsenen keine Vorteile beim Erwerb von pragmatischem Wissen. Im Gegensatz zum Spracherwerb auf morphosyntaktischer Ebene wird für die Pragmatik nicht von einer sensitiven oder gar kritischen Periode ausgegangen, in der der Spracherwerb unkomplizierter erfolgt bzw. nach der keine vollständige Sprachkompetenz mehr erreicht werden kann.

Abfolge des Erwerbs pragmatischen Wissens

- Im Gegensatz zu morphosyntaktischen Strukturen erfolgt der Erwerb pragmatischen Wissens nicht in einer bestimmten Abfolge. Allerdings beeinflusst die grammatische Kompetenz eines Sprechers möglicherweise den Erwerb pragmatischer Komponenten.

besondere Situation des
fremdsprachlichen
Klassenzimmers

• Gerade im fremdsprachlichen Klassenzimmer ist es notwendig, pragmatisches Wissen zu vermitteln, weil die Interaktion im Klassenzimmer häufig nicht den Normen außerschulischer Verständigung entspricht. Dies gilt z. B. für Aspekte des Diskursmanagements (wie das Beenden eines Gesprächs), die in Schulbuchdialogen oft unzureichend dargestellt sind. Darüber hinaus ist gerade der spezifische Diskurs im Klassenzimmer Ursache für Fehler. So werden hier sehr viel weniger Höflichkeitswendungen verwendet als üblich und sehr viele Sprechakte, die in realen Situationen alltäglich sind (z. B. grüßen, gratulieren, beschweren, einen Fremden ansprechen), kommen kaum oder in anderer Form vor.

pädagogische Dimension
interkulturellen Fremd-
sprachenunterrichts

Interkulturelle Gesprächsfertigkeit lässt sich, so kann man aus fachdidaktischer Sicht resümieren, im Unterricht durch geeignete Materialien fördern (für ein Beispiel vgl. Rampillon 1990). Eine interkulturelle Fremdsprachendidaktik ist jedoch nicht nur in einen sozio- und psycholinguistischen Diskurs eingebunden, sondern definiert sich auch im Hinblick auf ihre pädagogischen Ziele. Dabei werden folgende Aspekte hervorgehoben (Damen 1987, Bredella/Delanoy 1999a, Bredella 1999):

Fremdverstehen als
gradueller Prozess

• Das Verstehen einer fremden Kultur ist ein gradueller Prozess, der im Prinzip nie zum Abschluss gebracht werden kann. Er nimmt seinen Anfang im Vermögen, Dinge mit den Augen anderer zu sehen und eigene Sehweisen in Frage zu stellen.

Toleranz/Empathie

• Toleranz und Empathie sind wichtige Globalziele des Fremdsprachenunterrichts, weil ohne sie eine Bereitschaft zur Veränderung des eigenen Selbst- und Weltverständnisses und der Aufbau von Sympathiebeziehungen zu anderen Kulturen nicht möglich ist.

dynamische Konstellation
von Eigenem
und Fremdem

• Eigenes und Fremdes stehen in einem dynamischen Verhältnis zueinander: „Was fremd ist, kann vertraut werden, und was vertraut ist, kann fremd werden." (Bredella/Delanoy 1999b: 14) Andere Menschen sollen sowohl als verschieden als auch als gleichartig erfahren werden.

Menschen als Repräsen-
tanten ihrer Kultur und als
Individuen

• Menschen repräsentieren zwar ihre Kultur, aber sie bringen auch immer ihre individuellen Vorstellungen ein, die nicht von allen Mitgliedern einer kulturellen Gemeinschaft geteilt werden. Fremdsprachenunterricht soll Lernern daher deutlich machen, dass die Kultur zwar einen Rahmen für die Wahrnehmung von Dingen und für das Handeln darstellt, dass aber immer auch ein Spielraum besteht, der durch Kreativität und Reflexivität gefüllt wird.

Das hier skizzierte Modell geht von der Prämisse aus, dass sich Menschen in der interkulturellen Begegnung ändern und letztlich einen „dritten Ort" (vgl. z. B. Kramsch 1993) finden, an dem sich ihre Identität erweitert und das Fremde Teil ihrer selbst wird. Interkulturelle Kompetenz wird so neben der kommunikativen Kompetenz und der Prozesskompetenz zur Zielkategorie eines jeden Fremdsprachenunterrichts. Dabei wird der *native speaker* als Referenzrahmen durch einen *model speaker* bzw. einen *intercultural speaker* ersetzt, der die Fähigkeit besitzt, zwischen unterschiedlichen Kulturen zu vermitteln: "The success of interaction being dependent on both interlocutors, the notion of intercultural communicative competence can be used to describe the capacities of a host as much as a guest. Although the host will often speak in their native language they need the same kinds of knowledge, attitudes and skills as their guest to understand and maintain relationships between meanings in the two cultures. They need the ability to decentre and take up the other's perspective on their own culture, anticipating and where possible resolving dysfunctions in communication and behaviour." (Byram 1997: 41-42)

„dritter Ort"

model speaker/intercultural speaker

Dies ist insbesondere für die englische Sprache von Relevanz, weil der Begriff des *native speaker* ohnehin wegen der Vielzahl der *World Englishes* problematisch erscheint.

Im Gegensatz zu einer solchen auf Einfühlungsvermögen ausgerichteten Didaktik steht die These, dass das Fremde immer undurchschaubar bleibt und im traditionellen Sinne nicht verstanden werden kann. Hans Hunfeld (z. B. 1992) spricht in diesem Zusammenhang von der „Normalität des Fremden", und meint, dass gerade die Anerkennung des Rätselhaften und das Nichtverstehen verhindere, dass man fremde Menschen in eigene Urteilskategorien einordnet. Auch hier ist das Ziel aber Toleranz gegenüber der fremden Kultur, die als „Erweiterung der eigenen Denkwelt" (Hunfeld 1992: 16) gesehen wird.

„Normalität des Fremden"

Aus unterrichtspraktischer Sicht stellt sich die Frage der Vermittlung. Dabei spielt sowohl Tatsachenwissen eine Rolle, weil es die Grundlage für die Auseinandersetzung mit einer fremden Kultur schafft (vgl. Klippel 1994) als auch die Möglichkeit, andere Bedeutungen zu erfahren und auszuhandeln. Dies kann z. B. im Rahmen von E-Mail-Projekten (Donath 1996), Videobriefen, Studienfahrten oder Schulpartnerschaften (Edelhoff/Liebau 1988) erfolgen. Die Lernenden durchlaufen dabei verschiedene Phasen (Funke 1990):

Phasen des Lernens interkultureller Wahrnehmung

- **Begegnung und Wahrnehmung**: Die Lernenden begegnen der fremden Kultur und nehmen sie wahr, setzen sich aber nicht bewusst mit ihr auseinander.
- **Sekundärerfahrung**: Die Lernenden zeigen ein intellektuelles Interesse und setzen sich kognitiv und affektiv mit der fremden Kultur auseinander, wie sie ihnen in Texten (schriftlich, auditiv, visuell) begegnet.
- **Primärerfahrung**: Hier kommt es zu Begegnungen außerhalb des entsprechenden Kulturbereiches (z. B. Treffen eines Fremden auf einem Verkehrsflughafen, E-Mail, Brieffreundschaften) oder innerhalb des fremden Landes.

Obwohl interkulturelles Lernen zweifelsohne im Land der Zielsprache am effektivsten ist, sind solche Begegnungen in der Schule nur selten realisierbar. Die Sekundärvermittlung von fremder Kultur anhand von Texten ist daher für Schüler der normale und oft einzige Weg, sich mit der ihnen fremden Lebenswelt auseinander zu setzen. Sie entwickeln so in Verknüpfung von unterrichtlichen, außerschulischen, bisherigen und neuen Erfahrungen ein „Interimsbild" über die fremde Kultur, das im Sinne des sozialen Konstruktivismus der weiteren Modifikation bedarf. Hierbei kommt im Übrigen der fremdsprachigen Literatur eine wichtige Rolle zu, weil sie Leser ermutigt, sich in die Charaktere hineinzuversetzen und die Welt aus deren Sicht wahrzunehmen.

Rolle komplexer Aufgaben-stellungen

Interkulturelles Lernen kann Bestandteil aller in diesem Kapitel beschriebenen Konzeptionen des Fremdsprachenlernens sein (vgl. Nünning/Nünning 2000). Dabei sind gerade komplexere Arbeitsformen, wie die Produktion eines Videos oder Theaterstücks geeignet, nicht nur Informationen über die zielsprachige Kultur zu sammeln, sondern in der Auseinandersetzung mit anderen zu begreifen, eigene Wertungen zu hinterfragen und Schritte in Richtung einer interkulturellen Kompetenz zu tun.

Mind Map zum Kapitel IV

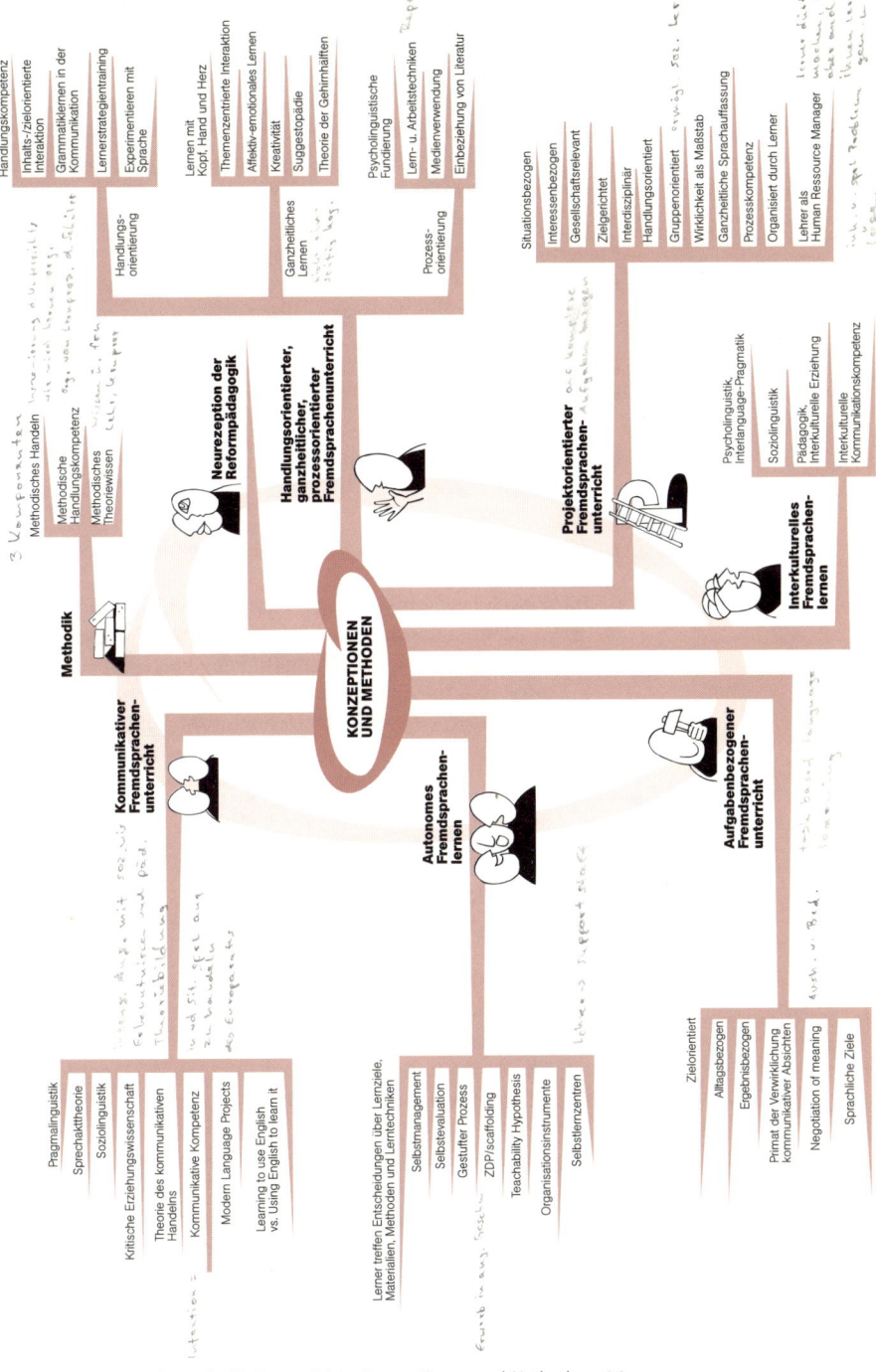

**Weiterführende
Literatur**

- Kommunikativer Fremdsprachenunterricht und Lernerzentriertheit

Hans-Eberhard Piepho (1979): *Kommunikative Didaktik des Englisch-unterrichts*. Limburg: Frankonius.

Ian Tudor (1996): *Learner-centredness as Language Education*. Cambridge: Cambridge UP.

- Reformpädagogische Einflüsse

Andreas Flitner (1996): *Reform der Erziehung*. Impulse des 20. Jahrhunderts. 3. Aufl. München: Piper.

- Aufgabenbezogener Fremdsprachenunterricht

Peter Skehan (1998): *A Cognitive Approach to Language Learning*. Oxford: Oxford UP.

Janes Willis (1996): *A Framework for Task-Based Learning*. Harlow: Longman.

- Handlungsorientierter, prozessorientierter und ganzheitlicher Fremdsprachenunterricht

Gerhard Bach und Johannes-Peter Timm, Hrsg. (1996): *Englischunterricht*. Grundlagen und Methoden einer handlungsorientierten Unterrichtspraxis. 2. Aufl. Tübingen: Francke.

Uwe Multhaup und Dieter Wolff, Hrsg. (1992): *Prozessorientierung in der Fremdsprachendidaktik*. Frankfurt/M.: Diesterweg.

Johannes-Peter Timm, Hrsg. (1995): *Ganzheitlicher Fremdsprachen-unterricht*. Weinheim: Deutscher Studienverlag.

- Projektorientierter Fremdsprachenunterricht

Diana L. Fried-Booth (1986): *Project Work*. Oxford: Oxford UP.

Michael Legutke und Howard Thomas (1991): *Process and Experience in the Language Classroom*. London: Longman.

- Lernerautonomie

Phil Benson und Peter Voller, Hrsg. (1997): *Autonomy & Independence in Language Learning*. London: Longman.

Christoph Edelhoff und Ralf Weskamp, Hrsg. (1999): *Autonomes Fremdsprachenlernen*. Ismaning: Hueber.

- Interkulturelles Fremdsprachenlernen

Lothar Bredella und Werner Delanoy, Hrsg. (1999): *Interkultureller Fremdsprachenunterricht*. Tübingen: Narr.

Eli Hinkel, Hrsg. (1999): *Culture in Second Language Teaching and Learning*. Cambridge: Cambridge UP.

V Die Rolle der Sprache

Viele Formen des kommunikativen Fremdsprachenunterrichts betonen die Ähnlichkeit zum natürlichen L1-Erwerb, der ohne metalinguistisches Wissen auskommt. Die Basis des Fremdsprachenlernens ist – Krashens *non-interface*-Hypothese folgend – allein ein für Lerner verständlicher Input. Im Gegensatz zu dieser Position verdichten sich heute in der Spracherwerbsforschung die Erkenntnisse, dass auch die Unterweisung in sprachliche Formen und deren Bewusstmachung zu einem wirksamen Fremdsprachenlernen gehört. Grammatikunterricht kann Schülern helfen, nicht nur zu lernen, was in einer Sprache möglich ist, sondern auch zu erkennen, was nicht möglich ist. So übernehmen sie zwar aus einem umfangreichen, für sie verständlichen Input, dass „have+past participle" etwas ausdrückt, das in der Vergangenheit stattfindet, aber sie erkennen ohne einen expliziten Hinweis möglicherweise erst viel später, dass man es nicht mit einer spezifischen Zeitangabe verwendet. Die Rolle der Sprache im Fremdsprachenunterricht ist zwar primär die eines Kommunikationsmediums, aber sie kann auch selbst Lerngegenstand werden. Diese Funktion soll in folgendem Kapitel näher beleuchtet werden.

Menschen können, so hat die kognitive Psychologie gezeigt, sehr komplexe Sachverhalte lernen, ohne die zugrundeliegenden Regeln zu verbalisieren. Dies gilt für den Spracherwerb in der Muttersprache und mit Einschränkungen auch für den Fremdsprachenerwerb. Allerdings gibt es auch deutliche Hinweise darauf, dass explizites Lernen gerade den Fremdsprachenerwerb effizienter macht und dies insbesondere in kommunikativ ausgerichteten Klassenzimmern (DeKeyser 1995, Spada 1997, Doughty/Williams 1998a). Eine Möglichkeit, explizites Sprachenlernen in einen sonst auf *meaningful interaction* und ganzheitliche Spracherfahrung aufbauenden Unterricht zu integrieren, ist das *focus-on-form*-Konzept. Michael Long (1991) hat diesen Begriff geprägt, um ihn von *focus-on-form*S abzugrenzen: Während *focus-on-form*S eine Isolierung grammatischer Strukturen beinhaltet, versucht *focus-on-form* die Aufmerksamkeit der Lerner auf bestimmte Sprachstrukturen zu richten, die in einem kommunikativen Unterricht auftreten und sich als problematisch beim Verstehen oder bei der Sprachproduktion erweisen. Dieses zeitweilige Einnehmen einer metalinguistischen Position kann ein durchaus natürlicher Vorgang sein, der nicht nur in schulischen Lernsituationen auftritt und der mit traditionellem, deduktivem Grammatiklernen wenig gemein hat: "This is similar to what happens when native speakers who are good writers pause to consider the appropriate form of address to use when composing a letter to a stranger, or when efficient readers suddenly 'disconfirm a hypothesis' while reading and are momentarily obliged to retrace their steps in a text until they locate the item – perhaps a little *not* they had missed earlier in the sentence – which caused the semantic surprise. The usual and fundamental orientation is to meaning and communciation, but factors arise that lead even the fluent language user temporarily to attend to the language itself." (Long/Robinson 1998: 23–24)

Focus-on-form lässt sich aus zwei Perspektiven heraus näher bestimmen: Ein externalistischer Standpunkt hat mit dem beobachtbaren Verhalten von Lehrern zu tun, z. B. wenn diese ihre Schüler auf die Steigerung von Adjektiven mit drei und mehr Silben hinweisen. Wichtiger ist jedoch die internalistische Sehweise, die den mentalen Verarbeitungsprozessen der Schüler Aufmerksamkeit schenkt. Insbesondere Richard Schmidt hat in diesem Zusammenhang auf die Bedeutung des *noticing* hingewiesen (für eine Zusammenfassung vgl. R. Ellis 1994a, Skehan 1998). Nur wenn Lerner bestimmte Strukturen im Input bemerken und wenn sie erkennen, dass etwas mit ihren Äußerungen nicht stimmt (also eine Differenz zwischen Input und *Interlanguage*-System vorliegt), kann letztlich Lernen erfolgen. Ob eine Struktur im Input bemerkt wird, hängt von unterschiedlichen Faktoren ab, beispielsweise von der Häufigkeit des Auftretens, ob die Struktur besonders deutlich ins Auge springt, ob eine Aufgabenstellung die Aufmerksamkeit auf eine bestimmte Struktur lenkt, und ob die Entwicklungsstufe des *Interlanguage*-Systems eines Lerners es überhaupt zulässt, dass eine bestimmte Struktur bemerkt und erworben wird. Ein Faktor allein scheint dabei oft nicht ausreichend zu sein. So ist die „s"-Form der *third person singular of the present tense* relativ häufig, stellt aber dennoch ein Problem für Lerner dar, weil sie semantisch redundant ist und deshalb nicht unbedingt bemerkt wird (Doughty/Williams 1998b).

Focus-on-form kann in einem Kontinuum von eher explizit bis eher implizit erfolgen. Übungen, die einen eher impliziten Zugang ermöglichen, also die Kommunikation und die Konzentration auf Bedeutung kaum stören, sind zum Beispiel

–   die Bereitstellung von mehr Input, in dem die zu erwerbenden Strukturen auftreten;

externalistische versus internalistische Interpretationen von *focus-on-form*

noticing

implizite *focus-on-form*-Übungen

- die Ausarbeitung von Aufgaben, die in besonderem Maße die Produktion der gewünschten Struktur ermöglichen;
- die Hervorhebung bestimmter Strukturen in gedruckten Texten, z. B. durch Fettdruck oder farbige Unterlegungen.

Allerdings sind die Resultate, die durch solche Techniken erzielt werden, gemischt (Spada 1997). Möglicherweise bemerken Lerner zwar die gewünschte Struktur, aber nicht, dass sie in ihrem eigenen Sprachgebrauch fehlt oder Probleme verursacht.

explizite *focus-on-form*-Übungen

negotiation tasks

dictogloss

Eine etwas explizitere Art des *focus-on-form* stellen *negotiation tasks* dar, in denen Lerner in Gruppen oder mit ihren Lehrern Bedeutungen aushandeln und dabei feststellen, dass sie Sachverhalte nicht so ausdrücken können, wie sie es eigentlich möchten. Solche Erfahrungen werden dann zum Inhalt von Gesprächen über Sprache. Ein Weg, derartige Gespräche im Unterricht zu initiieren, ist die sog. *dictogloss*-Übung: Lernern wird ein Text in normaler Geschwindigkeit vorgelesen, den sie später anhand von Stichpunkten in Gruppen rekonstruieren. Bei der Textrekonstruktion bemerken die Lerner, wo sie Schwierigkeiten haben, etwas auszudrücken, sie stellen Hypothesen über mögliche Formulierungen auf und benutzen eigene Überlegungen, Grammatiken und Wörterbücher, um diese Hypothesen zu überprüfen und schließlich subjektiv richtige Formulierungen zu produzieren. Der Anteil an wünschenswerter Metasprache kann erhöht werden, wenn die Lerner zuvor ein Mustergespräch (z.B. auf Video oder zwischen zwei Lehrern) gesehen haben, in denen viel über Sprache und nicht nur über Bedeutung diskutiert wird. Führt das Hypothesentesten zu einem richtigen Ergebnis, lässt sich von einem positiven Effekt auf den Spracherwerb ausgehen; allerdings kann ein falsches Ergebnis zunächst zu einer Aufnahme fehlerhafter Strukturen in die *Interlanguage* führen (Swain 1998).

consciousness raising →
Grammatik entdecken

Eine weitere Möglichkeit sind *consciousness-raising tasks*, in denen ein Text dazu dient, grammatisch erschlossen zu werden. Lerner sollen dabei selbst Regelhaftigkeiten entdecken, ohne eine explizite grammatische Terminologie zu verwenden. Dies geschieht beispielsweise durch Arbeitsanweisungen wie *Find clauses with 'that/which/who'. Some are used with commas, others not. Can you explain the difference?* Die Übergänge zu einer Isolierung sprachlicher Phänome, also zu *focus-on-form*S, sind hier allerdings fließend.

Schließlich können Lehrer fehlerhafte Äußerungen von Schülern innerhalb der Kommunikationssituation korrigieren *(corrective feedback)*, indem sie eine Umformung vornehmen:

Korrektur

Schüler I don't speak English very good.
Lehrer   You don't speak it well?

Die Lerner sollten dabei wahrnehmen, dass das Gespräch hier kurzzeitig auf einer metalinguistischen Ebene erfolgt und die Kommunikation über Inhalte zurücktritt. Auf diese Weise fällt ihnen auf, dass eine Diskrepanz zwischen ihrem und dem gewünschten Sprachgebrauch vorliegt, auch wenn dies nicht sofort zu einer Veränderung der jeweiligen *Interlanguage* führt (Lightbown 1998). Im Gespräch kann eine besondere Betonung der korrigierten Struktur zusätzlich auf die metalinguistische Dimension verweisen. Bei schriftlichen Schüleräußerungen könne Lehrer Fehlerhaftes umkreisen oder richtig stellen. Allerdings ist gerade hier die Forschungslage umstritten. So kommt John Truscott (1996) in seinem Forschungsbericht über die Korrekur grammatikalischer Fehler beim Schreiben zu dem Schluss, dass Korrekturen nicht nur ineffektiv, sondern sogar schädlich seien, während Nina Spada (1997) die entgegengesetzte Meinung vertritt.

Effektivität von Korrektur

Wie und ob Lehrer im Einzelfall *focus-on-form* praktizieren, wie deutlich sie Regeln bewusst machen, ob sie eher komplexe oder einfache Strukturen für eine Bewusstmachung wählen, in welchen Fällen sie auf den formalen Aspekt der Sprache eingehen, hängt letztlich von sehr vielen Faktoren ab: der Klassensituation, dem Alter, dem Lernstand der Schüler, unterschiedlichen Lernstilen usw. Über den Erfolg entscheidet somit häufig die Erfahrung der Lehrer und die Berücksichtigung individueller Lernerbedürfnisse.

V.3
Language Awareness

geschichtliche Entwicklung

Während *focus-on-form* einen eher linguistischen Ansatz darstellt, ist *Language Awareness* bildungspolitischen Ursprungs und hat sich in Großbritannien als Reaktion auf die mangelnde Mutter- und Fremdsprachenkompetenz englischer Schüler in den 60er und 70er Jahren entwickelt (James/Garrett 1991). Die mittlerweile klassische Definition von B. Gillian Donmall (1985: 7), "Language Awareness is a person's sensitivity to and conscious awareness of the nature of language and its role in human life", wirkt bis heute in das *National Curriculum* hinein und spielt eine Rolle in der britischen Diskussion um die Lese- und

National Curriculum (Großbritannien)

Schreibfertigkeit *(literacy)*. Dies wird zum Beispiel bei der Formulierung von Lernzielen für die Sieben- bis Elfjährigen deutlich: "Pupils will learn to adapt their speech and writing according to context, purpose and audience. They will read a range of texts and respond to different layers of meaning in them, consolidating their knowledge about words, sentences and texts. They will explore language in literary and non-literary texts and learn about how language works in different subjects of the curriculum." (DfEE 1999)

Definition von *Language Awareness* in der Fremdsprachendidaktik

Language Awareness hat sich seit einiger Zeit auch in der deutschen Fachdidaktik als Plattform für eine Neudiskussion der Sprache als explizitem Lernbereich im Fremdsprachenunterricht etabliert. Dabei umreißt der Begriff ein relativ umfassendes Konzept, das deutlich über ein traditionelles Grammatiklernen hinaus geht: „Sprache wird als formales System, als Lerngegenstand und als gesellschaftlich-politisches Phänomen betrachtet, durch das Machtverhältnisse angezeigt, soziale Kontrolle ausgeübt sowie Vorurteile und Stereotypen gebildet werden können. Mutter- und Fremdsprache sowie Muttersprachen- und Fremdsprachenunterricht werden als miteinander in Beziehung stehende Erscheinungen betrachtet, die in ihren Auswirkungen auf die Lernenden unter kognitiven, sozialen und affektiven Aspekten von Interesse sind und somit weit mehr als die instrumentelle Seite von Sprachkompetenz umfassen." (Gnutzmann 1997: 232) Abb. V.1 gibt eine Übersicht über die hier angesprochenen Komponenten der *Language Awareness*, die im Folgenden anhand einiger Beispiele erläutert werden sollen.

Dimensionen von *Language Awareness*

• Affektive Dimension

Die affektive Dimension beinhaltet Einstellungen, Haltungen und Gefühle im Hinblick auf die Fremdsprache. Dies schließt einen handelnden Umgang mit sprachlichen Phänomenen mit ein, z. B. wenn Lerner gemeinsam ein Poster über das englische Zeitensystem entwickeln (Seidler 1988). Aber auch einfache Übungen können intuitiv-gefühlsmäßige Einschätzungen zulassen. Wenn Schüler darüber sprechen, wie lange *ago* in Phrasen wie *an overcoat ago, a couple of boyfriends/girlfriends ago, two or three classes ago, a lifetime ago* oder *a couple of books ago* wirklich her ist, erfahren sie, dass *ago* sehr unterschiedliche, von der persönlichen Erfahrung abhängige Bedeutungen hat. Durch die Erkenntnis, dass nicht alles durch feste Regeln bestimmt ist, werden Lerner so neugierig, mehr über die Funktionsweise von Sprache zu erfahren.

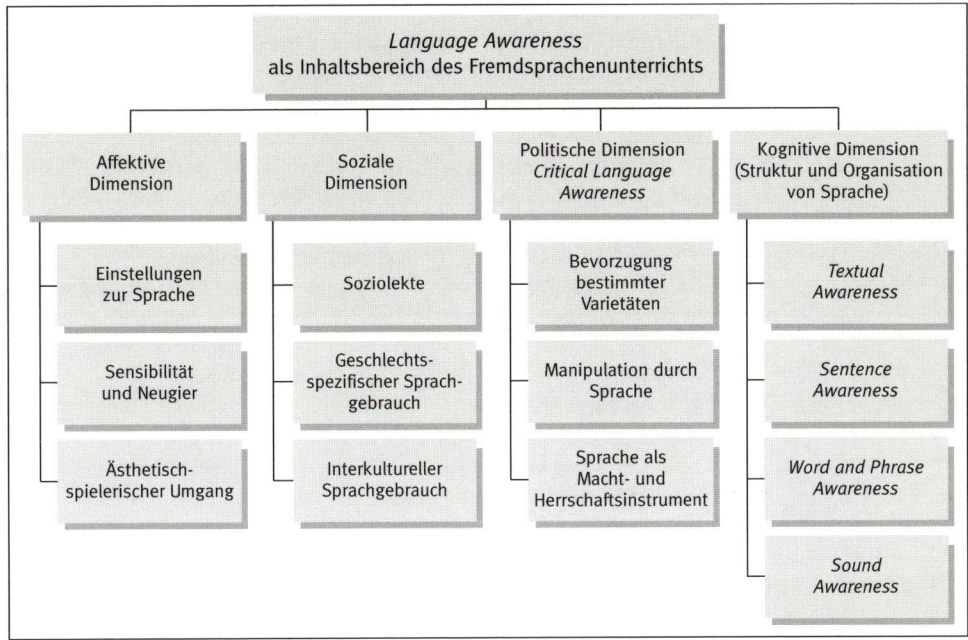

Abb. V.1
Language Awareness

• **Soziale Dimension**

Für die soziale Dimension von *Language Awareness* gibt es eine Reihe von Ausgangspunkten. Lerner können sich beispielsweise anhand literarischer Texte (z. B. George Bernard Shaws *Pygmalion*) oder Filme mit sozialen Dialekten auseinander setzen. Die eigene Muttersprache lässt sich unter folgender Aufgabenstellung als Ausgangspunkt für das Pidgin-und Kreolsprachenphänomen nehmen: "Sometimes people mock or imitate immigrants who use language in a slightly different way. *Gastarbeiter* German is a typical example of such a language called a pidgin. In class, discuss how *Gastarbeiter* German differs from the German native people speak. Perhaps you can also interview immigrants in your city and make a list of examples to show where their use of German differs from your own use." Anhand solcher Aufgaben und zugeordneten Texten, wie sie sich z. B. in *Discover ... Aspects of the English Language* (Weskamp 1997a: 11) finden, können weitere Aspekte dieser Dimension von *Language Awareness* handlungsorientiert erschlossen werden. Ein sexistischer Sprachgebrauch wird deutlich, wenn man Schüler traditionelle fiktionale Texte (etwa Märchen)

Soziolekte

gender-fair language

unter Verkehrung des Geschlechts der Protagonisten neu schreiben lässt (vgl. Swann 1992). Eine weitere Übung ist die geschlechtsneutrale Modifizierung von Sätzen *(gender-fair language)*, z. B. *The driver should take his completed registration form to the clerk's window and pay his licence fee.* → *You should take your completed registration form to the clerk's window and pay your licence fee.* Als Ausgangspunkt können dabei auch eigene Lernertexte dienen.

Critical Language Awareness (CLA)

• Politische Dimension *(Critical Language Awareness)*
Critical Language Awareness (CLA) geht von folgenden Annahmen aus (Fairclough 1992b):

• Sprachgebrauch (Diskurs) beeinflusst die Gesellschaft und wird durch sie beeinflusst.
• Sprachgebrauch repräsentiert Wissen und Erfahrung, dient dem Aufbau und der Veränderung sozialer Beziehungen und bestimmt die soziale Identität von Personen.
• Sprachgebrauch hat mit Macht und Ideologien zu tun, z.B. wenn bestimmte Varietäten einer Sprache im Hinblick auf eine Standardform entwertet werden oder wenn ein fachspezifischer Diskurs benutzt wird, um eine dominante Position gegenüber anderen zu etablieren (so etwa in traditionellen Ärzte-Patienten-Gesprächen).
• *Critical Language Awareness* will die Mechanismen einer Benachteiligung durch Sprache bewusst machen und Veränderungen herbeiführen.

Post-Colonial Literatures in English

Die Verwendung der Sprache als Herrschafts- und Kontrollinstrument lässt sich im Englischunterricht sehr gut anhand der *Post-Colonial Literatures in English* exemplifizieren, vor allem weil einige Schriftsteller wie Raja Rao oder Kamau Brathwaite die Problematik der Sprache direkt ansprechen. Aber auch etablierte Werke lassen sich im Hinblick auf das Englische als elitäre Sprache und Basis der Macht über andere Menschen und Völker neu interpretieren. Ein Beispiel ist William Shakespeares *The Tempest*. Caliban kann hier als „Repräsentant einer Natur, die fast alle Züge einer goldenen arkadischen Welt verloren hat" (Kluge 1978: 541) gesehen werden, aber auch als Opfer einer unverlangten Kolonialisierung. Caliban deutet den sprachlichen Aspekt dieses Vorganges selbst an: "You taught me language; and my profit on't / Is, I know how to curse. The red plague rid you / For learning me your language." (Akt I, Szene 2)

Die manipulative Macht von Sprache schließlich wird erfahrbar, indem man z. B. Werbeslogans sammelt, über ihre Absicht und über deren sprachliche Verwirklichung spricht. In einem Projekt gestalten Lerner als Team einer fiktiven Werbefirma dann selbst eine Werbekampagne und stellen das Ergebnis ihren Kunden vor. Hierbei müssen sie die Wahl ihres Slogans erläutern und so über metalinguistische Aspekte Auskunft geben (vgl. Farthing/Pulverness 1993).

Sprache und Manipulation

• **Kognitive Dimension**
Die kognitive Dimension von *Language Awareness* zielt auf eine geistige Durchdringung des Systems Sprache, die etwa in der Vermittlung von Lerntechniken zum Umgang mit Sprache zum Tragen kommt, wie sie Ute Rampillon (1995) vorschlägt:

Lerntechniken zur kognitiven Auseinandersetzung mit Sprache

- Grammatik selbstständig entdecken (d. h., grammatische Fragestellungen als Problem erkennen, Beispiele sammeln, ordnen und analysieren, um Hypothesen über Regelhaftigkeiten zu bilden und anhand der Beobachtung weiterer mündlicher und schriftlicher Äußerungen oder im Diskurs mit anderen Lernenden zu überprüfen).
- Grammatik nachschlagen und verstehen (d. h., ein grammatisches Nachschlagewerk benutzen, seine Terminologie nachvollziehen, wichtige Regeln von weniger wichtigen unterscheiden usw.).
- Grammatik lernen (d. h., ein Grammatikheft, eine Lernkartei, Merkzettel oder Ähnliches führen, mentale Bilder entwickeln, Eselsbrücken nutzen usw.).
- Grammatik üben und wiederholen (d. h., Selbstlernmaterialien nutzen, Gespräche mit anderen über Grammatik führen, verschiedene Aufgabentypen zur fremdgesteuerten Kontrolle grammatischen Wissens kennen lernen, eigene Fehlerstatistiken führen usw.).

Auch die Übersetzung von Texten kann dazu beitragen, ein Bewusstsein insbesondere für die Unterschiedlichkeit von Sprachen zu entwickeln. So lernen Schüler, dass wörtliche Übertragungen (z. B. „Alles andere als höflich" → *Everything else than polite*, ✓*Anything but polite*) häufig nicht möglich sind und dass es manchmal gar keine Entsprechung gibt. So unterscheidet das Deutsche „Burg" und „Schloss", das Englische kennt nur *castle*.

Übersetzungsübungen

Die kognitive Dimension der *Language Awareness* lässt sich auf allen Ebenen der Sprache verwirklichen (vgl. Saskatchewan Education 1997):

Ebenen der kognitiven Language Awareness

Word and Phrase Awareness beinhaltet, dass die Wortwahl abhängig ist von der Situation, den Kommunikationspartnern und der Absicht, dass Wörter konnotative und denotative Bedeutungen haben, dass sie Kollokationen bilden, dass ständig neue Wörter in einer Sprache hinzukommen usw. Abb. V.2 zeigt eine Übung zu diesem Bereich der *Language Awareness*, die einen Hörverstehenstext als Ausgangspunkt für die Reflexion über mögliche Kollokationen nimmt.

Abb. V.2
Übung zu *Word and Phrase Awareness*
(Authentik o. J.: A11)

ACTIUITY 13

Vox pop
cassette B 1

FOCUS
examining word combinations; developing listening skills

1. What's your favourite film of all time? Think about your answer for a few moments, and if possible, tell one another.

2. There are lots of words we can use to describe a good film. Look at the grid below and put a tick beside the combinations of adjectives/adverbs and nouns/verbs which you think are suitable.

3. Listen to the vox pop (short interviews with members of the public) on Side B of the Authentik cassette. Seven people answer the question: *"What's your favourite film of all time?"*. Using the same grid, but a different colour pen, tick all the combinations that you hear.

4. Now discuss the different combinations. For example, you may have decided that 'passionate' and 'actress' are suitable together, yet you may not have heard this combination on the cassette. Discuss which combinations you think are possible, then compare them with our suggestions in the Answer Key on page A 18.

5. Have you ever seen a bad film? Describe a film that you didn't like to another learner.

6. Now make your own grid. Use the same nouns/verbs, but fill in *negative* adjectives and adverbs. Then tick the combinations which you think are suitable.

7. Hold your own vox pop. If you can't find members of the public to ask, ask other learners of English. If possible, try to record it. First, decide which question you want to ask: *What's your favourite film of all time?* or *What's the worst film you have ever seen?* Take it in turns to be the reporter. Then listen and discuss the answers. Perhaps your vox pop is good enough to be on the radio!

	film	piece of cinema	performance	comedy	acted	story	actress	filmed	music
beautifully									
well									
great									
absolutely wonderful									
superb									
excellent									
beautiful									
passionate									
brilliant									
touching									
energetic									
lovely									

Sentence Awareness bedeutet, dass Lerner verstehen, wie man mit Hilfe von Sätzen Ideen ausdrücken kann, dass sich Sätze in der gesprochenen und geschriebenen Sprache unterscheiden, dass es im Englischen Grundstrukturen gibt (beispielsweise Subjekt-Verb, Verb-Objekt), die erweitert werden können usw. Lienhard Legenhausen (1995) schlägt in diesem Zusammenhang vor, sich die in jeder Sprache typischen Abweichungsphänomene *(fuzziness)* zu Nutze zu machen. So können *nursery rhymes* als Sprachdaten im Unterricht verwendet werden, um über grammatische Richtigkeit zu sprechen und deren Relativität zu erkennen: "Pussy cat, pussy cat, where have you been? / I've been to London to look at the Queen. / Pussy cat, pussy cat, what did you there? / I frightened a little mouse under her chair." Ähnliches gilt für Popsongs.

fuzziness

Unter *Sound Awareness* versteht man das Bewusstsein, dass Sprache aus verschiedenen Lauten besteht, dass die Aussprache, das Sprechtempo, die Tonhöhe und die Betonung eine wichtige Rolle spielen und dass der Idiolekt einer Person letztlich auf deren Umfeld und auf eigenen Präferenzen beruht. *Sound Awareness* kann anhand von kommunikativen Hör- und Sprechübungen erreicht werden (z. B. Hewings/Goldstein 1998). Eine weitere Möglichkeit bietet das inszenierte Lesen von Literatur, bei dem Intonation, Sprechgeschwindigkeit, Pausen u. ä. bewusst genutzt werden, um eine ästhetische Interpretation zu erreichen.

Textual Awareness stellt gegenüber den zuvor beschriebenen Arten gewissermaßen einen Perspektivenwechsel dar, den Christopher N. Candlin (1994) anhand einer Analogie zur Malerei deutlich gemacht hat: Der Impressionismus brachte eine Malweise hervor, in der das Bild nicht mehr aus Linien, Flächen und begrenzten Lokalfarben aufgebaut war, sondern in der Farben nebeneinander getupft wurden, um einen Gesamteindruck zu erzeugen. Betrachtet man ein solches Bild aus der Nähe, so sieht man nur unidentifizierbare Farbpunkte, aus der Ferne jedoch stellt sich das Ganze dar. *Textual Awareness* nimmt in ähnlicher Weise nicht die einzelnen Strukturen als Ausgangspunkt, sondern den Text, der dadurch als kohärente Einheit erscheint: "At once we are compelled to recognize that such a landscape is not just an assemblage of linguistic strokes but a coherent entity purposefully constructed by identifiable participants in response to particular exigencies of time and place and subject matter, reflecting contexts which can be recognized and reconstructed. A landscape moreover, which is sited in a particular historical moment and social circumstance and not an adventitioulsy constructed object taken from some anonymous inventory; a text with identity, ownership, audience and purpose." (Candlin 1994: vii)

Sensibilisierung für Diskursspezifika

Eine mögliche Aufgabe, um Lerner für Diskursspezifika zu sensibilisieren, ist folgende (nach McCarthy/Carter 1994: 41-42):

> The following draft is written by a 12-year-old girl, Rachel, in connection with a class project to devise an anti-smoking campaign. This writing is to form part of a class news-sheet on the danger of smoking.

You are Rachel's teacher and she seeks your advice. In a role-play discuss the text with her and propose changes that you find necessary.

There are many reasons why people should not smoke.
I think people often smoke because it makes them look cool, as in an advertisement or because they feel insecure at parties and in places like that. They don't think of other people only of themselves because they can damage their health. Smoking can damage your health. I read in the newspaper that there are a lot of deaths in Britain (not just lung cancer) because people smoke too much. I would ban it in all public places because children get influenced. Teachers should not smoke in school. Some of our teachers do.
Research demonstrates that smoking can cut your life expectation quite dramatically. Your lungs clog up and breathing problems occur.
These are some of the reasons why people should't smoke.

Lerner können in dem Rollenspiel über die Anordnung der Ideen sprechen, über die zu persönlichen Formulierungen (die durch die Verwendung des Passivs oder durch das unpersönliche *it* wie in *it is thought that* vermieden würden), über die Integration von Beispielen und über *sentence adjuncts* (*furthermore, hence, however* usw.). Im Anschluss an das Rollenspiel erhalten die Lerner einen Modelltext, der es ihnen ermöglicht, ihre Empfehlungen zu überprüfen und weitere mögliche Änderungen zu erkennen und zu diskutieren.

V.4
Pädagogische Grammatik

Sprachintuition

Focus-on-form und *Language Awareness* betonen die Notwendigkeit eines Grammatikunterrichts im weiteren Sinne. Das explizite Wissen über Sprache hilft beispielsweise zu entscheiden, ob eine sprachliche Äußerung richtig ist. Dabei spielt die Intuition von Lehrern und Schülern eine große Rolle. Eine solche Intuition kann allerdings selbst bei Linguisten auch in die Irre führen: "Although linguists and teachers have genuine claims to expertise in their judgments, the evidence [...] shows important limitations on the ability of the experts to provide reliable judgements. Few, if any, linguists or teachers have irrefutable intuitions about grammaticality, even though many of their judgements are reliable." (Odlin 1994b: 284) Gerade im Fremdsprachenunterricht

pädagogische Grammatik

bedürfen Lehrer und Schüler daher einer „pädagogischen Grammatik", d. h. einer Darstellung der Regelhaftigkeiten zur Unterstützung des Sprachlernprozesses (Dirven 1990). Solche Grammatiken sind zum Teil in Schulbücher integriert, zum Teil werden sie als unabhängige

präskriptiv und deskriptiv

Nachschlagewerke publiziert. Sie stellen meist Mischformen präskriptiver und deskriptiver Ansätze dar. So betont die *Cornelsen English Grammar, Ausgabe B* – als eine Grammatik für die Schule – „vor allem natürlich die Regeln, die dir sagen, wie du richtige englische Sätze bildest" (Fleischhack/Schwarz 1993: 6), ist also eher präskriptiv, während die *Collins COBUILD English Grammar* sich eher deskriptiv versteht: "This grammar attemps to make accurate statements about English, as seen in the huge Birmingham Collection of English Texts." (Sinclair 1990: v) Die Cornelsen-Grammatik wählt eine traditionelle Gliederung (Der Satz, Das Verb, Das Nomen usw.), die *COBUILD*-Grammatik ist nach Sprachfunktionen unterteilt (*Referring to people and things, Giving information about people and things* usw.). Einige pädagogische Grammatiken berücksichtigen darüber hinaus auch besondere Fehlerschwerpunkte, z. B. in Form von „warnings" in der *COBUILD*-Grammatik und der Cornelsen-Grammatik.

Pädagogische Grammatiken haben häufig idealisierenden Charakter,

grammaticality versus *acceptability*

weil sie eher auf *grammaticality* als auf *acceptability* zielen.

- *Grammaticality* bezeichnet die objektive, kontextunabhängige Richtigkeit sprachlicher Äußerungen, also letztlich, ob ein Satz englisch ist oder nicht.

- *Acceptability* ist benutzer- und kontextabhängig. So ist die Äußerung "I came to London last summer to study the English" akzeptabel, wenn es sich um einen Anthropologen handelt, der das Verhalten von Engländern erforschen möchte (James 1998).

Hier wird deutlich, dass grammatische Richtigkeit ein relativ theoretisches Konstrukt ist, das möglicherweise auch dazu beigetragen hat, dass „es deutliche Differenzen zwischen dem Englischen an unseren Schulen und dem authentischen Englisch gibt" (Mindt 1995). Tatsächlich müssen Menschen, die sprechen oder schreiben, eine Reihe von Entscheidungen treffen, die davon abhängen, mit wem sie warum über welches Thema sprechen.

> Umfassende Versuche, den daraus resultierenden Sprachgebrauch zu beschreiben, sind in jüngster Zeit durch die Korpuslinguistik erfolgt,

Korpuslinguistik

> - die auf empirischer Basis die tatsächliche Verwendung von Sprache untersucht,
> - die auf einer umfassenden Sammlung von gesprochenen und geschriebenen Texten (einem Korpus) beruht,
> - die den Computer und speziell für sprachliche Analysen entwickelte Software verwendet (vgl. Biber/Conrad/Reppen 1998).

Ein wichtiges Resultat dieser Bemühungen stellt die *Longman Grammar of Spoken and Written English* (Biber et al. 1999) dar. Diese Grammatik basiert auf der Analyse des *Longman Spoken and Written English Corpus (LSWE Corpus)* mit über 40 Millionen Wörtern in 37.244 geschriebenen und gesprochenen Texten. Die Ergebnisse eröffnen neue Perspektiven für den Fremdsprachenunterricht und die Darstellung von Sprache in Schulbüchern und pädagogischen Grammatiken. Hierzu drei Beispiele:

korpuslinguistische Grammatik

Perspektiven für eine pädagogische Grammatik

- Das *present perfect progressive* wird im Englischunterricht oft überbetont, weil eine vergleichbare Form im Deutschen nicht auftritt. Ca. 90% aller Verben im *LSWE*-Korpus besitzen jedoch weder einen *progressive* noch einen *perfect aspect*, wobei der *progressive aspect* noch seltener auftritt. Verben mit einem *progressive* und *perfect*-Aspekt (z. B. *has been waiting*) machen weniger als 0,5% aller Verbphrasen aus.
- Nur ca. 2% aller finiten Verben treten in der Konversation im Passiv auf. Demgegenüber wird das Passiv zu Übungszwecken in Schulbuchdialogen oder anderen mündlichen Verwendungszusammenhängen konzentriert verwendet und Lerner werden aufgefordert, die Passivstrukturen herauszusuchen, so dass sie auf die eigentlich seltene Verwendungsform besonders aufmerksam werden müssen.
- Es gibt deutliche Unterschiede zwischen gesprochener und geschriebener Sprache. Biber et al. (1999: 10) kommen zu dem Schluss: "[...] there are striking linguistic differences between news texts and conversations. One obvious difference is in the overall sentence structure. In the newspaper article, all sentences are completed, and many sentences are long and structurally complex. In contrast, the very notion of a sentence in conversation is prob-

lematic." Schulbuchdialoge könnten in stärkerem Maße als bisher diese mündlichen Besonderheiten berücksichtigen, und sei es nur durch Verwendung von Worten und Phrasen wie *golly, hey, Okay, Ooh, Yeah, yep* oder dadurch, dass Äußerungen unvollständig bleiben, sich aber im Dialog selbst erklären.

V.5 Vokabelerwerb

Während das Vermitteln der fremdsprachlichen Grammatik von vielen Lehrern als Herausforderung gesehen wird, empfinden sie häufig das Erlernen des Wortschatzes als weniger anspruchsvolle intellektuelle Aktivität und schenken ihm im Unterricht nicht so viel Aufmerksamkeit. Im Gegensatz dazu schätzen gerade Schüler das Erlernen von Wörtern als grundlegend ein. Zur Frage, wie Wörter am besten zu erlernen sind, gibt es unterschiedliche Positionen (Coady 1997):

Hypothesen zur Art und Weise des Vokabellernens

- *Context-Alone*-Hypothese: Das Erlernen des Wortschatzes basiert allein auf extensivem Lesen. So ist Stephen Krashen (1988: 455) der Ansicht: "My suspicion is that reading is not simply a way to develop vocabulary, spelling, and other aspects of competence, it is the only way. We have no choice."
- Wortschatzlernen durch Strategietraining: Hiernach spielt das Vokabellernen in kommunikativen Zusammenhängen eine bedeutende Rolle, muss jedoch durch ein Training wichtiger Lernerstrategien ergänzt werden.
- Natürlicher Spracherwerb + Explizite Unterweisung: Hier soll anfangs ein Basiswortschatz direkt unterrichtet werden, während man später auf einen kommunikativen, indirekten Vokabelerwerb bauen kann.
- Explizite Unterweisung: Das Vokabellernen bedarf des ständigen Trainings anhand einer Reihe von Übungen, zu denen Lernspiele ebenso gehören wie Lückentexte oder das Arbeiten mit Wörterbüchern.

Die hier beschriebenen Standpunkte zum Vokabellernen können je nach Zielgruppe unterschiedlich relevant sein. So mag gerade für fortgeschrittene Lerner der Vokabelerwerb durch Lesen hinreichend sein, während Anfänger eher einer expliziten Unterweisung bedürfen, bis sie über einen bestimmten Wortschatz verfügen. Batia Laufer (1997) geht beispielsweise von 3.000 Wortfamilien *(word families)* als *Schwellenwert für einen impliziten Vokabelerwerb* Schwellenwert für den impliziten Vokabelerwerb aus. Wortfamilien beinhalten dabei alle Ableitungen eines Wortes (also z. B. *bring, brought, brings, bringing*), und Idiome (wie *break a leg*) werden als ein Wort gezählt. Mit Thomas Huckin und James Coady (1999: 191) kann man daher schlussfolgern: "[...] learners need to have a well-developed core vocabulary, a stock of good reading strategies, and some prior familiarity with the subject matter."

Übungen zum Vokabellernen, insbesondere eines Grundvokabulars, lassen sich in folgende Gruppen einteilen (Paribakht/Wesche 1997):

Typologie zum Üben von Vokabeln

- *Selective attention:* Hier wird die Aufmerksamkeit auf die zu erlernenden Wörter gelenkt, z. B. durch Hervorhebungen in einem Text oder durch Vorgabe einer Liste mit Wörtern, die die Lerner im Text wieder finden sollen.
- *Recognition:* Die Lerner sollen die zu erlernenden Wörter ihren Bedeutungen zuordnen. Beispiele: Die richtige Bedeutung eines Wortes aus verschiedenen vorgegebenen Möglichkeiten herausfinden, Wörter Bildern zuordnen, ein geschriebenes oder gehörtes Wort in die Muttersprache übersetzen oder eine Definition bzw. ein Synonym angeben (wobei auch hier eine Auswahl vorgegeben sein kann).
- *Manipulation:* Manipulationsübungen beinhalten die Veränderung von Wörtern, z. B. können Lerner die Wortart verändern (ein Nomen kann etwa in ein Adjektiv umgewandelt werden) oder mit Affixen experimentieren.
- *Interpretation:* Hier geht es darum, die Funktion von Wörtern und ihre Abgrenzung zu anderen Wörtern zu nutzen. Übungen beinhalten das Herausfinden eines unpassenden Wortes aus einer Reihe von Wörtern mit ähnlichen Bedeutungen, das Ersetzen von Wörtern und Phrasen in einem Text durch andere und das Erraten von Wortbedeutungen in einem Text.
- *Production:* Diese Übungen fordern von den Lernern, passende Wörter innerhalb eines gegebenen Kontextes zu produzieren. Hierzu gehören Lückenübungen *(cloze exercises)*, die Beschriftung von Bildern oder Fehler bei der Verwendung von Idiomen in einem Text zu korrigieren.

Solche Übungen sind möglicherweise dann besonders sinnvoll, wenn mit Schwierigkeiten zu rechnen ist. Dabei gelten folgende Leitlinien (Singleton 1997):

Schwierigkeiten beim Vokabelerwerb

Aussprache	• Eine für Lerner schwierige Aussprache eines Wortes führt zu dessen Vermeidung.
Wortlänge	• Je länger ein Wort ist, desto intensiver müssen die Bemühungen sein, es zu lernen. (Allerdings sind die Forschungsergebnisse hier nicht eindeutig.)
Wortart	• Nomen und Adjektive sind leichter zu erlernen als Verben und Adverbien (dies mag z. T. daran liegen, dass Lerner sich Nomen besser vorstellen können).
Morphologie	• Je komplexer mögliche Wortbildungsprozesse sind, desto eher kommt es zu Verwechslungen. So schreiben Lerner beispielsweise der Kombination der Morpheme *out + line = outline* die gleiche Bedeutung zu wie *out of line*.
Semantik	• Semantische Faktoren können ebenfalls das Erlernen einer Vokabel erschweren. Hierzu gehören insbesondere *phrasal verbs*, deren Bedeutung nicht unbedingt aus den Einzelbestandteilen zu erkennen ist (z.B. *show off, put up with*). Probleme treten auch bei bedeutungsähnlichen Wörtern (z.B. *skinny/slim* oder *slice/cut*) auf, weil Lerner Bedeutungsnuancen oft nicht wahrnehmen. Insgesamt eignen sich Fremdsprachenlerner weniger Synonyme an als Muttersprachler, vielleicht, weil sie es für ausreichend erachten, über eine Möglichkeit zu verfügen, etwas auszudrücken.

Ob und in welchem Umfang eine Vokabel erlernt ist, lässt sich anhand dreier Dimensionen näher spezifizieren (Henriksen 1999):

Dimensionen der Kenntnis eines Wortes

• *The Partial-Precise Knowledge Dimension:* Von einem vollständigen Erwerb einer Vokabel kann man nur sprechen, wenn Lerner in der Lage sind, eine passende Übertragung in ihre Muttersprache anzubieten, wenn sie in einem *Multiple-Choice*-Test die richtige Definition ankreuzen oder wenn sie das Wort in der Fremdsprache paraphrasieren können.

• *The Depth of Knowledge Dimension:* Hiermit ist der Umfang und die Qualität des mentalen Schemas gemeint, das ein Lerner zu einem Wort aufgebaut hat. Dazu gehört auch ein Bewusstsein für die Beziehung zu anderen Wörtern, d. h. von Antonymie (bedeutungsgegensätzliche Ausdrücke), Synonymie (bedeutungsähnliche Ausdrücke), Hyponymie (Enthaltenseinsrelation, z. B. sind Apfel und Birne Hyponyme von Obst), Steigerungsmöglichkeiten (z.B. *fast → at a terrific speed*), Kollokation (häufig auftretende Wortverbindungen).

- *The Receptive-Productive Dimension:* Wörter können rezeptiv oder produktiv beherrscht werden, d. h., sie werden vom Leser in einem Text verstanden bzw. sie können in der Sprachproduktion aktiv verwendet werden.

Da das Vokabellernen – wie bereits angedeutet – in der Regel zu Hause geschieht und damit mehr als andere Bereiche des Fremdsprachenlernens den Schülern selbst überlassen ist, bietet sich gerade hier ein umfassendes Lernerstrategietraining an, das ihnen ermöglicht, mit den unterschiedlichsten Lerntechniken zu experimentieren und so Erfahrungen zu sammeln (Rampillon/Reisener 1995). Dies ist besonders dann wichtig, wenn man Lernern ein vertiefendes Wissen über ein Wort vermitteln will *(depth of knowledge dimension)*, in der die artifizielle Trennung zwischen Wortschatz und Grammatik aufgehoben ist. Johann Aßbeck (1999) schlägt in diesem Zusammenhang ein Karteikartensystem vor, dessen Informationswert weit über den der häufig üblichen Vokabellisten hinausgeht. Solche Karteikarten enthalten auf der Vorderseite u. a. das englische Wort, Kombinationsmöglichkeiten, fehlerträchtige Besonderheiten, Angaben zur Aussprache und Beispielsätze, auf der Rückseite eine Übertragung ins Deutsche, Antonyme, Synonyme und einen englischen Beispielsatz mit einer Lücke an der Stelle des zu lernenden Wortes (für ein Beispiel der Vorderseite vgl. Abb. V.3).

Lernerstrategien zum selbstständigen Vokabellernen

Karteikastensystem

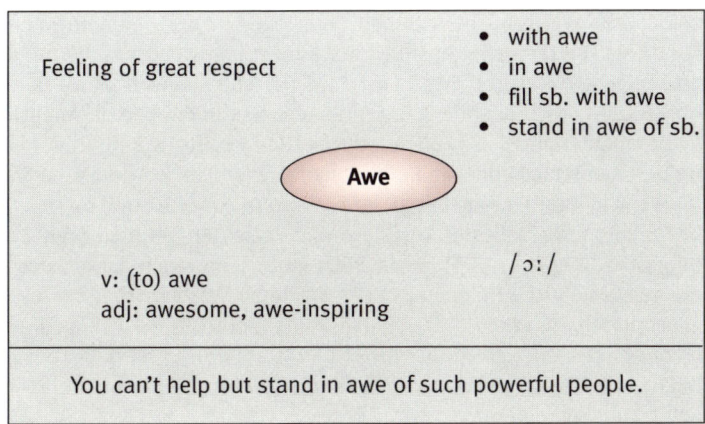

Abb. V.3
Karteikarte zum Vokabellernen

multisensorisches Vokabellernen

Solche Karteikarten können auch zum partnerschaftlichen, multisensorischen Lernen genutzt werden, wenn ein Lerner einem anderen die Vorderseite einer solchen Karte zeigt und dieser dann die Wortbedeutung mit einem Bild beschreibt, in eine Geschichte bzw. Situation einbettet, durch Gestik und Mimik darstellt, einen Geruch oder Geschmack mit dem Wort verbindet usw.

mnemonische Strategien

Neben dem Arbeiten mit Karteikarten bieten sich das Aufstellen von Assoziogrammen, das Sprechen von Wörtern auf Tonband oder das Skizzieren von bildhaften Darstellungen an. Bei der Loci-Technik verbindet man im Kopf einen bekannten Ort mit Wörtern. So stellt man sich Wege im Haus vor und verbindet Wörter mit einzelnen markanten Punkten. Wenn man dann im Geist den Weg abschreitet, versucht man, sich an die sich dort befindlichen Vokabeln zu erinnern. Die Schlüsselworttechnik hilft Lernern, indem sie das zu erlernende Wort mit einem ähnlich klingenden der Muttersprache (z. B. *eye* – Ei) verbinden (vgl. Nattinger 1988).

Wörterbücher

Ähnlich wie bei der Grammatik benötigen Lerner zur selbstständigen Wortschatzarbeit verlässliche Informationen über Verwendung und Bedeutung. Zweisprachige Wörterbücher können dabei eine erste Orientierung bieten, sollten jedoch langfristig durch einsprachige ergänzt werden, weil diese Informationen enthalten, die insbesondere für die Textproduktion von großer Bedeutung sind und die in zweisprachigen Wörterbüchern fehlen (vgl. Winter 1992). Moderne einsprachige Wörterbücher basieren auf korpuslinguistischer Forschung und zeigen, wie Wörter tatsächlich im Englischen verwendet werden. Um sich natürlich ausdrücken zu können, benötigen Lerner nämlich Angaben über die Häufigkeit, mit der bestimmte Wörter auftreten, wie oft deren unterschiedlichen Bedeutungen verwendet werden, ob Wörter meist in Kombination mit anderen Wörtern auftreten und ob sie zu bestimmten sprachlichen Registern und Dialekten gehören (vgl. Biber/Conrad/Reppen 1998). Tatsächlich gibt es Hinweise darauf, dass die ausschließliche Benutzung zweisprachiger Wörterbücher bei fortgeschritteneren Lernern die Entwicklung sprachlicher Fähigkeiten *(proficiency)* verlangsamt (Carter/McCarthy 1988b). Es ist daher empfehlenswert, ein Training zum Wörterbuchgebrauch in den Unterricht fest zu implementieren.

Mind Map zum Kapitel V

DIE ROLLE DER SPRACHE

Focus-on-Form

- Focus-on-Form
- Focus-on-FormS
- Noticing
- **Übungen**
  - Impliziter Focus-on-Form
  - Expliziter Focus-on-Form
    - Dictogloss
    - Consciousness raising
    - Korrektur

Pädagogische Grammatik

- Präskriptiv/deskriptiv
- Grammaticality/acceptability
- Korpuslinguistik

Language Awareness

- Affektiv
- Sozial
- Politisch (Critical LA)
- Kognitiv
  - Morphologisch/phraseologisch
  - Satzbezogen
  - Phonologisch
  - Diskursbezogen

Vokabelerwerb

- **Arten des Vokabellernens**
  - Kontextbezogen
  - Strategienbezogen
  - Kontextbezogen + explizit
  - Explizit
  - Selective attention
- **Übungstypen**
  - Recognition
  - Manipulation
  - Interpretation
  - Production
- **Schwierigkeiten**
  - Aussprache
  - Wortlänge
  - Wortart
  - Morphologie
  - Semantik
- **Dimensionen der Wortkenntnis**
  - Partiell oder präzise
  - Umfang und Tiefe
  - Rezeptiv oder produktiv
- **Lernerstrategien Lerntechniken**
  - Karteikartensysteme
  - Multisensorisches Vokabellernen
  - Mnemonische Strategien
  - Wörterbuchbenutzung

**Weiterführende
Literatur**

- Focus-on-Form

Catherine Doughy und Jessica Williams, Hrsg. (1998): *Focus-on-Form in Classroom Second Language Acquisition*. Cambridge: Cambridge UP.

- Language Awareness

Carl James und Peter Garrett, Hrsg. (1991): *Language Awareness in the Classroom*. London: Longman.
Claus Gnutzmann und Frank G. Königs, Hrsg. (1995): *Perspektiven des Grammatikunterrichts*. Tübingen: Narr.

- Pädagogische Grammatik

Terence Odlin, Hrsg. (1994): *Perspectives on Pedagogical Grammar*. Cambridge: Cambridge UP.

- Vokabelerwerb

James Coady und Thomas Huckin, Hrsg. (1997): *Second Language Vocabulary Acquisition. A Rationale for Pedagogy*. Cambridge: Cambridge UP.

VI   Fertigkeiten

VI.1
Theorie Schemata,
Skripte

Fertigkeiten in der
audiolingualen Methode
und im kommunikativen
Fremdsprachenunterricht

Die Beherrschung der vier Grundfertigkeiten *(skills)* – Hören, Lesen, Sprechen und Schreiben – ist insbesondere durch die audiolinguale Methode in den 60er und 70er Jahren des letzten Jahrhunderts als wesentliches Lernziel beschrieben worden. Schüler sollten dabei nichts sagen, was sie nicht bereits gehört hatten und nichts schreiben, was ihnen nicht vom Schriftbild her bekannt war (Real 1984). Im kommunikativen, schülerorientierten Fremdsprachenunterricht tritt die Idee einer Abgrenzung und Stufung der Fertigkeiten zugunsten eines integrativen Ansatzes zurück. Hören, Sprechen, Lesen und Schreiben werden jetzt eher als Bestandteile eines Netzwerkes gesehen, die sich gegenseitig bedingen und beeinflussen. In der Mutter- wie in der Fremdsprache dienen sie dazu, sich mit der Welt um uns auseinander zu setzen, Sinn in ihr zu suchen, unser Wissen zu ergänzen und zu verändern. Ein wichtiger Referenzrahmen für das Verständnis der Fertigkeiten stammt aus der Kognitionspsychologie und verbindet sich mit den Begriffen „Theorie", „Schema" und „Skript". Diese Begriffe sollen daher vorweg erläutert werden.

Theorie

In Theorien sind Kategorien, ihre Beziehungen zueinander und Regeln für die Zugehörigkeit zu ihnen organisiert. Theorien dienen der Interpretation, der Vorhersage und der Erklärung von Ereignissen und verändern sich mit zunehmender Lebenserfahrung. Kleinkinder besitzen andere Theorien darüber, was in ihrer Welt vorgeht als Erwachsene, und dies wird auch in der Verwendung der Sprache sinnbildlich. So gebrauchen Anderthalbjährige *gone* im Gegensatz zu Erwachsenen, wenn sie nach Objekten suchen, die niemals vorhanden waren, also eigentlich nicht verschwunden sein können: *Gone* begleitet das Erstaunen von Kleinkinder, wenn sie in einer Matroschka nach einer noch kleineren Puppe suchen, obwohl keine mehr vorhanden ist (Gopnik/Meltzoff 1997).

Schema

Zur Struktur von Theorien gehören allgemeine Repräsentationen, die man als Schemata bezeichnet (Rumelhart 1980, Anderson 1995, Eysenck/Keane 1995). Solche Schemata bestehen aus Beziehungen von Variablen, denen bestimmte Werte zugeordnet werden können. Beispielsweise kann ein Schema zum Begriff „Haus" folgendermaßen aussehen (vgl. Anderson 1995: 155):

Isa	Gebäude
Bestandteile	Räume
Materialien	Holz, Mauerwerk, Steine

Funktion:	Wohnen
Form:	rechteckig
Größe:	60 bis 1000 m²

Der Begriff „Isa" bezeichnet eine Zweigstelle im hierarchischen Netzwerk. Schemata können auch prototypische Handlungsfolgen beinhalten und werden dann meist „Skripte" genannt. Ein typisches Beispiel ist das Einnehmen einer Mahlzeit in einem Restaurant, das nahezu immer in der gleichen Reihenfolge abläuft: Platznehmen, Speisekarte ansehen, bestellen, essen, Rechnung bezahlen.

Skript

Theorien, Schemata und Skripte lassen uns Voraussagen treffen und Fragen stellen, deren Antworten wir in der Auseinandersetzung mit der Welt finden. So erkennen wir ein Klassenzimmer, auch wenn wir es zum ersten Mal betreten, und wir haben Vorstellungen darüber, was sich in ihm abspielt. Treffen diese Vorstellungen auf der Basis vorhandener Schemata und Skripte nicht zu, dann reagieren wir überrascht. Unsere Theorie über das Klassenzimmer befähigt uns dann zunächst, eine Hypothese darüber aufzustellen, warum die Vorgänge hier anders sind als erwartet. Wiederholen sich die Abweichungen häufiger, dann organisieren wir unsere Erfahrungen in einer neuen Theorie, die die Realität besser erklärt.

Auch bei den Fertigkeiten spielen Theorien, Schemata und Skripte eine wesentliche Rolle. Beispielsweise sind Textsorten in charakteristischer Weise organisiert: Romane besitzen eine andere Struktur als Schulbücher, Tageszeitungen, Gedichte oder Telefonbücher. Solche Genreschemata stellen die Basis für Voraussagen dar, die Menschen über Texte treffen und erleichtern deren Rezeption. Eine Erzählung wird von uns als Erzählung wahrgenommen, weil wir eine Theorie darüber haben, wie Geschichten erzählt werden. Je deutlicher die Struktur der Geschichte unseren Annahmen entspricht, desto besser verstehen und behalten wir sie. Ähnliches gilt für Konversationen, in denen Konventionen steuern, wann man spricht und wann nicht.

Theorien, Schemata, Skripte und die Fertigkeiten

Genre

Theorien, Schemata und Skripte sind sehr komplexe mentale Repräsentationen, lassen sich nur schwer kategorisieren und bleiben daher letztlich ein relativ vages Konzept. Dennoch sind sie grundlegend, um effektives Hören, Sprechen, Schreiben und Lesen auch im Englischunterricht zu erklären. Hierum geht es in den folgenden Abschnitten.

Babys befinden sich nach ihrer Geburt (und vielleicht schon vorher) in einer Welt voller Geräusche, aus dem sie im Idealfall in einer Atmosphäre von Wärme, Zuneigung und Bestätigung ihre eigenen Theorien über Sprache entwickeln. Auch wenn Kinder in den Kindergarten oder später in die Schule gehen, bleibt das Hören zentraler Bestandteil ihres Lebens. Sie sind ganz Ohr, wenn Lehrer Geschichten erzählen oder von einer CD oder Kassette vorspielen, sie lauschen der Musik oder sie hören sich die Präsentationen ihrer Mitschülern an (Galda/Cullinan/Strickland 1993). Auch die Fremdsprachendidaktik hat mit der Überwindung der Grammatik-Übersetzungsmethode dem Hören größere Aufmerksamkeit geschenkt. James J. Asher (z. B. 1996) etwa bezieht sich direkt auf den Erstsprachenerwerb, wenn er in seiner *total physical response*

total-physical-response-Methode mit dem Hören und Ausführen einfacher Aufforderungen beginnt. Die neueste Generation von Lehrwerken schließlich misst der *listening comprehension* eine noch stärkere Rolle zu, als dies bisher der Fall war. Dennoch bereitet den meisten Fremdsprachenlernern gerade die gesprochene Sprache Schwierigkeiten. Jeder Lehrer kennt das Problem beim Vorspielen von Spielfilmen, bei dem Schüler oft nicht ein einziges Wort verstehen.

Schwierigkeiten beim Hörverstehen

Solche Schwierigkeiten beim Hörverstehen liegen u. a. darin begründet, dass

- einmal gesprochene Wörter und Sätze i. d. R. nicht mehr verfügbar sind;
- Sprache manchmal sehr schnell gesprochen wird (bis zu 10 Phoneme, also kleinste bedeutungsunterscheidende lautliche Einheiten, pro Sekunde);

Phonem

- Phoneme sich gegenseitig beeinflussen (so wird aus *all the citizens* [ɔːl] [ðə] ['sɪtɪznz], [ˈɔːðəˈsɪtznz], wobei das [l] verloren geht);
- gesprochene Sprache als zusammenhängender Lautfluss mit nur wenigen Pausen erscheint und Hörer die einzelnen Wörter unterscheiden können müssen (vgl. Brown 1990, Eysenck/Keane 1995).

Prosodie

Gesprochene Sprache weist im Gegensatz zu geschriebenen Texten aber auch eine Reihe sog. prosodischer Hinweise *(prosodic cues)* auf, die zumindest in der Muttersprache Hilfen beim Verständnis bieten. Hierzu gehören Tonhöhe, Intonation, Betonung und Dehnungen (vgl. Kortmann 1999). In der Äußerung *He's my brother, John* wird erst durch die Intonation deutlich, ob John der Gesprächspartner oder der Bruder ist. In der Fremdsprache können jedoch Hörgewohnheiten der Erstsprache Schwierigkeiten bereiten. So stellt John M. Levis (1999: 42) fest: "Listeners hear intonation according to internal categories rather than according to phonetic reality. If students shared native English speakers' categories, this would not be a problem. However, languages have different ways of organizing intonation patterns and intonational meanings, and these differences are likely to be a source of difficulty".

Einfluss der L 1

Das Verstehen gesprochener Sprache erfolgt durch zwei sich ergänzende Prozesse im Gehirn, die man als *bottom up* und *top down* bezeichnet. *Bottom-up*-Prozesse benutzen die phonologischen Daten, *top-down*-Prozesse hingegen stützen sich auf Schemata. Das hierin gespeicherte Wissen über die Welt, Ereignisse, Menschen und Handlungen steuert den Verstehensprozess: "Meaning is created by an active listening in which the linguistic form triggers interpretation within the listener's background and in relation to the listerner's purpose, rather than conveying information. Background is then not only linguistic and pragmatic knowledge, but also a basic orientation toward the content of the discourse [...]. In this sense the listener's background outlines the dimension of what can be understood." (Rost 1990: 62) Auf der einen Seite erzeugen Schemata beim Hören eine Erwartungshaltung und ergänzen fehlende Informationen, auf der anderen Seite füllen Textinformationen Variablen des Schemas. Dabei konstruieren Hörer Bedeutungen, die ihren Zielen entsprechen und die in sich schlüssig sind. Freilich ist insbesondere im Fremdsprachenunterricht zu beachten, dass Schemata nicht selten kulturspezifisch sind und beim Hören zu Missverständnissen führen können. Die folgende Aussage von B wird von Fremdsprachenlernern häufig als positive Einschätzung verstanden, beinhaltet aber tatsächlich heftige Kritik, auf die ein *native speaker* zum Beispiel mit *Oh, that bad, huh?* reagieren würde (vgl. Bouton 1999):

bottom-up- versus *top-down-*Prozesse

A	Have you seen Robin Hood?
B	Yeah. I went last night.
A	What did you think of it?
B	The cinematography was great.

Grundsätzlich sind im Fremdsprachenunterricht zwei verschiedene Formen des Hörens denkbar, nämlich interaktional *(interactional)* und transaktional *(transactional)*. Ein interaktionaler Diskurs findet in Gesprächen statt, in denen die beteiligten Personen mal als Sprecher *(contributor)* mal als Zuhörer *(interpreter)* fungieren und damit die Struktur eines Gespräches bestimmen. Dabei ist die Rolle des Hörers durchaus nicht ausschließlich passiv-rezeptiver Art. Vielmehr haben Hörer eine Reihe von Möglichkeiten, ein Gespräch zu beeinflussen (Rost 1994):

- *Back-channeling*: Hierzu gehören verbale (wie *right, I see ...*), semi-verbale (wie *mm, tsk*) und nicht-verbale Signale (wie Blickkontakt, Kopfnicken, Lächeln, Augenbrauenbewegungen).
- *Reframing*: Der Hörer formuliert eine Äußerung des Sprechers um (z. B. *I see, you mean it got smaller*).
- *Topic shifting*: Der Hörer erkennt das Ende einer Idee oder den Wunsch des Sprechers, das Wort zu übergeben (z. B. durch einen Blick oder durch einen Wechsel der Tonhöhe) und übernimmt selbst die Rolle des Sprechers.

Transaktionaler Diskurs findet beim Zuhören ohne Notwendigkeit der Interaktion mit einem oder mehreren Sprechern statt. Hierzu gehören der Besuch von Vorträgen, das Hören von Ansagen auf Bahnhöfen, Radio und Fernsehen, Theaterbesuche oder das Hören von Songs auf CD. Im Fremdsprachenunterricht spielt diese Art des Hörens eine besondere Rolle, weil sich solche Hörtexte auf CD, Kassette oder Videoband konservieren lassen und damit eine Möglichkeit darstellen, Lerner mit der Fremdsprache zu konfrontieren, wie sie von Muttersprachlern in natürlichen Situationen gesprochen wird.

Sowohl beim interaktionalen als auch beim transaktionalen Hören benutzen effektive Zuhörer eine Reihe von Strategien. Hierzu gehören

- eigenes Hintergrundwissen bzw. Schemata vor dem Hören zu aktivieren;
- im Falle interaktionaler Kommunikation Verstehen als gemeinsame Aufgabe der Gesprächspartner zu sehen und Klarstellung zu ersuchen;
- im Falle transaktionaler Kommunikation die Hilfe anderer Zuhörer zur Klärung nicht verstandener Teile zu suchen;
- Ambiguität zu tolerieren und den Anspruch aufzugeben, alles verstehen zu müssen;

- die Einstellung *I don't understand anything* zugunsten einer Suche nach den Ursachen für das Nichtverstehen einzelner Teile eines Hörtextes aufzugeben;
- sich bestimmte Ziele beim Hören zu setzen und Relevantes von Irrelevantem in Hinblick auf diese Ziele zu unterscheiden;
- während des Hörens Voraussagen über den Inhalt zu treffen und zu kontrollieren;
- Notizen anzufertigen, in denen Spiegelstriche zur Übersichtlichkeit beitragen, in denen Hierarchien (z. B. durch Nummerierungen) oder Relationen (z. B. durch Diagramme, Pfeile, Tabellen) deutlich werden, die Unterstreichungen oder Umkreisungen von wichtigen Worten verwenden;
- nach dem Hören Notizen zu überarbeiten (Rost 1990, Flowerdew 1994a).

Diese Strategien können im Fremdsprachenunterricht trainiert werden, wobei häufig drei Phasen unterschieden werden: *pre-listening*, *while-listening* und *post-listening* (z. B. Underwood 1989). *Pre-listening* beinhaltet die Aktivierung von Hintergrundwissen, z. B. durch Diskussion des Themas, durch das Lesen relevanter Texte, durch Bilder und Fotos oder durch die Vorgabe von Fragen, die beim Hören beantwortet werden sollen. Zum *while-listening* gehört das Anfertigen von Notizen, die Identifizierung erwähnter Gegenstände auf einem Bild oder in einer Liste, das Sortieren von Bildern nach der Chronologie einer Handlung und das Ergänzen von Diagrammen, Tabellen und Lückentexten. Die *post-listening*-Phase schließt Rollenspiele auf der Basis des gehörten Textes, Schreibaufgaben (Inhaltsangaben, Fortsetzen eines Dialoges oder einer Geschichte usw.), die Analyse sprachlich-funktionaler Aspekte (z. B. die Verwendung unterschiedlicher Intonationsmuster) und die kritische Auseinandersetzung mit dem gehörten Text ein. Eine Hilfestellung kann die *TQLR*-Technik (vgl. Saskatchewan Education 1999) bieten, die Hören in vier Stufen einteilt, die Lerner bewusst nutzen, um ihr Hörverstehen effizienter zu gestalten (Abb. VI.1).

Phasen des Hörens im Fremdsprachenunterricht *pre-listening, while-listening, post-listening*

TQLR-Technik

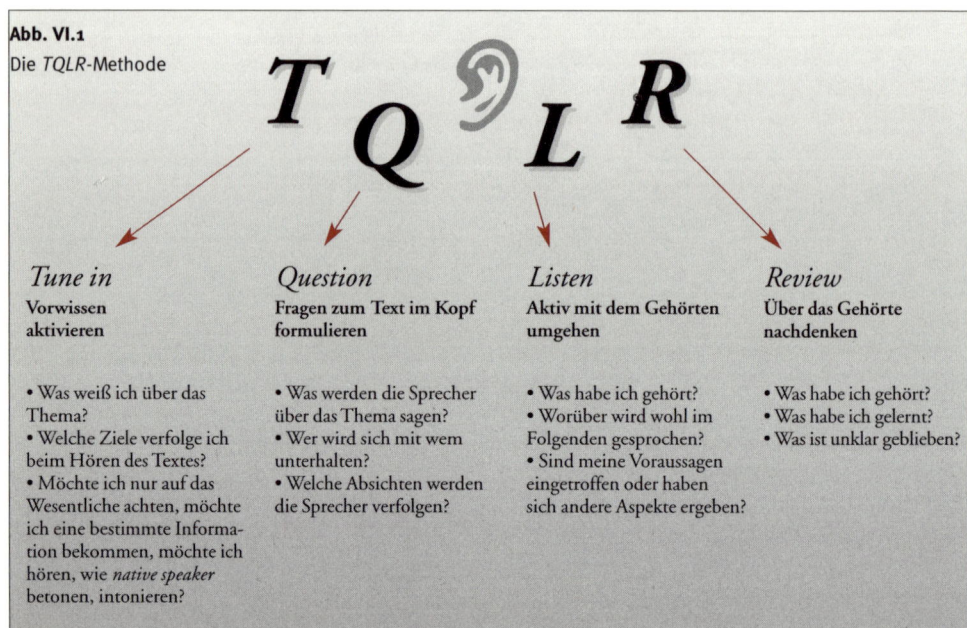

Abb. VI.1
Die *TQLR*-Methode

Tune in	*Question*	*Listen*	*Review*
Vorwissen aktivieren	**Fragen zum Text im Kopf formulieren**	**Aktiv mit dem Gehörten umgehen**	**Über das Gehörte nachdenken**
• Was weiß ich über das Thema? • Welche Ziele verfolge ich beim Hören des Textes? • Möchte ich nur auf das Wesentliche achten, möchte ich eine bestimmte Information bekommen, möchte ich hören, wie *native speaker* betonen, intonieren?	• Was werden die Sprecher über das Thema sagen? • Wer wird sich mit wem unterhalten? • Welche Absichten werden die Sprecher verfolgen?	• Was habe ich gehört? • Worüber wird wohl im Folgenden gesprochen? • Sind meine Voraussagen eingetroffen oder haben sich andere Aspekte ergeben?	• Was habe ich gehört? • Was habe ich gelernt? • Was ist unklar geblieben?

VI.3 Sprechen

Verarbeitungsprozesse beim Sprechen

Schon die Formulierung, „Welche Sprachen spricht du?", signalisiert die Bedeutung der gesprochenen Sprache. Tatsächlich wird auch im kommunikativen Fremdsprachenunterricht das flüssige Sprechen als ein zentrales Lernziel betrachtet. Gespräche entwickeln nicht nur die Sprachkompetenz von Lernern, sondern sie tragen auch zum Bewusstmachen und zur Veränderung von Sehweisen und Einstellungen bei. Die Fähigkeit, Gespräche in der Fremdsprache zu führen, öffnet Horizonte. Allerdings ist gerade das Sprechen eine überaus komplexe Fertigkeit, was deutlich wird, wenn man es als informationsverarbeitenden Prozess begreift, in dem Absichten, Gedanken und Gefühle in Sprache transformiert werden. Abbildung VI.2 zeigt ein mentales Modell der Sprachproduktion (Levelt 1993). Sprechen vollzieht sich hiernach im Wesentlichen in vier Phasen:

Konzipieren

• Konzipieren: Sprecher werden sich ihrer Absichten bewusst, wählen relevante Informationen aus, über die sie kommunizieren möchten, und ordnen diese Informationen unter Einbeziehung dessen, was bereits gesagt worden ist. Dabei spielen Schemata, Theorien und

Skripte eine wichtige Rolle, also das Wissen eines Sprechers über sich selbst und die Welt, das sie/er in ähnlichen Situationen konstruiert hat.

- Formulieren: Lemmata werden bereitgestellt, zu Satzstrukturen zusammengefügt und phonologisch und prosodisch kodiert. Das Ergebnis ist „innere Sprache", ein Plan dessen, was man äußern möchte.
- Artikulieren: Ausführung der „inneren Sprache" durch die Sprechorgane.
- Selbstkontrolle: Ein Sprecher ist auch sein eigener Zuhörer und kann Reparaturmechanismen einleiten, um unpassende oder unrichtige Äußerungen zu korrigieren.

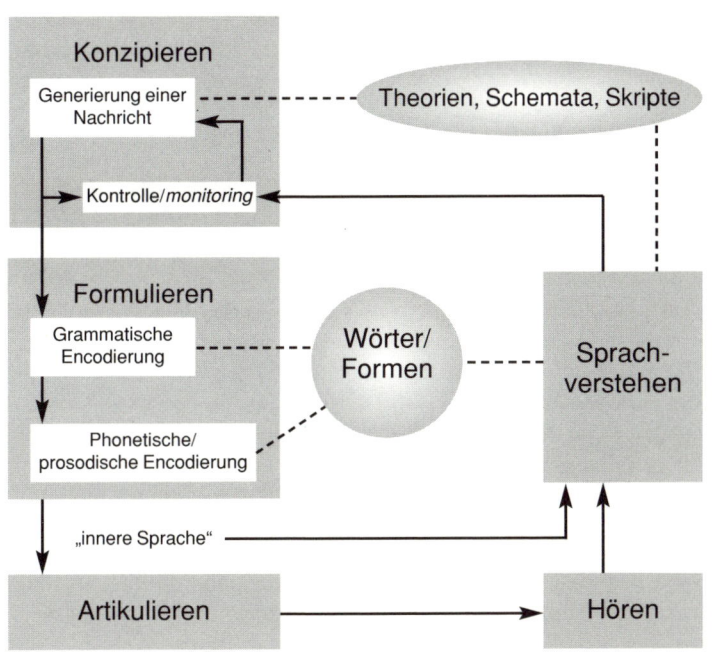

Abb. VI.2
Informationsverarbeitung beim Sprechen
(nach Levelt 1989:9)

Beim Fremdsprachenerwerb werden diese Prozesse zudem durch die Muttersprache beeinflusst. So hat insbesondere der Konnektionismus gezeigt, dass das phonologische System in der Mutter- und Fremdsprache nicht aus verschiedenen Subsystemen für beide Sprachen be-

Einfluss der L 1

steht, sondern aus einem verbundenen Ganzen: "It encourages a view in which L1 and L2 are no longer sharply distinguished, but may together be seen as constituting a single phonological space within which the sound structures of both languages are defined and may developmentally interact." (Leather 1999: 19)

interaktionales versus transaktionales Sprechen

Wie das Hören, so findet auch das Sprechen in interaktionalem oder transaktionalem Diskurs statt. Im kommunikativen Fremdsprachenunterricht steht häufig Interaktion mit einem oder mehreren Partnern (Gespräche, Dialoge, Interviews, Diskussionen, Gruppenarbeit) im Vordergrund. Ein solcher interaktionaler Diskurs ist stark kontextbezogen. Die Sprecher befinden sich i. d. R. in einem Klassenzimmer und beziehen sich damit auf denselben Raum, in dem sie Erfahrungen gesammelt haben, die sie zeitlich einordnen können, sie stellen sich aufeinander ein und können auf der Basis gemeinsamen Wissens und gemeinsamer Theorien, Schemata und Skripte, mit ihren Redebeiträgen Dinge implizieren. Darüber hinaus sind Gespräche im Klassenzimmer häufig zielorientiert, man will sich z. B. gegenseitig informieren, man will das Gefühl von Freude teilen, man will andere überzeugen usw. Um mit der Sprache solche Ziele zu erreichen, sind verschiedene Kenntnisse notwendig, die über eine Beherrschung von Grammatik und Wortschatz hinausgehen.

Sprecher als Gesprächspartner

cooperative principle (Grice)

In der Muttersprache beherrschen wir Regeln der Interaktion, die die Kooperation der Gesprächspartner regeln und die in der Fremdsprache erworben werden müssen. Hierzu gehören, wann man den Part des Hörers einnimmt und wann den Part des Sprechers und ein Bewusstsein für die Inhalte, über die man sich unterhält (Levelt 1993). So sollten Redebeiträge (nach Herbert P. Grice) informativ sein und keine überflüssigen Details enthalten (Maximen der Quantität), sie sollten wahrhaftig sein und auf gesicherte Erkenntnisse aufbauen (Maximen der Qualität), sie sollten für das Gespräch relevant sein (Maxime der relativen Relevanz) und sie sollten deutlich, unzweideutig, kurz und geordnet formuliert werden (Maximen der Art und Weise).

Auch wenn man davon ausgeht, dass das Gricesche Kooperationsprinzip einen gewissen Universalitätsanspruch hat, ergeben sich auch interkulturelle Aspekte, die für den Fremdsprachenunterricht von Bedeutung sind. Zur Kompetenz von Muttersprachlern gehört es nämlich auch, auf der Basis der Maximen mehr ausdrücken zu können, als sie tatsächlich sagen. Man spricht in diesem Zusammenhang von

Implikaturen. In folgendem Beispiel wird eine Frage mit einer anderen Implikaturen beantwortet, die auf den ersten Blick die Griceschen Maximen verletzen, tatsächlich aber für einen *native speaker* einfach zu verstehen ist (aus Bouton 1999: 54):

A   Does Mr Walker always give a test the day before vacation?
B   Does the sun come up in the East?

Ähnliche Antworten könnten *Is the pope Catholic? Do cows fly?* oder *Do chickens have lips?* sein, wobei das Muster ist, dass die augenscheinliche Antwort zu Frage B gleichzeitig die Antwort zu Frage A darstellt. Die Gegenfrage ist dabei häufig eine feststehende Redewendung und bereitet Fremdsprachenlernern besondere Schwierigkeiten, wie Lawrence F. Bouton (1999) am Beispiel von Austauschstudenten an amerikanischen Hochschulen gezeigt hat. Ähnliches gilt für *understatements*, die Kritik beinhalten: *So, what did you think of the house? – Well, it had a nice mailbox.* Andere Implikaturen, z. B. solche, die scheinbar die Relevanz für das Gespräch verletzten, sind hingegen für Fremdsprachenlerner weniger problematisch (Beispiel: *How about going for a walk? – Isn't it raining outside?*).

Lerner, die Schwierigkeiten mit bestimmten Implikaturen haben, profitieren von einer expliziten Unterweisung. Dabei kann man Lerner mit Beispielen konfrontieren und diskutieren, wie Implikaturen als Mittel indirekter Kommunikation funktionieren. Einige Comics wie Bill Wattersons *Calvin and Hobbes* enthalten sehr viele Beispiele für Implikaturen und können als Ausgangspunkt einer Unterrichtseinheit dienen.

Eben weil interaktionale Kommunikation sehr schwierig ist, benötigen Fremdsprachenlerner Übungen und Hilfestellungen. Dabei scheint ein eher naturalistischer Spracherwerb besonders geeignet zu sein. So hat Lienhard Legenhausen (1999) gezeigt, dass Schüler im autonomen autonomes Fremdsprachenlernen und natürliche Interaktion Fremdsprachenunterricht das Gricesche Kooperationsprinzip besser befolgen als Schüler die an einem eher lehrwerkbasierenden Unterricht teilnehmen. Offenbar memorieren Schüler in traditionellen Unterrichtsformen Teile von Lehrwerkdialogen, die sie in Gesprächen mit ihren Mitschülern reproduzieren, so dass zwar die Sprachrichtigkeit erhöht wird, es aber gleichzeitig zu häufigen Verletzungen der Maximen von Grice kommt. Das Resultat ist „pseudo-communication" (Legenhausen 1999: 181). Die Gespräche von autonomen Fremdsprachenlernern, die Unterricht weniger stark als Simulation von Ereignissen erleben, sind zwar fehlerbelastet, zeigen aber alle Elemente einer natürlichen Interaktion. In diesem Zusammenhang muss auch das sog. *teacherese* hinterfragt werden, also die Vereinfachung der Sprache im Unterricht als Hilfestellung *(scaffolding)* für die Schüler (van Lier 1996). Gerade die Qualität des *comprehensible input* ist nämlich möglicherweise die Basis für einen authentischen Sprachgebrauch.

Folgende Aktivitäten bieten sich an, um Sprechen im Fremdsprachenunterricht zu üben (vgl. Saskatchewan Education 1999):

- *Mini-debates*: Lerner beziehen gegensätzliche Positionen zu einem Thema und diskutieren sie miteinander oder vor Publikum.
- *Interviews*: Lerner führen miteinander oder mit einem Experten Interviews zu einem Thema und erfahren Interviews als besonders strukturierte Konversation. Besondere Formen von Interviews sind *media interviews* (in denen Schüler die Rolle von Journalisten einnehmen) und *job interviews*.
- *Response to literature*: Lerner führen ein Interpretationsgespräch über einen literarischen Text.
- *Think-Pair-Share*: Lerner denken zunächst in Einzelarbeit über ein vorgegebenes Thema nach, machen sich Notizen, besprechen ihre Ergebnisse mit einer Partnerin oder einem Partner und spiegeln ihre Erkenntnisse in die Klasse zurück.
- *Diskussionen* in der Groß- oder Kleingruppe: Hier können Regeln hilfreich sein, die sich an den Griceschen Maximen orientieren, z. B. *Contribute – Give your thoughts on the question, Be relevant – Stick to the subject, Listen – Try to understand what someone else is saying, Respond – Comment on what others have said.*
- *Expert groups*: Lerner bilden Kleingruppen mit ca. fünf Mitgliedern und informieren sich über ein bestimmtes Thema (z. B. über Wales). Jedes Mitglied einer solchen Expertengruppe wechselt dann in eine andere Gruppe und informiert die Gruppenmitglieder dort über die gewonnenen Erkenntnisse.
- *Panel discussions*: Schüler bereiten sich in Kleingruppen auf ein bestimmtes Thema vor. Jede Kleingruppe entsendet dann einen Experten in das Plenum, das vor der Großgruppe diskutiert, um zu einer Lösung zu gelangen. Die Klasse kann Fragen stellen *(audience participation)*.

Beispiele für transaktionalen Diskurs sind:

- *Reading aloud/oral interpretation*: Literatur, Lehrbuchtexte usw. können von Schülern laut vorgelesen werden. Dabei spielen prosodische Elemente eine besondere Rolle, um die eigene Interpretation erkennbar zu machen und das Interesse der Zuhörer zu finden. *Reading aloud* kann zum Rollenspiel und zu Theateraufführungen führen.
- *Storytelling*: Lerner wählen eine Geschichte aus (oder schreiben sie selbst) und geben sie in eigenen Worten wieder. Die Erzählweise soll dabei enthusiastisch und spontan sein, Gesten und Mimik beinhalten, die einzelnen Charaktere können durch Modifizierungen der Sprache (Tonhöhe) unterschieden werden. *Storytelling* kann auch als Puppen- oder Marionettenspiel erfolgen.
- *Formal speeches*: Eine formelle Rede kann erklären, überzeugen oder unterhalten. Schüler lernen, Material so aufzubereiten, dass es das Interesse der Zuhörer findet. Auch hier sind Augenkontakt, Pausen, Intonation, Tonhöhe usw. wichtig.
- *Illustrated talks*: Lerner bereiten eine Präsentation zu einem Thema vor und entwickeln Poster, Grafiken, Dias, Faltblätter usw., die das gesprochene Wort unterstützen sollen.

**VI.4
Lesen**

Fehlende Lesevorbilder in Familie und Schule, die Diversifizierung des Medienangebotes und das veränderte Mediennutzungsverhalten sind Gründe dafür, dass ein beachtlicher Anteil der Kinder und Jugendlichen heute kaum oder gar nicht liest. In Zukunft mag dies zu einer noch größeren Wissens- und Bildungskluft führen (Elsholz/Lipowsky 2000). Dies ist sicherlich ein Grund, warum der Lesekompetenz *(reading literacy)* der 15-Jährigen innerhalb der OECD-Studie PISA *(Programme for International Student Assessment)* besondere Aufmerksamkeit geschenkt wird. Die Kultusminister der Bundesländer haben in ihrer Vereinbarung zur Gestaltung der gymnasialen Oberstufe vom 28. Februar 1997 ebenfalls die Wichtigkeit des Lesens betont und insbesondere die fremdsprachliche Lesefähigkeit als notwendige Voraussetzung für ein Hochschulstudium herausgestellt. Viele Lerner sehen sich jedoch durch mangelnde Leseerfahrungen in einem Teufelskreis gefangen: Nichtverstehen führt zu einem mühsamen, die Konzentration überbeanspruchenden Lesen, woraus eine Verringerung der Lesegeschwindigkeit resultiert. Schließlich kommt es zum Verlust von Motivation und zum gänzlichen Vermeiden des Lesens.

Lesekompetenz als gesellschaftliche Aufgabe

Teufelskreis des schlechten Lesers

Kreative Leser hingegen

- setzen sich Ziele, z. B. zu lesen, um Probleme zu beantworten, die sich ihnen gestellt haben, oder um die Dinge um sie herum zu verstehen,
- evaluieren das Gelesene, untersuchen es auf seine Schlüssigkeit hin und beziehen dabei andere Materialien und ihr eigenes Weltwissen mit ein,
- füllen die Leerstellen des Gelesenen und werden dabei angeregt, weiter nachzudenken und zu neuen Fragestellungen zu finden (Robeck/Wallace 1990).

bottom-up- versus *top-down-*Prozesse

Ähnlich wie beim Hören interagieren hier *bottom-up-* und *top-down-*Prozesse (Weskamp 1996a). *Bottom-up*-Prozesse beschreiben diejenigen Vorgänge beim Lesen, die von der Buchstabenerkennung über das Wort-, Satz-, Absatz- bis zum Textverständnis führen und sich auf die visuelle Information stützen. *Top-down*-Prozesse hingegen gehen von der nicht-visuellen Information aus, bedienen sich also Theorien, Schemata und Skripten, um Voraussagen über Inhalte zu treffen. Nichtvisuelle Informationen beinhalten dabei sowohl inhaltliche als auch formale Aspekte. Texte gehören immer einem bestimmten Genre an, d. h., sie erfüllen bestimmte kommunikative Funktionen in einer Sprachgemeinschaft oder Kultur und haben eine definierte Struktur, die wiederum die Wahl des Inhaltes und stilistischer Mittel bedingt (vgl. Swales 1990). Ein wichtiges Ziel des Fremdsprachenunterrichts ist

Genre

es, Lerner mit den unterschiedlichen Genres (z. B. *description, narration, exposition, argumentation, instruction, hypertext*) vertraut zu machen, weil die Kenntnis diskursiver Besonderheiten Voraussagen ermöglicht: "Genre schemes help both readers and writers. Their characteristic forms help readers by giving them a basis for predicting what a text will be like, that a novel will be divided into chapters in a particular way, that a scientific article will follow a certain format, that a letter will observe typical conventions." (Smith 1994: 40)

Lesen als Informationsverarbeitungsprozess

Der Leseprozess selbst kann als Abfolge von fünf Elementen beschrieben werden (Goodman 1976, Smith 1994):

- Beginn der Wahrnehmung *(recognition-initiation)*: Das Gehirn erkennt geschriebene Sprache und beginnt mit dem Dekodierungsprozess.
- Voraussage *(prediction)*: Auf der Basis von Theorien, Schemata und Skripten trifft das Gehirn Vorhersagen und weist dem sensorischen

Input Bedeutung zu. Globale Voraussagen (z. B. die Erwartungen, die man an ein Buch hat) steuern den Leseprozess insgesamt, während fokale Voraussagen für kurze Zeit relevant sind (z. B. Erwartungen, welchen Inhalt der nachfolgende Satz oder das nachfolgende Wort hat). globale Voraussagen fokale Voraussagen

- Bestätigung *(confirmation)*: Das Gehirn verifiziert oder falsifiziert Voraussagen. Auch hier sind nicht nur die visuellen Informationen von Relevanz, sondern auch die nichtvisuellen. Frank Smith (1994: 172) verdeutlicht dies seinen Lesern wie folgt: "Your focal predictions about my next sentence will depend to some extent on your comprehension of the present sentence but also on your expectations about this paragraph, this chapter, and the book as a whole. Conversely, the global predictions that we make at the book and chapter level must be constantly tested and if necessary modified by the outcomes of our predictions at more focal levels."
- Berichtigung *(correction)*: Wenn das Gehirn feststellt, dass Erwartungen nicht haltbar sind, dann kommt es zu Reparaturmechanismen (z. B. erneutes Lesen, Suche nach zusätzlichen Informationen). Die Folge ist oft Akkommodation im Sinne Jean Piagets, d. h., die Umorganisation mentaler Schemata. Akkommodation
- Abbruch des Lesens *(termination)*: Das Gehirn bricht den Leseprozess ab, z. B. wenn ein Text gelesen ist, wenn er sich als uninteressant erweist, wenn er nicht den globalen Voraussagen/Erwartungen entspricht oder wenn sein Inhalt bereits bekannt ist.

Für den Fremdsprachenunterricht ergibt sich insbesondere die Frage, wie man Lernern helfen kann, aus dem oben beschriebenen Teufelskreis des schlechten Lesers auszubrechen. Die Ursachen für mangelnden Leseerfolg lassen sich anhand von zwei Hypothesen näher bestimmen (Alderson 1984, Bernhardt/Kamil 1995):

- Die *Linguistic Threshold Hypothesis* geht davon aus, dass ein Mindestmaß an sprachlicher Kompetenz notwendig ist, um in der Fremdsprache adäquat zu lesen. Leseerfolge in der Fremdsprache basieren dabei auf guten Kenntnissen in dieser Fremdsprache.
- Die *Linguistic Independence Hypothesis* unterstellt, dass einmal erworbene Lesestrategien auf die Fremdsprache übertragen werden. Wer in der Muttersprache effektiv liest, wird dies auch in der Fremdsprache tun.

Die Konsequenzen wären im Falle der ersten Hypothese, dass im Unterricht primär die allgemeine Sprachkompetenz verbessert werden muss, im Falle der zweiten Hypothese, dass vor allem die Lesefertigkeiten in der Muttersprache geübt werden müssen. Vermutlich liegt die Wahrheit zwischen diesen beiden Hypothesen, wobei die Frage bisher ungeklärt ist, wie gut Leser in der Muttersprache sein müssen, um auch in der Fremdsprache erfolgreich zu lesen, und in welchem Ausmaß sie eine Fremdsprache erworben haben sollten, bis L1-Lesestrategien erfolgreich angewandt werden können. Darüber hinaus ist unklar, ob die in der L1 verwendeten Strategien vollständig auf die Fremdsprache übertragbar sind. In jedem Fall ist beim Lesen in der Fremdsprache an zusätzliche Strategien zu denken, die beim mutter

sprachlichen Lesen keine Rolle spielen. Ein Beispiel ist die *mental translation*, d. h. die Möglichkeit, während des Lesens simultan im Kopf zu übersetzen (Kern 1994). Gerade bei unerfahrenen Lesern werden durch diese Strategie und dem damit verbundenen Gefühl, den Text in der Muttersprache denken zu dürfen, affektive Barrieren abgebaut. Möglicherweise erleichtert zudem der Rückgriff auf muttersprachliche, kognitiv bereits gut organisierte Bedeutungen den Verstehensprozess, weil keine neuen, fremden Wörter, Phrasen und Strukturen in das ohnehin durch den Leseprozess selbst geforderte Kurzzeitgedächtnis übernommen werden müssen. Das Speicheraufkommen für das Gehirn wird so reduziert und ein schnelles und demotivierendes Ermüden verhindert.

Die Integration von Spracherwerbs- und Leseprozessen schlägt Seán Devitt (1997) in seinem Modell des *multilayered interactive reading* vor. Grundlage bildet auch für Anfänger ein authentischer Text, der in folgenden Schritten erschlossen wird:

- Wortschatzarbeit: Die Bedeutung schwieriger Wörter aus dem Text wird den Lernern anhand verschiedener Techniken bewusst gemacht. Die Lerner arbeiten dann mit diesem Wortschatz, indem sie zwischen den neuen Wörtern Verbindungen suchen und sie in Wortfamilien, Sachfelder usw. kategorisieren.
- Schreiben eines Textes: Die Lerner benutzen die neuen Wörter, um daraus z. B. eine Geschichte zu schreiben. Dabei diskutieren sie auch über Fragen der Grammatik, über Inhalte, über die Organisation des Textes usw.
- *Unscrambling sentences*: Die Lerner erhalten eine vereinfachte Version des authentischen Textes, wobei die Sätze jedoch nicht in der richtigen Reihenfolge stehen. Die Lerner sortieren die Sätze und aktivieren und revidieren dabei Schemata.

- **Lesen:** Der authentische, nicht-vereinfachte Text wird nun gelesen, wobei die sonst üblichen Schwierigkeiten durch die vorangegangenen Aktivitäten nicht mehr auftreten.
- *Editing:* Auf der Basis der Leseerfahrung können Lerner nun ihren eigenen Text verändern und z. B. neue Formen einfügen.
- *Elaborating:* Lerner modifizieren und verfeinern die Struktur ihres Textes, z. B. durch Verwendung von Nebensätzen, *sentence adjuncts* und durch das Umstellen von Sätzen oder Satzteilen, um ein überzeugenderes Ergebnis zu erhalten.

Während das Verfahren von Dévitt einer eher auf Instruktion ausgerichteten Lehr-Lernphilosophie folgt, kann ein Lernerstrategientraining Lesern Werkzeuge an die Hand geben, um den Leseprozess aktiv zu steuern. Dabei bietet sich in Anlehnung an die *Linguistic Independence Hypothesis* eine Bestandsaufnahme an, über welche Strategien Lerner beim Lesen in der Muttersprache (und ggf. in der Fremdsprache) verfügen. In einer *brainstorming*-Phase machen sich Lerner zunächst ihr eigenes Leseverhalten bewusst, tauschen Erfahrungen aus und isolieren Schwierigkeiten. Im Anschluss daran können gezielt Lernstrategien und -techniken erprobt werden. Ähnlich wie beim Hören unterscheidet man auch hier zwischen Strategien vor, während und nach dem Leseprozess. Mit Hilfe einer sog. PQ4R-Lesetechnik beispielsweise kann eine Verbesserung des Leseverständnisses erreicht werden, indem Lerner Aufgaben erfüllen, die es ihnen langfristig ermöglichen, von einem „Wort-für-Wort"-Lesen loszukommen, auf größere Sinnzusammenhänge zu achten und so ihr Lesetempo zu erhöhen. Die Lerner verwenden die PQ4R-Technik zunächst mit Lesepartnern, um mit ihr bewusst umzugehen. Später erfolgen die einzelnen Schritte zunehmend nur noch im Kopf der einzelnen Leser; aus deklarativem, explizitem Wissen wird so prozeduales Wissen, das den Leseprozess auf eher unbewusster, impliziter Ebene steuert und automatisiert. Die PQ4R-Technik besteht aus folgenden Schritten (Weskamp 1996a):

Lernerstrategietraining

PQ4R-Lesetechnik

P – Predicting/Preview
- Lerner stellen Überlegungen zum Thema an *(What do we know about the topic?)* und aktivieren so ihr Hintergrundwissen (Schemata).
- *Skimming*, d. h. Erfassen des globalen Inhaltes durch schnelles Überfliegen des Titels, der Untertitel, des Einleitungssatzes, der Zusammenfassung, Sichten der Illustrationen, Beachten von Fettdruck, Kursivdruck usw.

Q – Questions

- Formulieren von Hypothesen, die durch den Text bestätigt werden sollen *(What might I learn from this reading?)*.
- *Scanning* des Textes vor dem Hintergrund dieser Hypothesen, um festzustellen, ob die Hypothesen haltbar sind oder durch neue ersetzt werden müssen.

R – Read

- Detailliertes Lesen.
- Erschließen von Vokabular aus dem Kontext.
- Vorhersagen zu Inhalten während des Lesens *(Do I understand what I am reading? What will I learn about next?)*.
- Testen der Hypothesen am Inhalt des Textes *(Does my interpretation of the meaning of the text make sense?)*
- Erneutes *scanning* des Textes, falls sich Hypothesen als unhaltbar erweisen.

R – Reflect

- Einordnen des Gelesenen in vorhandene Schemata, d. h. Ergänzung, Veränderung oder Bestätigung des Vorauswissens.
- Bestätigung, ob alle gestellten Fragen beantwortet sind oder ob sich wiederum neue Fragen stellen.

R – Recite

- Die Informationen des Textes Revue passieren lassen *(What do I think? How did the text affect me?)*.
- Gegebenenfalls Benutzung von Wörterbüchern, um letzte Unklarheiten zu beseitigen.
- Entwicklung von Diagrammen, die die Struktur des Textes offen legen.
- Unterstreichungstechniken anwenden, Randnotizen anfertigen.
- Führen eines Lesetagebuchs *(response journal)*.

R – Review

- Zusammenfassung der wesentlichen Punkte des Textes.
- Feststellen, ob alle sich ergebenden Fragen beantwortet werden konnten.
- Diskussion des Textes mit anderen *(post-reading discussions)*.

Erfolge beim fremdsprachlichen Lesen basieren, so lässt sich resümieren, auf sprachlichem Können und auf der Prozedualisierung von Lesestrategien. Darüber hinaus muss aber gerade für die Fremdsprache bedacht werden, dass Texte kulturelles Wissen beinhalten: "[...] reading comprehension is a function of cultural knowledge. If readers possess the schemata assumed by the writer, they understand what is stated and effortlessly make the inferences intended. If they do not, they distort meaning as they attempt to accommodate even explicitly stated propositions to their own preexisting knowledge structures." (Steffensen/Joag-Dev 1984: 60-61) So assoziieren Amerikaner mit *interstate highways* bestimmte Charakteristika, die Fremdsprachenlerner unter Umständen nicht kennen. Aus diesem Grund bleiben ihnen möglicherweise Metaphern wie *the world's most expensive parking lots = interstate highways* verschlossen (Carrell/Eisterhold 1988).

Während zur Zeit der audiolingualen und audiovisuellen Methode mit ihrem Primat des Mündlichen, Schreiben zumindest im Anfangsunterricht eine nachgeordnete Funktion hatte, erlebt es heute in handlungsorientierten, kommunikativen Unterrichtsformen eine Renaissance. Dabei steht nicht so sehr das fehlerfreie Produkt im Vordergrund, sondern der Schreibprozess an sich *(process approach)*: "Translated into classroom context, this approach calls for providing a positive, encouraging, and collaborative workshop environment within which students, with ample time and minimal interference, can work through their composing processes." (Silva 1990: 15) Schreiben als komplexer, kreativer Vorgang findet vereinfacht in verschiedenen Schritten statt, die mehrfach durchlaufen werden können (Silva 1990, White/Arndt 1991, Weskamp 1995b):

- Ideen generieren (z. B. aus der Vorstellungskraft beim Schreiben einer *short story* oder auf der Basis von Materialien beim Schreiben eines Berichtes)
- Ideen auswählen und ordnen *(focussing)*
- Entwürfe schreiben *(drafting)*
- Überarbeiten (Gedanken und Aspekte hinzufügen, löschen, modifizieren und umorganisieren) und Editieren (Vokabular, Grammatik usw.)

Die Aufgabe der Lehrer in diesem Prozess ist es, mit ihren Schülern Strategien zu entwickeln, die den Schreibprozess unterstützen. Das Generieren von Ideen kann z. B. in einer *brainstorming*-Phase erfolgen, bei der Listen oder semantische Netze entstehen, aus denen man

VI.5
Schreiben

process approach

Der Prozess des Schreibens

dann Ideen auswählen und ordnen kann. Bei der Methode 635 arbeiten sechs Teilnehmer daran, je drei Ideen in fünf Minuten zu produzieren. Auch unorganisiertes Schreiben *(free writing)* kann dem Finden von Ideen dienen. Die Lerner schreiben dabei für einige Minuten einfach alles zu einem Thema nieder, was ihnen in den Sinn kommt, ohne auf Rechtschreibung, Grammatik oder Zeichensetzung zu achten. Das Ordnen von Ideen kann durch Flussdiagramme, Tabellen *(positive/negative points)* oder durch Verwendung bestimmter Muster (z. B. *introduction, explanation of the case under consideration, outline of the argument, proof, refutation, conclusion* als klassische Form einer Erörterung) erfolgen. Der *drafting*-Prozess kann unterstützt werden, indem man Notizpapier verwendet, das signalisiert, dass es sich um Entwürfe handelt. Die Lerner können angeregt werden, mehrere Anfänge und Schlussteile zu erproben, Pfeile zu verwenden, um Absätze zu verschieben oder einzufügen, anderen Textteile vorzulesen und sich zu besprechen. Bei der Evaluation und Überarbeitung des Geschriebenen können Konferenzen mit den Lehrern oder Mitschülern hilfreich sein. Den Ausgangspunkt bilden Fragen wie Does the composition make sense? *Does it say what the author wants it to say? Can the reader follow the author's thinking? Is the text interesting and rememberable? What makes it strong/weak?* Typische Hinweise in Evaluationskonferenzen könnten sein: *This was very well organized. Can you add detail here? This sentence seems overloaded. I can't follow. I'm not sure what you mean. Let's talk. Oops, you changed tenses and confused me.* (vgl. Collins/Gentner 1980, Saskatchewan Education 1999). Das gemeinsame Arbeiten an einem Text hat dabei gegenüber dem Schreiben in Einzelarbeit eine Reihe von Vorzügen, die Olga S. Villamil und María C. M. de Guerrero (1998: 508) am Beispiel der *peer revision* sehr eindeutig belegen: "From the perspective of our study, we can say that peer revision can contribute to writing development in many important ways. The practice our students acquired in the process of peer revising could not have been acquired elsewhere. Moreover, the experience of peer revision provided our students with unparalleled opportunity to discuss textual problems, internalize the demands of two rhetorical modes [narration, persuasion], develop self-regulatory behaviors, acquire a sense of audience, and in general become sensitive to the social dimension of writing."

Schreiben ist, so wird aus diesem Zitat deutlich, gerade im Fremdsprachenunterricht häufig mit anderen Fertigkeiten verbunden: Man spricht miteinander, um Ideen zu finden, man überarbeitet gemeinsam

Entwürfe, man präsentiert die Ergebnisse (z. B. in Form einer Rede). Eine besondere Rolle spielen Lese-Schreib-Aktivitäten; man denke nur an Referate, Klausuren, Hausaufgaben, die schulisches und universitäres Lernen begleiten.

Gerade bei Lese-Schreib-Aufgaben ist die Art der Aufgabenstellung von besonderer Relevanz. Lehrer gehen häufig davon aus, dass ihre Aufgabenstellungen eindeutig sind und reagieren dann auf die unterschiedlichen, gelegentlich auch von ihren Erwartungen abweichenden Ergebnisse überrascht. Die Ursache liegt auch hier wiederum in unterschiedlichen Schemata, die Schüler Lese-Schreibaufgaben zuordnen: "To represent a task is to imagine a rhetorical situation – to conjure up teachers past and present, their expectations and response, texts one has read and written, conventions, schemas, possible language – as well as one's own knowledge, needs, and desires." (Flower 1990b: 53-54) Schreiben wird also immer von persönlichen Faktoren und Zielen gesteuert, z. B. dem Wunsch, Können zu demonstrieren, originell und kreativ zu sein oder auch nur die Aufgabe so schnell wie möglich hinter sich zu bringen. Solche Ziele aktivieren bestimmte, von Schüler zu Schüler unterschiedliche Texterstellungsstrategien. Einige Schüler verwenden eine *gist and list strategy*, d. h., sie lesen jeden Absatz sorgfältig, unterstreichen die Schlüsselbegriffe und fassen dann den Text zusammen, um auf dieser Basis eine Art erweiterte Zusammenfassung zu erstellen. Andere Schüler hingegen benutzen eine *skim and respond strategy*, d. h., sie gebrauchen Gedanken der Textvorlage als Sprungbrett, um ihre eigenen Ideen zu formulieren. Beide Strategien können zu einer Einseitigkeit in der Textproduktion führen. Die *gist and list strategy* ermöglicht in nur geringem Maße das Einbringen eigener Vorstellungen und die *skim and response strategy* lässt keine präzise Analyse des Textes zu. Fremdsprachenunterricht kann unterschiedliche Schreibstrategien thematisieren, indem sich Lerner untereinander und mit ihren Lehrern über die von ihnen bevorzugten Strategien austauschen und bewusst unterschiedliche Strategien anwenden, um so zu mehr Flexibilität zu gelangen.

Bei der Gestaltung schulischer Schreibaufgaben sollte man bedenken, dass Texte eigentlich nicht im leeren Raum entstehen, sondern in einem kulturellen Umfeld, in dem sie Bedeutungen transportieren, die von anderen Menschen aufgegriffen werden.

Wenn Schüler Schreiben als sinnvolle Aktivität erfahren sollen, dann müssen sich ihre Texte ebenso wie die Texte, die sie lesen,

Aufgabenstellung bei Lese-Schreibaufgaben

gist-and-list-Strategie

skim-and-respond-Strategie

einem Genre zuordnen lassen und damit eine Funktion erfüllen. Eine Schreibaufgabe enthält daher im Idealfall Angaben über

- den Inhalt des zu schreibenden Textes *(field)*,
- die Adressaten *(tenor)*,
- den *mode*, d. h., ob der Text eher schriftlichen oder eher mündlichen Konventionen folgt (z. B. eine Rede, ein Dialog oder ein Bericht) (Cope/Kalantzis 1993).

Hier ein Beispiel für eine Aufgabe, die solche Angaben enthält: *You are going to deliver a speech* [mode] *about the future of learning* [field] *at your next pupil council's meeting* [tenor]. *Below you find a newspaper article which provides you with some basic ideas. Write the speech and present it to your audience.*

Je nach Adressatenkreis ergibt sich eine besondere kulturelle Dimension solcher Schreibaufgaben. Richtet sich die Rede an deutsche Schüler, dann geht sie von deutschen Regularien zur Schülermitbestimmung aus, während die Rede im englischen Bezugsfeld die dortigen Bedingungen berücksichtigen müsste. Noch komplexer werden die Zusammenhänge, wenn ein Genre unterschiedlichen textlichen Makrostrukturen folgt. Ein argumentativer Text in britischem oder amerikanischem Englisch hat i. d. R. eine Problem-Lösung-Struktur, die die Leser von der Stichhaltigkeit der vorgeschlagenen Verfahrensweisen überzeugen soll. In englischen Texten des sog. *Outer Circle*, also Ländern wie Indien, Nigeria, Pakistan, Südafrika usw., kann dies anders sein. Argumentationen in Indien bevorzugen eine eher zyklische oder spiralige Struktur, die offenbar die mündliche Tradition des Hindi spiegelt (Kachru 1999). Im Englischunterricht werden solche Feinheiten nur am Rande zu behandeln sein, jedoch sollte den Lernern bewusst gemacht werden, dass Argumentationsstrukturen keine globale Gültigkeit besitzen.

Wie beim Lesen, so spielen auch beim Schreiben L1-Forschungsansätze eine große Rolle. Darüber hinaus ergeben sich Überlegungen, die mutter- und fremdsprachliches Lesen in Beziehung zueinander setzen. Als wichtigste Forschungsergebnisse sind folgende zu nennen (Krapels 1990):

- Als Ursache schlechter Schreibergebnisse ist im Fremdsprachenunterricht weniger die Sprachkompetenz als ein Mangel an allgemeiner Schreibkompetenz zu sehen.

- Lerner ohne Schreiberfahrungen verwenden ähnliche, ungeeignete Schreibstrategien in der Mutter- und in der Fremdsprache. Man kann also von einer *composing proficiency* sprechen, die in beiden Sprachen auf ähnliche Weise erreicht wird.
- Schreiberfahrungen in der Erstsprache werden von Lernern auf das Schreiben in der Fremdsprache übertragen.
- Trotz der Annahme, dass Schreibprozesse in der Mutter- und Fremdsprache ähnlich ablaufen, gibt es auch Hinweise auf Unterschiedlichkeiten. So scheinen Fremdsprachenlerner sich in Lese-Schreibaufgaben stärker auf die Textvorlage zu beziehen und müssen zunächst ein Vertrauen in ihre eigenen Ideen und in ihr sprachliches Können entwickeln, um sich von der Textvorlage zu lösen. Fremdsprachenlerner beziehen oft die Muttersprache in Prozesse des Schreibens ein. Dies kann durchaus effektiv sein, wie Alexander Friedlander (1990: 123) anhand von chinesischen Studenten der Carnegie-Mellon-Universität gezeigt hat: "Thus, if writing in English about a Chinese topic, Chinese speakers would benefit if they produced a plan in Chinese and then use that plan to generate their English text. Similarily, if writing in English about an English topic, their writing would benefit if they produced their plan in English."

composing proficiency

Mind Map zum Kapitel VI

FERTIGKEITEN

Schreiben
- Process approach
- Peer revision
- Aufgabenstellung und Genre
  - Field
  - Tenor
  - Mode
- Schreibstrategien
- Kulturelle Aspekte
- Composing proficiency

Sprechen
Theorien, Schemata, Skripte
- Mentales Modell der Textproduktion
- Regeln der Interaktion
  - Kooperations-prinzip (Grice)
  - Implikaturen
- Interaktionales/transaktionales Sprechen

Hören
- Total physical response
- Schwierigkeiten beim Hörverstehen
- Top-down-/bottom-up-Prozesse
- Interaktionaler/transaktionaler Diskurs
- Strategien beim Zuhören
- Phasen des Hörens im FU
  - Pre-listening
  - While-listening
  - Post-listening
- TQLR-Methode

Lesen
- Reading Literacy
- Top-down-/bottom-up-Prozesse
- Genreansatz
- Leseprozess
- Linguistic threshold hypothesis
- Linguistic independence hypothesis
- Mental translation
- Multilayered interactive reading
- PQ4R-Methode
- Kulturelle Aspekte des Lesens

- Hören

Michael Rost (1990): *Listening in Language Learning.* London: Longman.

- Sprechen

Willem J. M. Levelt (1989): *Speaking.* From Intention to Articulation.
Cambridge, Mass.: MIT Press. [Auf L1 bezogen, aber sehr anre-
gend auch für den Fremdsprachenunterricht.]

- Lesen

Patricia L. Carrell, Joanne Devine und David E. Eskey, Hrsg. (1988):
Interactive Approaches to Second Language Reading. Cambridge:
Cambridge UP.
Frank Smith (1994): *Understanding Reading.* A Psycholinguistic Ana-
lysis of Reading and Learning to Read. 5. Aufl. Hillsdale, N. J.:
Erlbaum. [Auf L1 bezogen; gleichzeitig eine gute Einführung in
Theorien, Schemata und Skripte.]

- Schreiben

Tricia Hedge (1988): *Writing.* Oxford: Oxford UP.
Barbara Kroll (1990): *Second Language Writing.* Research Insights for
the Classroom. Cambridge: Cambridge UP.

**Weiterführende
Literatur**

VII Medien

Medien versprechen, „Sprache real in die Klasse zu holen" und ermöglichen so die Entwicklung „von einem auf das Lernen von Sprachgesetzen dominierten Fremdsprachenunterricht zum aktiven Fremdsprachenlernen" (Schwerdtfeger 1993: 16). In der audio-lingualen Methode mit dem Sprachlabor und in der audio-visuellen Methode mit der Kombination von Bild- und Tonträgern in den 60er und 70er Jahren des letzten Jahrhunderts erlebte der Medieneinsatz im Englischunterricht seine erste Blütephase. Unterricht ließ sich im Kern so vorfertigen, dass er beliebig oft reproduziert werden konnte (technologische Unterrichtskonzeption). Die damit verbundene Entprofessionalisierung der Fremdsprachenlehrer, die lediglich die Technologie zu beherrschen brauchten, war möglicherweise ein Grund für das relativ schnelle Scheitern beider Methodenkonzeptionen. Entsprechend gestaltete sich die kommunikative Wende zunächst medienfeindlich, und heute ist zumindest theoretisch ein Fremdsprachenunterricht ohne (technische) Medien denkbar. Dieser Trend zeigte sich auch in der allgemeinen Didaktik. Während in der Strukturanalyse des Unterrichts, wie sie Paul Heimann, Gunter Otto und Wolfgang Schulz 1965 formuliert haben, die Medienwahl ein eigenes Entscheidungsfeld bildete, wurde deren Bedeutung im Nachfolgemodell der lehrtheoretischen Didaktik von Wolfgang Schulz zurückgenommen (vgl. Jank/Meyer 1994). Das einzige zeitgenössische fremdsprachendidaktische Konzept, das den Medien besondere Beachtung schenkt, ist die prozessorientierte Didaktik. Gerade für den Fremdsprachenunterricht bieten jedoch die sog. „neuen Medien" wie Satelliten- und Kabelfernsehen oder das Internet bisher nie da gewesene Möglichkeiten für den Fremdsprachenunterricht. Dabei geht es nicht nur um die Informationsbeschaffung, die diese Medien ermöglichen, sondern auch um die Befähigung zur Selektion von Inhalten und deren Verarbeitung zu zusammenhängenden und bedeutungsvollen kognitiven Wissensnetzen (Mandl/Reinmann-Rothmeier/Gräsel 1998). Aus diesem Grunde erfordern gerade die neuen Medien eine umfassende Einbeziehung in den fachdidaktischen Diskurs.

Medien im Fremdsprachenunterricht dienen unter anderem

- der Vermittlung von indirekten Erfahrungen, weil der direkte Kontakt zum Zielsprachenland oft nicht möglich ist;
- der Entlastung der Lehrer in einzelnen Phasen der Unterrichtsstunde (z. B. bei der Erarbeitung bestimmter Sachverhalte);
- der Förderung der Individualisierung und Differenzierung des

Lernens (z. B. wenn Internetseiten zum Gegenstand der Diskussion in Kleingruppen werden oder wenn Schüler mit Lernprogrammen arbeiten);
- der Präsentation von Arbeitsergebnissen (z. B. in Form einer Tonbildschau, eines Videofilms, einer Informationsbroschüre oder einer Homepage);
- der Analyse und kritischen Reflexion (z. B. einer Vorabendserie, eines englischsprachigen Spielfilms oder eigenproduzierter Medien).

In diesem Kapitel soll exemplarisch auf einzelne Möglichkeiten der Medienverwendung im Fremdsprachenunterricht eingegangen werden. Dabei werden unter dem Begriff „Medien" alle nicht-personalen, technischen Medien verstanden. Diese Definition hat den Vorteil, dass der Medienbegriff einerseits sehr weit gefasst ist, d. h. visuelle Medien (Fotografien, Postkarten, Wandkarten, Tafel, Arbeitsblätter, Overheadtransparente, Dias, Stummfilme usw.), auditive Medien (CDs, Tonbänder, Kassetten, Schallplatten usw.) und audio-visuelle Medien (Tonbildschauen, Videobänder, DVDs, Filme) umfasst. Andererseits sind Lehrer als personale Medien und interaktionale Sprache oder Gesang als nicht-technische Zeichenträger ausgeschlossen, da sonst die Mediendidaktik leicht zu einer allgemeinen Didaktik würde.

Definition des Begriffes „Medien"

Die Gliederung des Kapitels folgt Grundkonzepten der Medienverwendung im Unterricht (Hagemann/Tulodziecki 1980, Clark 1994):

Konzepte der Medienverwendung

- Medien als Werkzeuge
- Medien als unterrichtliche Bausteine
- Medien als vorgefertigte Unterrichtsarrangements
- aktiv-kritische Auseinandersetzung mit Medien

Medien mit Werkzeugcharakter stehen Schülern und Lehrern während des Unterrichts zur Verfügung und wirken kommunikationsunterstützend, legen jedoch den unterrichtlichen Verlauf nicht fest. Zu diesen Medien gehören:

- Wandtafel
- Overheadprojektor
- Magnet- oder Flanelltafeln
- Poster und Wandbilder
- Computerprogramme mit Textverarbeitungs- und Datenmanipulationsfunktion
- das Internet mit Recherche-, Präsentations- und Telekommunikationsmöglichkeiten

Wandtafel

Die Wandtafel ist nach wie vor das einzige Medium, das sich in praktisch jedem Klassenraum findet und damit ständig für Schüler und Lehrer zugänglich ist. Ihre Variabilität macht sie zu einem sehr vielseitigem Medium: Texte und Bilder können auf ihr entstehen und leicht wieder weggewischt werden, vorgefertigte Elemente auf Papier können mittels Haftstreifen oder Magneten in das Tafelbild integriert werden. Die Tafel kann den Unterrichtsgang dokumentieren (Ergebnissicherung), sie kann als „Notizblock" Verwendung finden, z. B. bei der Vokabelarbeit oder bei der Entwicklung eines Plans für das Schreiben einer Geschichte. Mit Hilfe der Tafel lassen sich eine Vielzahl grammatischer Strukturen spielerisch einführen. So können Lehrer folgendes Spiel modellieren und dann die Schüler auffordern, selbst ähnliche Zeichnungen und damit verbundene Fragen zu entwickeln (die Idee stammt von Hans-Eberhard Piepho; für ähnliche Beispiele vgl. Wright/Haleem 1991):

Teacher   Look, what I'm drawing.

Student   A line?
Teacher   No, I'm not drawing a line. Look.

Student You are drawing a wall!
Teacher Yes, I'm drawing a wall. And who is sitting on the wall?

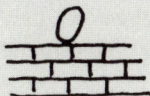

Student It's an egg!
Teacher No. *(Goes on drawing.)*

Student It's a man!
Teacher Yes, a man is sitting on the wall. *(Finishes drawing.)*

        Do you know the man's name?
Student No.
Teacher It's Humpty Dumpty. And do you know what happened to
        him?
Student No, tell us.
Teacher Humpty Dumpty sat on a wall:
        Humpty Dumpty had a great fall.
        All the King's horses and all the King's men
        Couldn't put Humpty Dumpty in his place again.

Overheadfolien (Arbeitstransparente) können ähnlich wie die Wand-   Leertransparente
tafel verwendet werden, wobei die Wandtafel allerdings mehr Inhalt
auf einen Blick präsentieren kann. Dafür können Folien zu Hause vorbereitet werden und sind jederzeit wieder verwendbar, sie bieten zusätzliche Übungsmöglichkeiten (z. B. durch Abdeck-, Ergänzungs- und
Aufbautechniken). Durch die Möglichkeit, auf Folien zu fotokopieren
oder Folien mit einer Präsentationssoftware zu gestalten, lassen sich
sehr professionelle und anschauliche Ergebnisse erzielen. Auch Schüler können solche Folien herstellen, z. B. um die Ergebnisse

Figurinentechnik

einer Gruppenarbeit festzuhalten und der Klasse zu präsentieren. Mit Hilfe der Figurinentechnik, bei der aus bunten Folien Figuren ausgeschnitten werden, kann der Overheadprojektor zur Minibühne werden, die Schüler nutzen, um selbst geschriebene Rollenspiele vorzuführen. Ähnliche Möglichkeiten ergeben sich bei Magnet- oder Flanelltafeln (vgl. Heuer/Klippel 1987, Hagemann/Tulodziecki 1979).

Poster

autonomes Fremd-
sprachenlernen
(→ Kap. IV)

Poster haben gegenüber der Wandtafel und Overheadfolie den Vorteil, dass sie im Klassenzimmer verbleiben können. Sie sind z. B. ein Organisationsinstrument des autonomen Fremdensprachenlernens, wo sie Verbindlichkeiten, Entscheidungen und Evaluationsprozesse dokumentieren (Dam 1995). Vorproduzierte Poster zeigen meist komplexe Situationen und schaffen einen Kontext für Sprech- und Schreibübungen (Wright/Haleem 1991).

CD-ROMs

Der Computer ist in der Wissensgesellschaft ein nicht mehr wegzudenkendes Werkzeug, das zunehmend auch die Schule prägt. CD-ROMs wie *Britannica-* oder *Encarta*-Enzyklopädien, die elektronischen Versionen des *Oxford Advanced Learner's Dictionary of Current English* oder des *Longman Dictionary of Contemporary English* dienen ebenso wie das Internet der Informationsfindung. Die so gewonnenen Informationen bedürfen im Sinne des Spracherwerbs durch Input und *negotation* der Weiterverarbeitung. Hier leisten vor allem Textverarbeitungs- und Präsentationsprogramme oder eine Software zur Gestaltung von Homepages wichtige Dienste (vgl. Rüschoff/Wolff 1999).

Input/*negotation*
(→ Kap. II)

Computer als
Schreibwerkzeug

Lienhard Legenhausen und Dieter Wolff (1991a) kommen beispielsweise in einer Untersuchung zum Schreiben mit dem Computer im Englischunterricht der Mittelstufe zu dem Ergebnis, dass

– die formale Korrektheit des entstehenden Textes eine stärkere Rolle spielt als bei der Texterstellung auf Papier,
– das Editions- und Revisionsverhalten positiv verändert wird und sich nicht nur auf die Satzebene beschränkt,
– sich neue Schreibstrategien entwickeln, die zu facettenreicheren Planungsprozessen führen.

Das Internet, ursprünglich eine Entwicklung des US-Verteidigungs-
ministeriums im Jahre 1969, hat eine dreifache Funktion. Es dient

Internet als Werkzeug

– der Kommunikation (E-Mail, Diskussionsforen, *Chat line talk*),
– dem Auffinden von Informationen (Datenbanken, Kataloge,
  Karten, Tageszeitungen, Zeitschriften, *soundfiles*, Videoclips,
  Software),
– der Präsentation *(electronic publishing, Web sites)*.

Als Werkzeug unterstützt es selbstgeregeltes und kooperatives Lernen, die weltweite Kommunikation und damit das Erlernen von Sprachen in authentischen Kommunikationssituationen und eine weltweite Öffnung des Klassenzimmers. Gerade die Verwendung des Internets
im Fremdsprachenunterricht ist geprägt von Skepsis auf der einen Seite und Euphorie auf der anderen. Internetprojekte (z. B. Donath 1996,
1997, Fischer 1998, Kallenbach/Ritter 2000) können zu sehr beachtli-
chen Ergebnissen führen. Als frühes Beispiel für ein komplexes E-Mail-
Projekt sei hier die *Global Novel '94/'95* erwähnt, ein Roman, den
mehrere Klassen aus verschiedenen Ländern gemeinsam in englischer
Sprache geschrieben haben (Finselbach 1995). Weitere Projekte sind
z. B. im „Transatlantischen Klassenzimmer" der Körber-Stiftung (Do-
nath/Volkmer 1997) dokumentiert und zeugen von der Bandbreite der
Möglichkeiten. Aktuelle Hilfen für den Aufbau von online-Projekten mit
amerikanischen Partnern bieten Internetseiten wie http://www.tak.schule.de/ .
Ob und inwieweit die sog. Neuen Medien zu einer Veränderung der Bildungsrealität führen, ist umstritten. Während Richard Kern und Mark
Warschauer (2000b: 12) die Ansicht vertreten, "these new technolo-
gies do not only serve the new teaching/learning paradigms, they
also help shape the new paradigms", meint Michael Kerres (2000:
120): „es ist nicht das Medium, das ‚Bildung' verändert, sondern Entscheidungen für z. B. selbstorganisiertes, projekt- oder problemorien-
tiertes Lernen von Individuen oder Organisationen".

Vorzüge des Internet

E-Mail-Projekte

Neue Medien und
Veränderung der
Bildungsrealität

Die Verwendung des Internets als Werkzeug erfordert besondere Fertigkeiten der Lerner, die entsprechend in der Schule vermittelt werden
müssen. Techniken wie *skimming, scanning* oder das Erschließen von
Wortbedeutungen aus dem Kontext sind zentral für das Lesen ge-
druckter Texte wie auch von Internetseiten.

Die Organisation des *World Wide Web* (einem Netzwerk innerhalb des Internet) als ein durch Verweise (links) verbundener Hypertext macht darüber hinaus das Erlernen und Anwenden weiterer Fähigkeiten notwendig, die so weit gehen, dass man von einer *network literacy* oder *electronic literacy* spricht (vgl. Warschauer 1999, Shetzer/Warschauer 2000). Hierzu gehören

- die Wahl und Benutzung von Suchmaschinen *(search engines)* wie AltaVista, Excite, HotBot oder Google;
- die schnelle Entscheidungsfindung, ob die Internetseite die gewünschten Informationen enthält, ob man Verweise auf der Seite weiter verfolgen will oder ob man die Suche nach geeigneter Information wiederholt;
- die sichere Beurteilung, wie zuverlässig die Informationen auf einer Internetseite sind;
- die Notwendigkeit und Form der Datensicherung (z. B. durch Speichern , Katalogisieren oder Ausdrucken);
- die Einbeziehung von grafischen Elementen (unterschiedliche Schriftarten, Illustrationen, Bilder, audio-visuelle Elemente) in den Leseprozess.

Im Sinne einer *strategy-based instruction* können diese Fähigkeiten erworben werden, indem sich Lehrer und Schüler zunächst darüber austauschen, wie sie erfolgreich Informationen aus dem Internet erhalten haben und wie sie mit ihnen umgegangen sind. Dieser Meinungsaustausch kann dann zur Erprobung von und zum Experimentieren mit unterschiedlichen Vorgehensweisen führen, die erneut diskutiert und evaluiert werden (Weskamp 2000).

Auch das Schreiben erlebt mit dem Internet eine Renaissance. Die Möglichkeit, Arbeiten aus dem Unterricht einer großen Öffentlichkeit zugänglich zu machen, wirkt offenbar so motivierend, dass Schüler der Gestaltung der Internetseite und dem Schreibprozess selbst größere Aufmerksamkeit schenken (Warschauer/Healey 1998, McKenzie 2000). Auch hier ergeben sich aber zusätzliche Anforderungen, wie die Fähigkeit, Texte, Graphiken und audio-visuelles Material in eine Multimediaoberfläche zu integrieren und Verweise auf andere relevante Seiten zur Verfügung zu stellen.

Daneben trägt der Computer auch zur Entwicklung der mündlichen Sprache bei. Synchrone Kommunikation wie der *chat line talk* ist nicht nur im Internet möglich, sondern auch in einem lokalen Netzwerk und betrifft dann nur eine kleinere Zahl von Menschen, z. B. die Schüler einer Klasse. Solche computervermittelte Kommunikation, wie sie in den USA im Fremdsprachenunterricht sehr populär ist, erscheint zwar auf den ersten Blick unnatürlich, führt aber zu komplexeren Ausdrucksformen und zu einem stärkeren *focus-on-form*, weil Lerner ihre Äußerungen sehen, wenn sie sie produzieren. Außerdem werden Schüler stärker einbezogen, die sich in herkömmlichen Diskussionen kaum zu Wort melden (Warschauer/Healey 1998, Pellettieri 2000).

focus-on-form (→ Kap. V)

Konkordanzprogramme wie *WordSmith* von Mike Scott (Oxford University Press) motivieren zur Reflexion über Sprache und tragen dazu bei, *Language Awareness* zu entwickeln. Das Programm gibt u. a. statistische Übersichten über die Häufigkeit der in einem Text vorkommenden Wörter und generiert aus beliebigen Texten (Korpora) Wortlisten im Kontext und ermöglicht Schülern so das Prüfen eigener Hypothesen über Sprache. Möglich sind lexikalische, morphologische und syntaktische Untersuchungen. Lerner können beispielsweise die Kollokationstendenzen von *handsome* und *pretty* abschätzen, durch Eingabe von Suchbegriffen wie *ish* oder *un* Wortbildungsprozesse nachvollziehen oder *if-clauses* erforschen und selbst Regeln für deren Bildung ableiten. Darüber hinaus gestatten Konkordanzprogramme auch die Analyse literarischer Texte und lassen das Aufspüren von *key words* und damit die Erforschung von Motiven zu (Legenhausen/Wolff 1991b, Wichmann et al. 1997). Einfache Suchen sind auch online möglich. Im *British National Corpus* http://info.ox.ac.uk/bnc/ findet sich beispielsweise für *"if"* Belegstellen wie:

Konkordanzprogramme

> ACP 828 I think he even said that in one of his last interviews, at 27, that if he had to do it all over again, he wouldn't.
> AHG 488 If all this were laid on with a trowel, the reader's patience would quickly wear thin.
> AJV 662 If ever fame and wealth proved two-edged swords, they do here.
> ALC 351 It was not possible to ascertain if the son wanted to take over.
> ASH 48 If you have any tips you would like to share with our readers we would love to hear from you.
> usw.
> (Die Abkürzungen verweisen auf Fundstellen.)

Korpuslinguistik
(→ Kap. V)

Für grundlegende Informationen zu diesem Anwendungsbereich des Computers sei auf Michael Barlows Internetseite *Corpus Linguistics* verwiesen: http://www.ruf.rice.edu/~barlow/corpus.html . Konkordanzprogramme lassen sich über die hier beschriebene direkte Verwendung im Unterricht auch von Lehrern als Hilfe zur Erstellung von Arbeitsblättern nutzen (Johns 1994).

Nutzung des Computers
im Unterricht

Der Computer ist ein wertvolles Kommunikations-, Informations- und Analysewerkzeug für den Fremdsprachenunterricht. Wie intensiv er letztlich genutzt wird, hängt von vielen Faktoren ab. Hierzu gehört die Aus- und Fortbildung der Lehrer ebenso wie die räumliche Organisation. So ist bei Installation in den Klassenräumen oder auf Fluren eine spontanere Nutzung eher möglich als bei der ausschließlichen Einrichtung eines häufig überbelegten zentralen Computerraums.

VII.3
Medien als Unterrichtsbausteine
Auflockerungsfunktion

innere Differenzierung

Medien als Unterrichtsbausteine übernehmen einen Teil des Unterrichts und sind inhaltlich und methodisch fixiert. Zu diesen Medien gehören beispielsweise Bild- und Tonbildreihen, Transparentsätze, Arbeitsblätter, Unterrichtsfilme und Lehrprogramme. Solche Medien können zum einen der Auflockerung des Unterrichts dienen, indem sie Routinen unterbrechen. Zum anderen lassen sie eine „innere Differenzierung" (vgl. Klafki 1994) zu, fördern Schüler bei der Ausbildung bislang weniger entwickelter Fähigkeiten und sprechen stärker verschiedene Lernertypen an. Die Verwendung von Medien als Unterrichtsbausteine ist eine besonders anspruchsvolle Aufgabe für Lehrer, weil diese Unterrichtskonzepte entwickeln müssen, in denen die Medienverwendung in die andere Phasen des Unterrichts und in den hier stattfindenden Handlungsmustern (Lehrervortrag, Schülerdiskussion, Rollenspiel usw.) integriert wird.

Arbeitsblätter

Ein als Unterrichtsbaustein im Fremdsprachenunterricht häufig eingesetztes Medium ist das Arbeitsblatt (Rampillon 2000). Arbeitsblätter können

- informieren (durch fortlaufenden Text, Bilder, Graphiken, Tabellen),
- initiieren, wenn sie Anregungen und Aufforderungen enthalten (z. B. ein Bild nach einem Hörtext zu komplettieren, eine Geschichte nach einer Bildfolge zu erfinden, Bastelanleitungen zu befolgen, Rätsel zu lösen),

Arbeitsblätter fungieren für die Schüler als Interaktionspartner und sollten daher ansprechend gestaltet werden. So können z. B. die Lerner direkt angesprochen und in ihrem Bemühen durch Sätze wie *You're gonna make it!*, die sich als Sprechblasen am Rand finden, unterstützt werden. Denkbar ist auch die Integration von Memorierungshilfen, Lerntipps und Abbildungen (z. B. bekannte Comicfiguren) zur Auflockerung (für ein Beispiel vgl. Weskamp 1992).

Unterrichtsfilme und Sendungen der Schulfunkprogramme ermöglichen vermittelte Einblicke in die Kultur des Zielsprachenlandes. Im Gegensatz zu anderen Filmen sind Schulfunksendungen didaktisiert und werden i. d. R. durch Lehrerbegleitmaterial und Arbeitsblätter ergänzt. Ein Beispiel ist die Sendereihe *Beyond the Big Cities '99*, die das Leben in fünf US-Kleinstädten des mittleren Westens thematisiert und sich an Schüler der Mittelstufe wendet. Begleitmaterial steht in der Zeitschrift *psf – Praxis Schulfernsehen* oder im *World Wide Web* (z. B. auf der Internetseite des Hessischen Rundfunks http://www.hr-online.de/fs/schulfernsehen/) zur Verfügung und erleichtert so die Unterrichtsvorbereitung. Allerdings ist gerade bei solchen Arrangements zu bedenken, dass die Zielgruppe fiktive Durchschnittsschüler sind und die Unterrichtenden sehr genau reflektieren müssen, wie eine Abstimmung auf die Belange der eigenen Lerngruppe erfolgen kann.

Unterrichtsfilme/-Schulfunkprogramme

Auch kommerzielle Videos lassen sich als Unterrichtsbausteine einsetzen und mit kreativen Übungen verbinden, die Lernern eine aktivere Rolle bei der Medienrezeption zuweisen. Ein Beispiel für eine solche Übung ist *split moves* (Cooper/Lavery/Rinvolucri 1991). Die Klasse wird hierbei in zwei Gruppen eingeteilt, denen man jeweils getrennte Räume zuweist. Gruppe A erhält eine Sequenz aus einem Spielfilm, aber ohne Ton, Gruppe B eine Audiokassette mit dem Soundtrack. Gruppe A schreibt einen passenden Dialog zu der Sequenz, während Gruppe B eine szenische Darstellung erarbeitet. Die Gruppen tauschen die Ergebnisse aus und diskutieren ihre Erfahrungen. Abschließend betrachten sie die Sequenz in Bild und Ton.

Videos

Die Verwendung von Computerprogrammen lässt eine innere Differenzierung und die gezielte Schulung einzelner Fertigkeiten in besonderem Maße zu. Die meisten Programme laufen heute in einer Multimedia-Umgebung. Häufig sind sie Bestandteil eines Lehrwerkes, z. B. *English Coach Multimedia* (Cornelsen). Einige Programme haben sich auf bestimmte sprachliche Fertigkeiten spezialisiert wie *Accent Coach – English Pronunciation Trainer (Syracuse Language)*, das über ein Spracherkennungssystem verfügt, Aufnahme- und Evaluationsmöglichkeiten der eigenen Aussprache besitzt und Videosequenzen zur Artikulation von Lauten enthält. *The Lost Secret (DynEd)* ist eine interaktive Version eines von der *BBC* produzierten Videos und auf das Hörverstehen spezialisiert. Im Hinblick auf den Fremdsprachenerwerb muss man davon ausgehen, dass solche Programme hilfreich sind, die eine intensive Interaktion mit der Software und mit anderen Lernern

fördern, mit denen man zusammen am Computer arbeitet. Gute Software gibt Lernern außerdem Hilfen bei der Evaluation ihrer Fehler und beschränkt sich nicht einfach auf *right* oder *wrong*, führt sie durch das Programm, eröffnet ihnen Optionen, ohne sie zu gängeln und verwendet Multimedia-Effekte, um das Lernen zu erleichtern und nicht, um die scheinbare Attraktivität des Programmes zu steigern (Warschauer/Healey 1998). Für Besprechungen aktueller Sprachlernsoftware sei auf die Internetseite http://www.writing.berkeley.edu/chorus/call/index.html verwiesen, die mit dem *College Writing Program* der *University of California*, Berkeley, assoziiert ist.

Medien als vorgefertigte Unterrichtsarrangements geben Ziele, Inhalte und Methoden so vor, dass der Unterricht über eine oder mehrere Einheiten hinweg komplett vorgeplant ist. Solche Arrangements lassen sich als Ganzes übernehmen, aber auch als Angebot von miteinander verbundenen unterrichtlichen Bausteinen verstehen, aus denen Schüler und Lehrer auswählen können.

Das für den Fremdsprachenunterricht sicherlich wichtigste Beispiel eines vorgefertigen Unterrichtsarrangements ist das Lehrwerk, in dessen Zentrum ein Schülerbuch steht, das im Verbund mit anderen Medien vertrieben wird. Hierzu gehören meist Audiokassetten bzw. CDs mit Aufnahmen der Texte aus dem Schülerbuch und zusätzlichen Hörverstehenstexten, Bildfolien, Haftbildelemente, Kopiervorlagen, Arbeitshefte und Softwareprodukte zur Unterrichtsvorbereitung für den Lehrer und zum Training für Schüler und Freiarbeitsmaterialien. Hilfestellungen für die Unterrichtenden werden in einem Lehrerhandbuch gegeben. Über die Zulassung von Schulbüchern entscheiden i. d. R. die Kultusministerien der Bundesländer. Das Hessische Schulgesetz (Fassung vom 30. Juni 1999) beispielsweise legt fest, dass Schulbücher u. a. mit den Rahmenplänen vereinbar sein und den pädagogischen Anforderungen nach methodischen und didaktischen Gesichtspunkten entsprechen müssen. Verlage werden darüber hinaus bildungspolitische Überlegungen, fachwissenschaftliche und fachdidaktische Erkenntnisse und die Bedürfnisse der Lernenden mit den Vorstellungen der Autorenteams und finanziellen Überlegungen in Einklang bringen müssen (Finkbeiner 1998). Die konkrete Planung eines Lehrwerkes zielt dann auf die Spezifizierung der Lerninhalte und Aktivitäten und deren Präsentation. Ausgangsfragen bei der Erstellung von Lehrwerken können sein (*Council of Europe* 1996, Hopkins 1996, Edelhoff 1997):

Zulassung von Lehrwerken

Planung eines Lehrwerks

- Welche Lerner sollen durch das Lehrwerk angesprochen werden (Alter, Geschlecht, kultureller Hintergrund, Bedürfnisse, Ziele, Vertrautheit mit bestimmten Medien wie Computerprogrammen, Vorbildung in der Fremdsprache z. B. durch Grundschulenglisch)?
- Wie ist das Schulsystem aufgebaut, in dem das Lehrwerk Anwendung finden soll (Curricula, Ansätze zur Fremd- und Selbstevaluation, Möglichkeiten des Medieneinsatzes, Klassengröße, Lehrerversorgung, Einsatz in Selbstlernzentren, Workshops oder im Klassenunterricht)?
- Welche Bedürfnisse haben die Lehrer, die das Lehrwerk einsetzen werden (Umfang des Lehrerbegleitmaterials, zusätzliche Hilfen z. B. im *World Wide Web*, Schulungsmaßnahmen)?

Die Reflexion über solche Fragen führt Autoren zu Überlegungen, wie man das Lehrwerk ausgestalten kann. Hierzu gehören

Gestaltung eines Lehrwerks

- die Auswahl von Domänen (Gebieten) und Situationen, die in Themen und Texte realisiert werden und deren Relevanz für die Lerner. (Die persönliche Domäne kann etwa durch Themen wie *The Family, Living Routines, Family Occasions, Parties, Holidays, Friends and Acquaintances* behandelt werden. In der öffentlichen Domäne geht es um *Political Bodies, Public Health, Actors and their Audiences, Weddings, Buying, Court Trials, Religious Services, Journeys* usw. Die berufliche Domäne deckt

u. a. *Meetings, Interviews, Corporations, Office Procedures, Business letters, Advertising* ab. In der Bildungsdomäne geht es z. B. um *Schools, Colleges and Universities, Classmates* oder *The Classroom*.);

- der Anteil an produktiven, rezeptiven und interaktiven Aufgaben und Übungen;
- der Schwierigkeitsgrad der Aufgaben, Übungen und Texte;
- die Berücksichtigung unterschiedlicher Lernertypen;
- Hilfen, die den Lernern zur Bearbeitungen der Aufgaben und Übungen gegeben werden (Lernerstrategietraining);
- die Einbeziehung eines oder mehrerer Unterrichtskonzepte (wie Projektunterricht, praktisches Lernen, handlungsorientierter Unterricht, offener Unterricht, erfahrungsbezogener Unterricht, exemplarisches Lehren und Lernen, entdeckender Unterricht, wissenschaftsorientierter Unterricht);
- die Vielfalt der zur Verfügung gestellten Texte (Buch- und Zeitschriftenauszüge, Comicstrips, Broschüren, Eintrittskarten, Werbung, Radiosendungen, Ansagen, öffentliche Debatten, Telefongespräche, Filme usw.);
- Texte und Übungen, die das Weltwissen, das soziokulturelle Wissen und das Wissen um die Gemeinsamkeiten und Unterschiedlichkeiten der Kulturen *(intercultural awareness)* ausbauen;
- die Organisation und der Aufbau des gesamten Lehrwerkes und der einzelnen *units*. Sequenzierung und Auswahl linguistischer, soziolinguistischer und pragmatischer Aspekte der Sprache;
- das Assessment, d. h. Integration von Elementen der Fremd- und Selbstkontrolle;
- die Präsentation der Inhalte durch das Layout (Schriftarten, Illustrationen, Farbe usw.);
- Hilfen für Lehrer und Lerner, sich im Lehrwerk zurechtzufinden und sich einen Überblick über sprachliche und inhaltliche Schwerpunkte zu verschaffen, um bewusst auszuwählen und Ideen zur Weiterarbeit auch ohne Lehrwerk zu entwickeln (Inhaltsverzeichnis, Querverweise, Glossar usw.);
- Integration und Vernetzung der einzelnen Lehrwerksbestandteile.

Qualitätsprinzipien

Ähnliche Fragen müssen sich Lehrer stellen, die ein Lehrwerk für den Unterricht an ihrer Schule auswählen. Darüber hinaus müssen sich Lehrwerke an Qualitätsprinzipien messen lassen, deren Erfüllung sich aber häufig erst nach der Auswahl bei der Arbeit im Klassenzimmer zeigt (Abb. VII.1).

Vor allem für den Bereich der Erwachsenenbildung existiert auch Sprachlernsoftware, die als vorgefertigte Unterrichtsarrangements zu Hause oder in Selbstlernzentren Verwendung finden. Solche Software

Sprachlernsoftware

- versucht die Präsentation realistischer Sprachsituationen,
- basiert auf einem Sprachlerncurriculum, das ähnlichen Ansprüchen genügt wie ein Lehrwerk, und enthält nicht lediglich Einzelübungen,
- übernimmt eine Einschätzung der Vorkenntnisse und Bedürfnisse der Lerner *(placement tests),*
- schlägt Möglichkeiten der Arbeit auf der Basis der Analyse der Kenntnisse und Bedürfnisse der Lerner vor,
- führt über die Arbeit der Benutzer Buch und ermöglicht eine Evaluation der Lernfortschritte (Warschauer/Healey 1998).

Abb. VII.1
Qualitätsprinzipien
(nach Lasnier et al. o. J.)

Relevanz
- Orientierung an den Bedürfnissen der Lerner
- Aktuelle pädagogische Ziele werden verfolgt
- Für Lerner angemessen

Transparenz
- Klarheit der Inhalte und Ziele
- Klarheit im Hinblick auf den Lernerfolg (Selbstkontrolle)
- Erkennbarkeit der zugrundeliegenden Spracherwerbsmodelle und pädagogischen Theorien

Reliabilität
- Interne Konsistenz (Teile und Ganzes sind aufeinander bezogen)
- Methodische Konsistenz (Teile folgen einheitlichen methodischen Überlegungen)
- Linguistische Integrität (angemessener, aktueller Sprachgebrauch)
- Praktikabilität der Aufgaben und Übungen

Attraktivität
- Benutzerfreundlichkeit
- Vielfalt der Übungen
- Berücksichtigung der affektiven Dimension

Flexibilität
- Einsetzbarkeit in unterschiedlichen Lerngruppen
- Berücksichtigung unterschiedlicher Lernertypen

Generierungsfähigkeit
- Integrierbarkeit in vorhandene Konzepte (Schulprogramm)
- Eröffnung neuer Lernmöglichkeiten und Förderung der kognitiven Entwicklung (Lernerstrategietraining)

Qualitätsprinzipien von Lehrwerken

Partizipation
- Förderung der aktiven Teilnahme an partnerschaftlichen Lernprozessen
- Förderung und Berücksichtigung der persönlichen Interessen der Lerner

Effizienz
- Ökonomie der Arbeitszeit im Verhältnis zu den Lernergebnissen

Sozialisation
- Förderung der persönlichen Weiterentwicklung
- Förderung interkultureller Bewußtheit

Beispiele für solche Programme sind *Ellis (CALI)*, *New Dynamic English (DynEd)* und *English Discoveries (Edusoft)*.

**VII.5
Aktiv-kritische
Medienverwendung**

Ziele eines fächerübergreifenden Unterrrichts über Medien

Das Konzept der aktiv-kritischen Medienverwendung macht die Medien selbst zum Inhalt des Unterrichts, und zwar zum einen als Reflexionsgegenstand, zum anderen aber auch als Ausdrucksmittel. Da eine solche Konzeption in vielen Fächern eine Rolle spielt (z. B. Kunst, Deutsch, Gemeinschaftskunde) bieten sich hier sehr viele Anknüpfungspunkte für einen fächerübergreifenden Unterricht. Ziele eines solchen Unterrichts können sein:

- Die Rolle der Medien (und insbesondere der Massenmedien) im persönlichen Umfeld und in der Gesellschaft wahrzunehmen und kritisch zu betrachten. Schüler können hier diskutieren, inwiefern die Medien unser Leben bereichern, welche Rolle verschiedene Tageszeitungen, Zeitschriften und Taschenbücher spielen, welche Chancen und Risiken die neuen Medien darstellen.
- Die Formen, Sprache und Entwicklungsgeschichten einzelner Medien zu verstehen. Mögliche Themen wären *The history of radio and related technology, The development of film and video, The conventions and language of film and video, The use of visual images in various media, Movie genres, Consumer trends, Media and marketing strategies* usw.
- Medien im Hinblick auf ihre Möglichkeiten und Absichten zu analysieren. Hierzu gehören z. B. die Überzeugungskraft eines Mediums (Film, Video, Zeitschrift) im Hinblick auf das intendierte Publikum zu beurteilen, Voreingenommenheiten zu durchschauen, verschiedene Zeitschriften, Zeitungen oder Fernsehsendungen miteinander zu vergleichen.
- Die Rolle und Manipulationskraft der Werbung in den Medien zu verstehen. Dabei könnte man auf ethische Fragen der Werbung eingehen oder Techniken und Sprache der Werbung analysieren.
- Eigene mediale Texte zu entwerfen und zu gestalten, z. B. einen Kurzfilm, ein Poster, eine Werbekampagne.

*media awareness
media literacy*

Solche Ziele lassen sich in unterschiedlichen Modulen verwirklichen, die der Entwicklung einer *media awareness* und *media literacy* dienen. Schüler analysieren beispielsweise englische und amerikanische Jugendmagazine und vergleichen sie mit deutschen. Leitfragen für die Diskussion in Kleingruppen können sein: *"Does the magazine create a positive or negative impression of teens? Do the teens featured in the magazine look or act like people you know? Do you think this magazine presents a fair and accurate view of teenagers today? In your community? Does the magazine do justice to the cultural diversity of teenagers? As an individual, what did you learn from the analysis of the magazines? Were you surprised by anything? What kind of magazine would you like to see for teens?"* (Saskatchewan Education 1998). Wenn gedruckte englischsprachige Magazine nicht greifbar sind, kann man auch auf das World Wide Web ausweichen (z. B. LA Youth, http://www.layouth.com/ , oder *Cyberteens*, http://www.cyberteens.com/ctmain.html).

Das Satellitenfernsehen bietet gerade im Fremdsprachenunterricht weit reichende Möglichkeiten, das Ziel einer aktiv-kritischen Medienverwendung mit interkulturellem Fremdsprachenlernen zu verbinden: "The different identities of learners as students of a foreign language, as viewers of TV, as media analysts, and as 'cultural spectators' therefore emerge as integrated, mutually supportive positions in blurring the distinction between foreign language learning, learning about a foreign culture, learning about media discourses, and learning about our own media cultures." (Meinhof 1998: 9). Insbesondere Nachrichtensendungen (aber auch Spielshows, Vorabendserien und Werbesendungen) weisen typische Strukturen auf, die bei Muttersprachlern zur Ausbildung kulturspezifischer Schemata führen, die den Rezeptionsprozess steuern. Darüber hinaus stellen sie eine sehr komplexe Textsorte dar, in denen verbale, visuelle und akustische Signale interagieren. Das Verständnis erfordert daher gerade von Fremdsprachenlernern eine erweiterte *literacy*, die Schulbücher allein oft nicht vermitteln können. Tatsächlich hat die eben zitierte Ulrike H. Meinhof (1998) festgestellt, dass Deutschstudenten im ersten Semester an der Universität in Manchester nicht in der Lage waren, Nachrichten in der Fremdsprache ohne Anleitung zu verstehen. Ähnliche Probleme kennen Englischlerner in Deutschland. Das Verstehen von Nachrichten und anderen Fernsehsendungen erfordert daher die Vermittlung übertragbarer Strategien, die Lernern helfen, mit den auftretenden Schwierigkeiten umzugehen. Eine Möglichkeit ist die Analyse verschiedener englisch- und deutschsprachiger Nachrichtensendungen unter folgenden Aspekten:

- Zeitpunkt, Länge und Anspruch (z. B. unterhaltend oder seriös),
- Arten der verschiedenen Nachrichten (z. B. internationale, nationale, lokale Ereignisse, Sport, Wetter), ihre Länge, ihre Reihenfol-

Satellitenfernsehen

Beispiel Nachrichten-sendungen

Analyse von Nachrichten-sendungen

ge und die Form der Präsentation (z. B. Filmeinspielungen mit oder ohne Einleitung, Hintergrundbilder, Alter, Geschlecht und Auftreten der Sprecher, verwendete Sprachregister),

- Muster einzelner, häufiger Nachrichtenarten (z. B. Erdbeben, Flutkatastrophen, Staatsbesuche, Demonstrationen, Wahlen).

Eigenproduktion von Medien

Der aktiv-kritische Umgang mit Medien schließt die Eigenproduktion von Medien durch Lerner ein, die dann als Ausdrucksmittel eigener Interessen dienen. So erfahren Schüler, die für ihre englische Partnerschule einen Videofilm über ihre Stadt produzieren, dass Medien ein manipulatives Potenzial haben. Die Schüler müssen nämlich entscheiden, was sie zeigen und weglassen wollen, in welcher Reihenfolge Szenen angeordnet werden, welche Perspektive die Kamera einnehmen soll (Hagemann/Tulodziecki 1980). Ähnliches gilt bei der Produktion anderer Medien, zum Beispiel bei der Gestaltung einer Homepage oder einer Multimediapräsentation. In der Regel sind für die aktive Handhabung insbesondere der neueren Medien Vorübungen notwendig (vgl. Cooper/Lavery/Rinvolucri, 1991, für Videos, McKenzie, 2000, für Homepages). Eine Möglichkeit des *learning by doing* bietet auch hier der projektorientierte Ansatz, in dem Medien gleichzeitig als Inhalt, Methode und Ziel fungieren. Die Schüler entscheiden sich für ein Thema, das mit Medien zu tun hat, z. B. *A Television Series, The Mass Market Paperback* oder *Video Games*, begründen ihre Auswahl, legen ihre Ziele und das gewünschte Handlungsprodukt fest, erarbeiten einen Projekt- und Zeitplan und führen schließlich das Projekt selbstständig aus. Die Lehrerin oder der Lehrer unterstützen den Prozess, sind Ansprechpartner und stellen ggf. Ressourcen zur Verfügung. Die Präsentation soll Medien mit einbeziehen (z. B. eine Diashow, ein Video, ein Poster, ein Vortrag mit Overheadfolien, eine Multimediapräsentation). Abschließend reflektieren die Schüler über die Probleme, die aufgetreten sind und wie sie sie beseitigt haben, welche Fertigkeiten sie erworben haben, was sie beim nächsten Mal ändern würden und welchen Beitrag jedes einzelne Gruppenmitglied geleistet hat.

Mind Map zum Kapitel VII

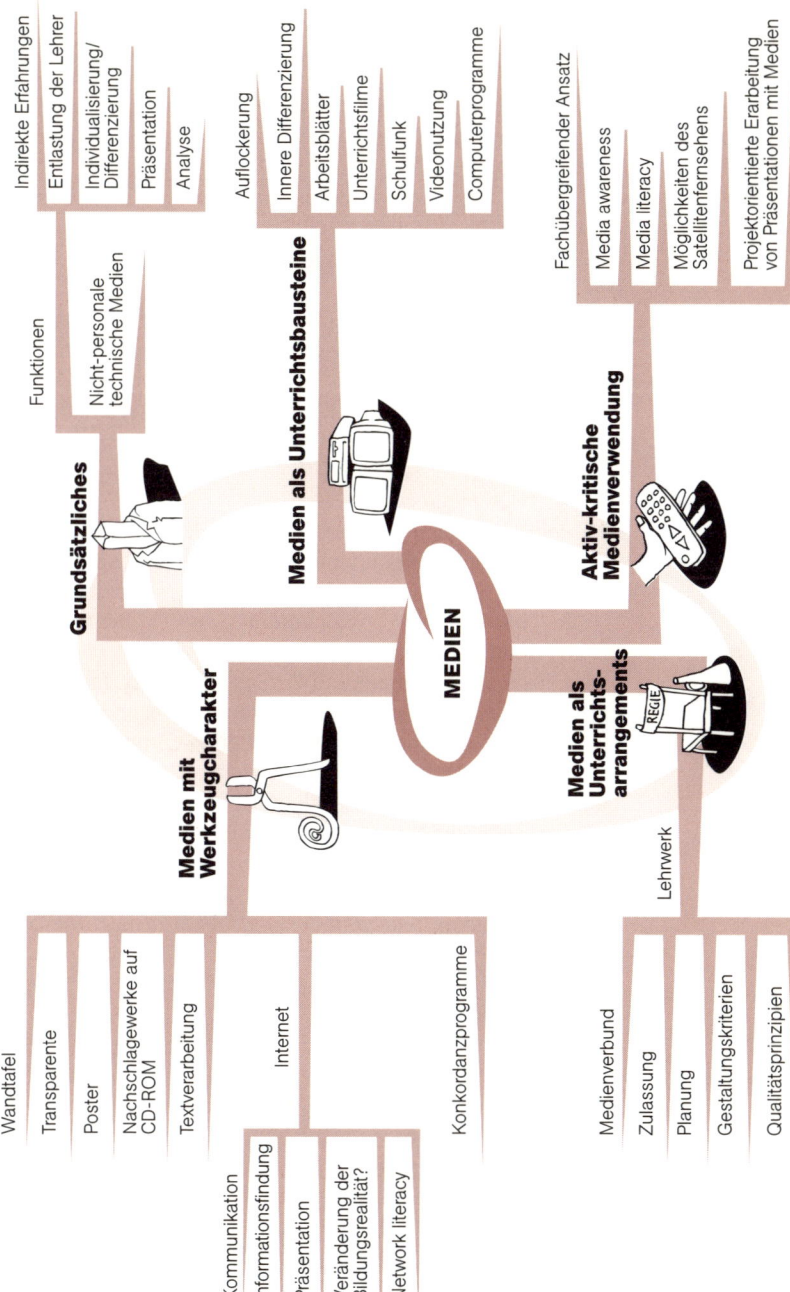

Grundsätzliches

Funktionen
- Nicht-personale technische Medien
  - Indirekte Erfahrungen
  - Entlastung der Lehrer
  - Individualisierung/ Differenzierung
  - Präsentation
  - Analyse

Medien als Unterrichtsbausteine
- Auflockerung
- Innere Differenzierung
- Arbeitsblätter
- Unterrichtsfilme
- Schulfunk
- Videonutzung
- Computerprogramme

Aktiv-kritische Medienverwendung
- Fachübergreifender Ansatz
- Media awareness
- Media literacy
- Möglichkeiten des Satellitenfernsehens
- Projektorientierte Erarbeitung von Präsentationen mit Medien

MEDIEN

Medien mit Werkzeugcharakter
- Wandtafel
- Transparente
- Poster
- Nachschlagewerke auf CD-ROM
- Textverarbeitung
- Internet
  - Kommunikation
  - Informationsfindung
  - Präsentation
  - Veränderung der Bildungsrealität?
  - Network literacy
- Konkordanzprogramme

Medien als Unterrichts-arrangements
- Lehrwerk
- Medienverbund
- Zulassung
- Planung
- Gestaltungskriterien
- Qualitätsprinzipien

Weiterführende Literatur

- Allgemeines

Wilfried Gienow und Karlheinz Hellwig, Hrsg. (1993): *Prozessorientierte Mediendidaktik im Fremdsprachenunterricht*. Frankfurt: Lang.

- Traditionelle Medien

Richard Cooper, Mike Lavery und Mario Rinvolucri (1991): *Video*. Oxford: Oxford UP.

Ute Rampillon (2000): „Do It Yourself – Gedanken zur Konzeption und zum Einsatz von Arbeitsblättern". *Der fremdsprachliche Unterricht Englisch* 34.2: 4-10.

Andrew Wright und Safia Haleem (1991): *Visuals for the Language Classroom*. London: Longman.

- Neue Medien

Reinhard Donath (1996): *E-Mail-Projekte im Englischunterricht*. Authentische Kommunikation mit englischsprachigen Partnerklassen. Stuttgart: Klett.

Reinhard Donath (1997): *Internet und Englischunterricht*. Stuttgart: Klett.

Christiane Kallenbach und Markus Ritter, Hrsg. (2000): *Computerideen für den Englischunterricht*. Anregungen und Beispiele für den Software- und Internet-Einsatz. Berlin: Cornelsen.

Ulrike H. Meinhof (1998): *Language Learning in the Age of Satellite Television*. Oxford: Oxford UP.

Bernd Rüschoff und Dieter Wolff (1999): *Fremdsprachenlernen in der Wissensgesellschaft*. Ismaning: Hueber.

Mark Warschauer und Richard Kern, Hrsg. (2000): *Network-based Language Teaching: Concepts and Practice*. Cambridge: Cambridge UP.

Anne Wichmann et al., Hrsg. (1997): *Teaching and Language Corpora*. London: Longman.

- Internetseiten

Für technologiegestütztes Fremdsprachenlernen aus der Sicht der angewandten Linguistik: Mark Warschauers Homepage, http://www.lll.hawaii.edu/web/faculty/markw/ .

Für technologiegestütztes Fremdsprachenlernen aus der Sicht der Praxis: Reinhard Donaths Homepage, http://www.englisch.schule.de/reinhard.htm .

VIII   Assessment und Evaluation

Fremdsprachenunterricht qualifiziert zur Teilnahme am gesellschaftlichen Leben, indem er die Möglichkeiten zur Kommunikation mit anderen Menschen erweitert, Unterhaltungs- und Kommunikationsmedien erschließt und die Grundlage für eine weltweite Verständigung schafft. Er wirkt integrativ, indem er zu interkultureller Handlungsfähigkeit erzieht. Er hat aber auch eine Selektions- und Allokationsfunktion, indem er den Zugang zu bestimmten Berufen und Positionen eröffnet. Diese Funktion erfordert von Lehrkräften gerade wegen der übergeordneten Bedeutung des Fremdsprachenunterrichts ein besonders qualitätsbewusstes und transparentes Handeln, das in zunehmenden Maße von Schülern, Eltern und der Gesellschaft eingefordert wird.

Dieses Kapitel will einige Grundlagen der Leistungsbeurteilung darstellen, behandelt Organisation und Datenerhebung, Qualitätskriterien und Qualitätssicherung und geht abschließend auf alternative Verfahren wie das Self-Assessment und das Europäische Sprachenportfolio ein.

Leistungsbeurteilung im Fremdsprachenunterricht lässt sich mit den Begriffen Assessment und Evaluation näher spezifizieren. Unter Assessment versteht man Verfahrensweisen, die der Beurteilung von Schülern dienen. Evaluation umfasst Assessment, zielt aber auch auf die Entwicklung des Fremdsprachenunterrichts: Ergebnisse von Leistungsbeurteilungen lassen sich im Rückblick auf die Unterrichtsführung analysieren und interpretieren, um Veränderung zu ermöglichen und Lernen effektiver zu gestalten (Nunan 1988, Weir/Roberts 1994).

Die Evaluation und damit verbunden die Entwicklung von Assessmentverfahren wie Klassenarbeiten oder mündlichen Überprüfungen ist vor allem im Hinblick auf die sog. *backwash* eine wichtige Aufgabe innerhalb der Schule. *Backwash* bezeichnet die Beeinflussung des Fremdsprachenlehrens und -lernens durch favorisierte Arten der Leistungsüberprüfung (Hughes 1989). Wenn beispielsweise nie die Aussprache überprüft wird, dann werden Schüler ihr auch weniger Bedeutung beim Lernen zuweisen, und wenn Einsetzübungen in Klassenarbeiten dominieren, dann existiert auch ein großer Bedarf für ein Training dieser Übungsart im Unterricht, und kommunikative Übungen treten zumindest im Bewusstsein der Beteiligten in den Hintergrund. Solange Unsicherheiten bei der Beurteilung kooperativer Leistungen bestehen und diese möglicherweise in der Notenfindung kaum Berücksichtigung finden, werden Schüler und Lehrer sie nur als Beiwerk zum regulären Unterricht sehen.

Die Leistungsbeurteilung wirkt allerdings nicht nur in andere Bereiche des Unterrichts hinein, sondern wird auch durch sie beeinflusst (Abb. VIII.1). Eine Evaluation der Schülerleistungen ist daher nur möglich, wenn Lehrer sich bewusst machen, welche impliziten Auffassungen von Sprache, Sprachlernprozessen und methodischen Präferenzen dem Assessment zugrunde liegen. Der kollegiale Dialog unter Lehrern, vor allem in Fachkonferenzen, dient dem Austausch über solche Aspekte und der Entwicklung von stichhaltigen, auf den Unterricht abgestimmten Konzepten zur Leistungsüberprüfung. Langfristig führt er zu einer Assessment- und Evaluationskultur, die Schülern deutlich macht, was von ihnen erwartet wird und wie und warum Lehrer zu einer bestimmten Einschätzung gelangt sind *(professional accountability)*.

Leistungsbeurteilung im unterrichtlichen Faktorengeflecht

professional accountability

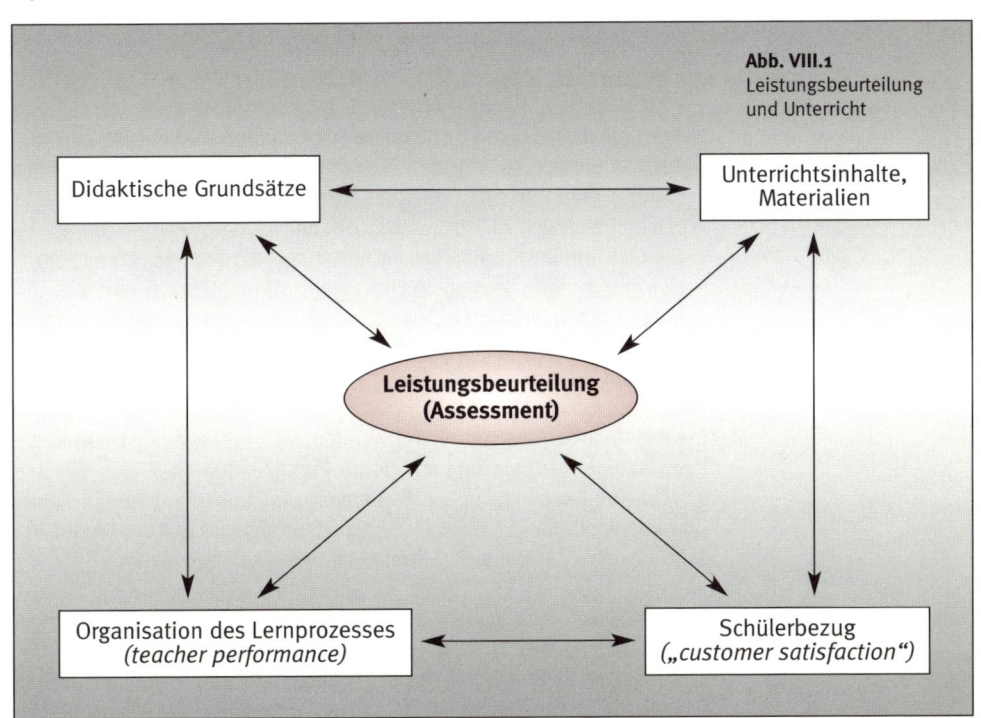

Abb. VIII.1
Leistungsbeurteilung und Unterricht

Didaktische Grundsätze

Unterrichtsinhalte, Materialien

Leistungsbeurteilung (Assessment)

Organisation des Lernprozesses *(teacher performance)*

Schülerbezug *(„customer satisfaction")*

Einen möglichen Ausgangspunkt für Überlegungen zu einer Systema-
tisierung des Assessments stellen die unterschiedlichen Gründe für
eine Leistungsfeststellung dar (Alderson/Clapham/Wall 1995, *Council
of Europe* 1996):

- *Placement:* Leistungsfeststellung zur inneren und äußeren Differenzierung und damit zur Berücksichtigung unterschiedlich leis-
tungsstarker Schüler.
- *Feedback:* Das Sammeln von Informationen über Stärken und
Schwächen der Schüler zur Information und Beratung. In diesem Zusammenhang spricht man oft von *formative assessment*.
- *Achievement:* Die Feststellung dessen, was zum Ende des Kurses
oder einer Kursphase in Bezug auf die Ziele und Inhalte des Unterrichts erreicht worden ist. Die meisten Klassenarbeiten gehören zu
diesem Typus.
- *Proficiency:* Das Feststellen des Leistungsstandes unabhängig vom
durchgeführten Unterricht vor allem durch kommerzielle Sprachtests. Die wichtigsten Anbieter für solche Sprachtests sind das *University of Cambridge Local Examinations Syndicate (UCLES)*
(http://www.ucles.org.uk), *IELTS Examination Services*
(http://www.ielts.org), einer von *UCLES*, dem *British Council* und
IDP Education Australia betreute Organisation und der *Educational
Testing Service*, der für den *Test of English as a Foreign Language
(TOEFL)* verantwortlich zeichnet (http://www.toefl.org). Diese Tests
werden weltweit in Testzentren offeriert und von vielen Menschen
genutzt, um ihr Sprachkönnen nachzuweisen (vgl. Spolsky 1995).
- *Diagnosis:* Eine diagnostische Leistungsfeststellung hilft bei der
Erkennung bestimmter Schwächen, z. B. beim Lesen, Schreiben,
Hören oder Sprechen. Auf diese Weise kann Lernern gezielt Hilfe an-
geboten werden.

Die Auseinandersetzung mit solchen Motiven zur Leistungsbeurteilung
kann zu einer Veränderung etablierter Praktiken führen. Wenn man beispielsweise feststellt, dass *achievement* und *feedback* in einer Schule
dominieren, dann könnte man zusätzlich *proficiency tests* anbieten, um
Schülern eine „Außensicht" ihrer Leistungen zu ermöglichen.

Einen anderen Ansatzpunkt bietet sich durch die Schüler und ihre Unterschiedlichkeiten z. B. in Lernstilen und Zielsetzungen. Diese Ver-
schiedenheit sollte auch in der Leistungsbeurteilung Berücksichtigung
finden. Ein Unterricht, in dem Gruppenlernprozesse und Präsentatio-

nen nie oder selten bewertet werden, vernachlässigt Lerner mit ausgeprägten sozialen Fähigkeiten. Klassenarbeiten, in denen vornehmlich Lückentexte vorkommen, berücksichtigen zu wenig Lerner, deren Stärken im Bereich des kritischen Denkens liegen. Aufgaben, die sich vornehmlich auf Domänen beziehen, die Jungen oder Mädchen einseitig ansprechen, können ebenso problematisch sein wie Aufgaben aus einem bestimmten sozioökonomischen Umfeld. So führt die Aufgabe, ein Haus mit Garten zu beschreiben, für Kinder aus ärmeren Verhältnissen u. U. zu Frustrationen. Die Auseinandersetzung mit solchen Punkten trägt dazu bei, Leistungsüberprüfungen fairer zu gestalten.

In deutschen Lehrplänen wird meist zwischen Klausuren und Klassenarbeiten, d. h. der schriftlichen Überprüfung der Lernergebnisse eines Unterrichtsabschnittes, und der „sonstigen Mitarbeit", d. h. Beiträgen zum Unterrichtsgespräch, Hausaufgaben, Referaten, Protokollen, Dossiers und kürzeren schriftlichen Übungen unterschieden. Während Klausuren und Klassenarbeiten eine spezielle Testsituation schaffen, erfolgt das Überprüfen der „sonstigen Mitarbeit" während der normalen Unterrichtszeit. Beide Verfahren der Leistungsbeurteilung erfordern organisatorische Überlegungen wie sie in Abb. VIII.2 zusammengefasst sind (vgl. Saskatchewan Education 1991). Auf diese Aspekte wird im Folgenden eingegangen.

VIII.2
Organisation und Datengewinnung

Klausuren/Klassenarbeiten versus sonstige Mitarbeit

Abb. VIII.2
Organisation und
Datenerhebung

Organisation:

- Assessment-Stationen
- Individuelle Prüfungen
- Gruppenprüfungen
- Kontrakte
- Self-Assessment
- Peer-Assessment
- Portfolios
- ...

Datenerhebung:

- Lehrertagebuch
- Beobachtungschecklisten
- Skalen
- ...

Sonstige Mitarbeit:
(ongoing student activities)

- Hausaufgaben
- Schriftliche Übungen
- Präsentationen
- Lernprozesse
- ...

Überprüfungen:
(test taking)

- Multiple-choice
- Zuordnungsaufgaben
- Kurzantworten
- Lückentests
- Diktate
- Essays
- Mündliche Prüfungen
- ...

Funktionen der Daten-
erhebung

Eine professionelle Leistungsbeurteilung ist ohne eine systematische Datenerhebung und -analyse nicht möglich. Diese hat mehrere Funktionen:

- Sie liefert ein Feedback für Lehrer und Schüler und dient der Verbesserung der Unterrichtsgestaltung und des Lernens *(formative assessment)*.
- Sie dient dem Finden einer Note *(summative assessment)*.
- Sie bringt die Leistung von Schülern in Relation zu ihren Mitschülern *(norm-referencing)*.
- Sie zeigt, ob Lerner einen bestimmten Standard erreicht haben oder erreichen werden, wie er z. B. in Lehrplänen beschrieben ist *(criterion-referencing)*.
- Sie zeigt, wie sich Lerner im Laufe der Zeit weiterentwickelt haben *(self-referencing)*.

Arten der Datenerhebung

Tagebuch

Die Datenerhebung kann auf verschiedene Arten erfolgen. Ein wichtiges Instrument ist das Führen eines Tagebuchs, in dem Lehrer Beobachtungen über ihre Schüler festhalten. Solche Tagebücher lassen sich alphabetisch organisieren und gestatten dann einen leichten Zugriff auf Schülerdaten.

Checklisten

Während im Tagebuch Beobachtungen relativ unsystematisch aufgezeichnet werden, helfen Checklisten, sich auf bestimmte Bereiche zu konzentrieren. Eine Checkliste zur Beobachtung des Verhaltens von Schülern bei Diskussionen kann z. B. folgende Punkte enthalten: *Listens attentively, speaks audibly, encourages others, does not dominate, interjects politely, questions and clarifies, supports opinions, disagrees tactfully* (Saskatchewan Education 1999). Für jeden Schüler oder für eine Gruppe von Schülern legt man einen Beobachtungsbogen an, hakt die erfüllten Aspekte ab und fügt ggf. Kommentare hinzu. Solche Checklisten geben, wenn sie regelmäßig geführt werden, Aufschluss, wo bestimmte Mängel vorhanden sind und wie

formatives Assessment

bestimmte Schüler gefördert werden sollten *(formative assessment)*.

rating scales

Rating scales sind mit Checklisten vergleichbar, enthalten jedoch die Möglichkeit zur Quantifizierung und lassen eine genauere Einordnung von Schülerleistungen zu. Ein Beispiel zum Erzählen von Geschichten durch Schüler findet sich in Abb. VIII.3 (Saskatchewan Education 1999).

Abb. VIII.3
Storytelling Assessment

STORYTELLING ASSESSMENT

	Scale Points	Student's name	Student's name	Student's name	Student's name	Student's name
Expresses self spontanously	5 4 3 2 1					
Has good memory	5 4 3 2 1					
Can retell story in own words	5 4 3 2 1					
Uses facial expressions, gestures, and dramatisation to convey meaning and sustain interest	5 4 3 2 1					
Uses voice as an instrument (loud/soft, fast/slow, high/low)	5 4 3 2 1					
Involves the audience as participants in the story	5 4 3 2 1					
Uses pauses, delays, and questions to heighten suspense	5 4 3 2 1					
Uses puppets, pictures, or other props to complement the story	5 4 3 2 1					
Comments						

Eine wesentliche Funktion erfüllen Checklisten und *rating scales* auch bei der Beurteilung von Klassenarbeiten und Klausuren, in denen Schüler selbstständig einen Text verfassen. Checklisten helfen Lehrern, auf bestimmte Bereiche zu achten (z. B. ob ein Text über eine Einleitung, einen Mittelteil und einen Schlussteil verfügt, ob vielfältige Aspekte genannt werden oder ob Rechtschreibung, Grammatik und Zeichensetzung in Ordnung sind). Da die Notenfindung hier auf dem Gesamteindruck beruht, spricht man von einem *holistic scoring*. Stellt man eine Liste mit gewünschten Aspekten zusammen und gewichtet jeden einzelnen Aspekt für eine spätere Notenfindung, so liegt eine analytische Bewertung vor *(analytic scoring)*. Obwohl beide Verfahren geeignet sind, etwa Essays zu beurteilen, haben sie auch Nachteile. Das holistische Vorgehen führt zu einem relativ subjektiven Gesamteindruck, der Schülern (und Eltern) häufig nur schwer zu vermitteln ist. Beim analytischen Vorgehen bleiben möglicherweise Aspekte unbeachtet, die der Lehrer bei der Aufstellung seiner Beurteilungskriterien nicht erwartet hat. Abbildung VIII.4 enthält ein Beispiel, in dem beide Formen gemischt werden, d. h., es erfolgt zwar keine direkte Gewichtung einzelner Items, wohl aber jeweils eine globale Einschätzung. Die Kürzel *F, T* und *M* stehen für *field, tenor* und *mode* und verweisen darauf, dass ein Text immer in einem bestimmten Verwendungszusammenhang steht *(field)*, dass er sich an einen bestimmten Adressatenkreis richtet *(tenor)* und dass die Sprache der Funktion des Textes entspricht *(mode)*.

Neben die Frage nach den Methoden der Datenaufzeichnung stellt sich auch die der Organisation der Leistungsbeurteilung (Saskatchewan Education 1991). Hierzu gehören:

• Das individuelle Assessment, bei dem Schüler allein an einer Aufgabenstellung, z. B. in einer Klausur, arbeiten. Ein solches Assessment kann Lernern eine Rückmeldung über ihre Entwicklung geben und ihnen zeigen, wie sie ihre Leistung innerhalb der Gruppe oder in Bezug auf einen festgelegten Standard einordnen können. Allerdings würde eine ausschließliche Beschränkung auf diese Form der Leistungsbeurteilung die Fähigkeiten zum kooperativen Arbeiten unberücksichtigt lassen.

• Das Gruppen-Assessment erfasst die Leistung von Lernern in Gruppenarbeitsprozessen. Grundsätzlich ist dabei denkbar, dass alle Gruppenmitglieder eine einheitliche Zensur bekommen oder dass alle Gruppenmitglieder einzeln bewertet werden. Eine einheitliche Note

---

holistische Bewertung

analytische Bewertung

field, tenor, mode
(→ Kap. VI)

Organisationsformen der Leistungsbeurteilung

fördert die Zusammenarbeit in der Gruppe, kann aber zur unfairen Beurteilung einzelner Mitglieder führen. Die individuelle Bewertung erfordert eine systematische Beobachtung, die je nach Beanspruchung der Lehrer im Unterrichtsverlauf nur schwierig durchzuführen ist.

Abb. VIII.4
Beurteilungsbogen für argumentative Texte
(Mincham 1995: 85)

Primary Written Language Assessment Activity – ARGUMENT
(Hortatory: persuading to)

Name of Student: **Year Level:**   **Class:**   **Date:**

Task: **Context:**

Description of activity: The focus is on persuading the reader to agree with a proposal (i.e. Thesis) put forward by the author. An hortatory argument presents one point of view and is usually directed towards seeking change or exhorting action. It does so through an appeal to emotion rather than to reason and logic, evoking what people see, feel, think and say. Examples include: letters to the editor, articles, advertisements.

Criteria (Tick appropriate box) N.B.:* indicates upper primary level – beginning only at middle primary level.	Very competent	Competent	Limited competence	Not evident	Comments
Degree of support required. Did the student:					
• complete the task independently, i.e. with minimal support					
Schematic Structure. Did the student:					
• * make an opening statement previewing the issue					
• make a position statement, i.e. Thesis					
• present relevant arguments to support the position statement					
• support the arguments with appropriate evidence					
• anticipate and refute an opposing viewpoint (optional)					
• summarise evidence and (optional) make an appeal for action					
Language Features. Did the student:					
• focus on specific and generalised participants, e.g. the ban, nets [F]					
• use expanded nominal groups, e.g. the **pollution** of our rivers [F]					
• use topic-specific/technical vocabulary, e.g. habitat [F]					
• use a range of verbs/processes, e.g. is, kill, say, feel, believe [F]					
• use a range of circumstances, e.g. how, when, where, why [F]					
• vary use of person, e. g. I, we, he, she, they, you [T]					
• use language in a personal and interactive way: – writer as 'equal', making suggestions/inviting responses [T]					

– attitudinal words to evoke emotions, e.g. slaughter, horrific [T]					
– literary devices, e.g. alliteration, repetition, etc. (optional) [T]					
• use modality to express obligation, e.g. 'we **must** …' [T]					
• use mainly human participants and/or conjunctions in Theme position, e.g. '**But we** are worried that …', '**Ms Cox** claims …' [M]					
• * use nominalisation, e.g. 'The **production** of wood chips' [M]					
• use appropriate tense, e.g. is, used, has, led, will show [M]					
• use a range of conjunctions, e.g. and, but, so, yet, although [M]					
• * use complex clauses, e.g. 'Rabbit numbers **which are now estimated to be x** will reach …'. **To address this issue** we …' [M]					
• use reference items, substitution, ellipsis, e.g. this, its [M]					
Accuracy. Did the student:					
• use verbs/tense accurately, e.g. 'There is pollution' not 'There has pollution', 'it is bad' not 'it bad', 'has occured' not 'has occur'					
• use agreement accurately, e.g. subject-verb, plurals					
• use syntax accurately, i.e. word order (without omissions)					
• use the following accurately (without omissions)					
– articles, e.g. the, a, an					
– prepositions, e.g. 'the park in our area' not 'at our area'					
– adverbs/adjectives, e.g. 'growing quickly' not 'growing quick'					
• spell accurately					
• use punctuation accurately					
• * use paragraphs appropriately					

General Comments

Global Rating: (Circle)   lowest   1   2   3   4   5   highest
[i.e. ability to write appropriately for purpose and audience]

- Assessment-Stationen, d. h. bestimmte Bereiche im Klassenzimmer, die während der regulären Unterrichtszeit zur Überprüfung genutzt werden. So kann eine Schülergruppe aufgefordert werden, sich zur Assessement-Station zu begeben, wo sie die Aufgabe vorfindet, einen Romanauszug unter einer bestimmten Fragestellung zu diskutieren, ein Protokoll anzufertigen und dieses zur Bewertung einzureichen.

- Vereinbarungen *(contracts)*, die ein wichtiges Organisationsinstrument für einen Fremdsprachenunterricht darstellen, bei dem sich Schüler in Absprache mit ihren Lehrern selbstständig Ziele setzen. Ein einfaches Beispiel findet sich in Abb. VIII.5 (vgl. Saskatchewan Education 1991: 58).

Abb. VIII.5
Learning contract

Learning Contract

Student name: _____

What I am going to do:

_____

_____

_____

How I am going to do it:

_____

_____

_____

This is a good thing to do because:

_____

_____

_____

When I will have this done: _____

I am going to show this to:

_____

_____

_____

Date: _____

_____   _____
Student Signature   Teacher Signature

Die Konstruktion von Klassenarbeiten und Klausuren kann auf der Basis folgender Fragestellungen erfolgen (Weir 1990, Alderson/Clapham/Wall 1995):

- Welchen Zweck soll die Arbeit erfüllen *(placement, feedback, achievement, proficiency, diagnosis)*?
- An welche Lerner richten sich die Aufgaben (Alter, sozialer Hintergrund, *proficiency*)? Wie wird sichergestellt, dass nicht bestimmte Schülergruppen bevorzugt oder benachteiligt werden?
- Welche Fertigkeiten sollen überprüft werden (Hören, Lesen, Sprechen, Schreiben)?
- Welche Sprachfunktionen sollen überprüft werden (z. B. *expressing pleasure, expressing dislike, advising someone*)?
- Welche Textsorten sind Bestandteil der Arbeit? Wie lang und schwierig sind diese Texte? Werden nur geschriebene oder auch gesprochene Texte einbezogen?
- Welche Aufgabentypen soll die Arbeit enthalten? Man unterscheidet grob zwischen geschlossenen Aufgaben, in denen die korrekte Antwort sprachlich und inhaltlich vorhersagbar ist, halboffenen Aufgaben, in denen die Antwort zwar nicht absehbar ist, aber durch die Aufgabenstellung gesteuert wird, und offenen Aufgaben, in denen Schüler eigenständig zusammenhängende Texte erstellen (Kultusministerium Nordrhein-Westfalen 1993).
- Sind die Aufgaben verständlich formuliert? Sollen den Schülern Hilfen für die Lösung an die Hand gegeben werden (z. B. Lösungsmuster, Erläuterungen)?
- Wie werden die einzelnen Teile gewichtet?

Zu den geschlossenen Aufgabentypen zählen z. B. Multiple-Choice-Aufgaben, Cloze-Tests, Informationstransferaufgaben und Diktate. Sie alle haben Vor- und Nachteile. Multiple-Choice-Aufgaben sind beispielsweise einfach zu korrigieren, aber schwierig zu konstruieren und man weiß hinterher nicht, ob die Schüler die Lösung erraten haben oder ob ein falsches Ergebnis durch ein mangelhaftes Verständnis der Aufgabe hervorgerufen wurde. In Cloze-Tests wird der Anfang eines Textes unverändert gelassen und dann jedes n-te Wort eliminiert. Eine Variante stellt der C-Test dar, bei dem beginnend mit dem zweiten Wort des zweiten Satzes die zweite Hälfte eines Wortes getilgt wird. Solche Tests gelten als besonders ökonomisch und zuverlässig, besonders, wenn eine vom vorhergehenden Unterricht unabhängige Sprachstandsfestellung erfolgen soll (Grotjahn 1995). Allerdings wirken sie auf Lerner häufig irritierend, zumal auf den ersten Blick nicht erkennbar ist, was überhaupt getestet wird. Informationstransferaufgaben beinhalten die Übertragung eines geschriebenen oder gesprochenen Textes in eine nonverbale Form (z. B. ein Diagramm). Solche Aufgabenstellungen wirken relativ realistisch und lassen insbesondere ein Testen des Lese- und Hörverstehens zu, weil die Lösung nicht durch mangelhafte Schreibfertigkeit beeinflusst wird. Allerdings kann das Umsetzen in eine nonverbale Form an sich schwierig sein, und Lerner verstehen manchmal nicht, was von ihnen erwartet wird. Diktate können die Fähigkeit von Lernern überprüfen, zusammenhängende Rede zu verstehen, allerdings sind die Ergebnisse von Faktoren wie Sprechgeschwindigkeit oder Akzent abhängig.

Halboffene Aufgabentypen sind beispielsweise Kurzantworten, Nacherzählungen oder das angeleitete Schreiben anhand von Bildern. Kurzantwortaufgaben erwarten von den Lernern, dass sie eine Antwort zu einer Frage in ein vorgegebenes Antwortfeld eintragen. Dadurch wird ihnen ein gewisses Maß an Freiheit gewährt, und im Gegensatz zu Multiple-Choice-Aufgaben ist es leichter zu erkennen, ob eine richtige Antwort wirklich auf dem Verständnis eines Textes basiert. Nacherzählungen haben den Nachteil, dass man nicht weiß, ob ein mangelhaftes Ergebnis durch eine unzureichende Hör- oder Schreibfertigkeit bewirkt wird, und man kann entsprechend keine diagnostischen Rückschlüsse ziehen. Angeleitetes Schreiben mag sehr effektiv sein, allerdings spricht die Art der gewählten Stimuli (Bildergeschichten, Diagramme etc.) Lerner u. U. unterschiedlich an und verfälscht so das Assessment der Schreibfertigkeit.

halboffene Aufgaben

Offene Aufgabenformen wie das Schreiben einer Geschichte, eines Zeitungsartikels, einer Beschwerde oder einer Gebrauchsanweisung gewähren Schülern einen weiten gestalterischen und sprachlichen Spielraum und finden daher zunehmend Einsatz in schülerorientierten, kommunikativen Klassenzimmern. Demgegenüber gilt es zu bedenken, dass Lerner offene Aufgaben auf sehr unterschiedliche Weise bearbeiten können, was die Bewertung schwierig macht. Hinzu kommt, dass Lerner möglicherweise kein Interesse an dem gestellten Thema haben und dass die sprachliche und inhaltliche Leistung dadurch schlechter erscheint, als es das Sprachkönnen des betreffenden Lerners erwarten ließe.

offene Aufgaben

Gerade in einem kommunikativen Fremdsprachenunterricht sollten Lehrer anstreben, Aufgaben in einen pragmatischen Zusammenhang

pragmatisches Testen

zu stellen, so dass sie sprachliche Handlungsfähigkeit überprüfen (Oller 1979, Doyé 1996). Nicht alle offenen und halboffenen Aufgabenstellungen genügen diesen Anforderungen. So schafft die Aufgabe *Write a letter to a British newspaper about what happened to an old woman/man who lives alone in your city* keinen sinnvollen Kontext. Statt dessen empfiehlt sich die Vorgabe eines Briefes, der adressatengerecht beantwortet werden muss.

**VIII.3
Qualitätsorientiertes
Assessment**

Reliabilität
Validität

Validitätstypen

Leistungsbeurteilung ist ein zentraler Bereich des Fremdsprachenunterrichts und stellt hohe Anforderungen an die Unterrichtenden. Ziel der Entwicklung von Fremdsprachenunterricht in der Schule ist es daher auch, die Qualität des Assessments regelmäßig zu evaluieren, an geänderte Anforderungen anzupassen und zu verbessern. Traditionell wird die Qualität von Leistungsbeurteilungen mit den Begriffen der Reliabilität *(reliability)* und Validität *(validity)* beschrieben (Hughes 1989, Davies 1990, Weir 1990, Alderson/Clapham/Wall 1995, Kunnan 1998). Reliabilität hat damit zu tun, ob man sich auf die Ergebnisse verlassen kann, mit der Validität stellt man die Frage, ob auch tatsächlich bewertet worden ist, was man bewerten wollte.

Validität ist ein relativ komplexes Konstrukt, das man aus verschiedenen Perspektiven heraus beleuchten kann:

- Augenscheinliche Validität *(face validity)* bezeichnet den Eindruck, den Laien (Schüler, Eltern) von dem Verfahren der Leistungsbeurteilung haben. Lückentests haben meist eine geringe augenscheinliche Validität, weil nicht unmittelbar erkennbar ist, was sie überprüfen.
- Inhaltliche Validität *(content validity)* wird anhand einer systematischen Analyse durch Experten (Lehrer, Wissenschaftler) festgestellt. Hier geht es z. B. darum, ob ein Verfahren einen repräsentativen Ausschnitt dessen überprüft, was überprüft werden soll.
- Konstruktvalidität *(construct validity)*: Jeder Leistungsüberprüfung liegen bestimmte Theorien zu Grunde, auf deren Basis Aufgaben erstellt werden. Eine Theorie über das Lesen kann z. B. Elemente enthalten wie die Fähigkeit zum *skimming, scanning* und zur Dekodierung offensichtlicher und impliziter Bedeutungen. Nur wenn diese Elemente wirklich überprüft werden, kann das Verfahren Validität beanspruchen.
- Vorhersagevalidität *(predictive validity)*: Hier stellt sich die Frage, ob eine Leistungsbeurteilung auch Aufschlüsse darüber gibt, welche

Fähigkeiten Lerner in der Zukunft entwickeln, z. B., wenn sie an einem Schüleraustausch teilnehmen oder ein Schuljahr im Ausland verbringen.

- Externe Validität *(concurrent validity)* verweist darauf, dass ein Verfahren zur Leistungsfeststellung identische oder ähnliche Ergebnisse liefert wie ein anderes. So sollten unterschiedliche Checklisten zum Beurteilen von Essays zu gleichen Ergebnissen führen, wenn sie ein valides Instrument darstellen.
- Reaktionsvalidität *(response validity)* setzt voraus, dass Lerner auf einen Test so reagieren, wie man dies erwartet. Will man beispielsweise mit einem Cloze-Test globales Leseverstehen überprüfen, konzentrieren sich die Prüflinge aber eher auf die unmittelbare Umgebung der Lücke (also auf die Satzebene), dann überprüft der Test nicht, was er sollte (Cohen 1998). In dieser Hinsicht ergibt es Sinn, wenn Lehrer Schüler über deren Strategien bei der Lösung von Aufgaben befragen.

Zusammenfassend lässt sich festhalten, dass sich Überlegungen zur Validität immer auf die Absicht beziehen, die man mit einem Verfahren zur Leistungsüberprüfung verfolgt. Die vor allem in Klausuren der gymnasialen Oberstufe beliebte *summary* ist beispielsweise unproblematisch, wenn man Lese- und Schreibfertigkeiten integrativ überprüfen möchte. Allerdings lässt sie keine Rückschlüsse auf nur eine der beiden Fertigkeiten zu. Ein schlechtes Ergebnis kann sowohl auf Probleme in der Schreib- als auch in der Lesefertigkeit hindeuten oder auf beides.

Hinter dem Begriff der Reliabilität steht die Frage, ob ein Verfahren zur Leistungsbeurteilung beim gleichen Schüler (und bei gleicher Sprachentwicklungsstufe) zu einem anderen Zeitpunkt zum gleichen Ergebnis führen würde. Tatsächlich ist eine 100%-Reliabilität kaum erzielbar, weil die Ergebnisse der Leistungsbeurteilung z. B. von der Tagesform abhängen und vom Bewertungs- bzw. Korrekturverhalten. Der letztgenannte Aspekt, d. h. die Reliabilität der Prüfer, ist im Hinblick auf eine faire Leistungsbeurteilung besonders wichtig und spielt daher in der Reliabilitätsdiskussion eine zentrale Rolle. Man unterscheidet *intra-rater reliability* von *inter-rater reliability*. *Intra-rater reliability* liegt vor, wenn man einer Lehrerin oder einem Lehrer, der eine Klassenarbeit beurteilt hat, diese Arbeit nach einer gewissen Zeit noch einmal vorlegt und die Bewertung dann zum gleichen Ergebnis führt wie zuvor. *Inter-rater reliability* bedeutet, dass zwei Lehrer bei der Bewertung einer Arbeit zum gleichen Ergebnis kommen.

Reliabilität

intra-rater versus inter-rater reliability

Das Erreichen einer zufrieden stellenden *inter-rater-* Reliabilität ist ein wichtiges Instrument zur Sicherung der Vergleichbarkeit der Notenfindung in unterschiedlichen Klassenzimmern. Sie bedarf in der Regel verbindlicher Absprachen zwischen den Unterrichtenden und ggf. eines Trainings (vgl. Alderson/Clapham/Wall 1995). Als Ort für ein solches Training kommen die Fachkonferenzen in Frage. Hat diese beispielsweise eine *rating scale* zur Beurteilung von Essays gefunden, dann können Schülerarbeiten zur unabhängigen Korrektur vervielfältigt werden. Die Kollegen vergleichen ihre Notengebung und diskutieren unterschiedliche Meinungen mit dem Ziel, einen Konsens zu finden. Bei dieser Gelegenheit lässt sich ggf. auch die Bewertungsskala modifizieren. Zur Beurteilung mündlicher Leistungen können Videoaufzeichnungen von Schülerpräsentationen verwendet werden. Da Lehrer leicht in individuelle Bewertungsformen zurückfallen, ist es ratsam, solche Trainingssitzungen regelmäßig zu wiederholen.

Qualitätsentwicklung im Bereich der Leistungsbeurteilung bedeutet jedoch mehr als ein hohes Maß an Validität und Reliabilität. In Fortbildungsveranstaltungen und in Fachkonferenzen können Lehrer sich über die von ihnen verwendeten Verfahren zur Leistungsbeurteilung austauschen, voneinander lernen und Anregungen zur Erprobung anderer Verfahren erhalten.

Folgende Fragen können als Ausgangspunkt einer weiterführenden Evaluation der Leistungsbewertung in einer Schule dienen (vgl. Saskatchewan Education 1991):

- Verwenden wir eine große Bandbreite von Verfahren zur Leistungsbeurteilung?
- Haben wir Leistungsbeurteilungen systematisch und regelmäßig durchgeführt?
- Helfen uns die gewählten Verfahren, Rückschlüsse über das Lernen der Schüler zu ziehen?
- Passen die gewählten Verfahren zu der didaktischen Konzeption unseres Unterrichts?
- Gewinnen wir durch unsere Verfahren die Informationen, die wir gewinnen wollten (Validität)?
- Haben wir den Schülern deutlich gemacht, wie wir ihre Leistungen überprüfen? Waren die von uns gewählten Verfahren und Aufgaben in dieser Hinsicht fair?

- Erhalten unsere Schüler regelmäßige Informationen über ihren Lernfortschritt? Werden die Eltern beraten?
- Haben die Schüler (und Eltern) unsere Leistungsbeurteilungen als nachvollziehbar und aussagekräftig empfunden?

Eine solche Evaluation in Zusammenarbeit mit den Kollegen ist Teil der professionellen Verantwortung von Lehrern und sichert deren Urteilsvermögen in der Öffentlichkeit Akzeptanz und Ansehen.

Ein wesentliches Ziel eines schülerzentrierten Fremdsprachenunterrichts ist *learner empowerment*, d. h., Lerner zu befähigen, eine aktive, kritische und informierte Rolle in ihrem eigenen Sprachlernprozess zu übernehmen. Dieses Ziel legt die Einbeziehung von Lernern auch in den Prozess der Leistungsbeurteilung nahe: "Self-assessment plays a pivotal role in a learner-centred approach in two ways. Firstly, by engaging learners in critical reflection on their current abilities with respect to their learning goals, it is a form of learning training which contributes to learner empowerment. Secondly, it provides learners with the opportunity to enrich the setting of learning objectives on the basis of their own insights into their communicative intentions and current abilities, and this constitutes a form of learner involvement." (Tudor 1996: 195) Seit Anfang der 80er Jahre haben insbesondere die *Modern Language Projects* des Europarates zu einer breiten Diskussion dieses Ansatzes beigetragen und in jüngster Zeit zur Entwicklung des Europäischen Sprachenportfolios geführt, in dem die Ausbildung des Sprachkönnens von Lernern unter dem Aspekt der Fremd- und Selbstbeurteilung dokumentiert wird.

VIII.4 Selbstbeurteilung und Peer-Assessment

learner empowerment

Es ist unmittelbar einsichtig, dass die Selbstbeurteilung durch Lerner nur dann Sinn ergibt, wenn sie zu validen und reliablen Ergebnissen führt (Blanche/Merino 1989). Obwohl einige Autoren keinen merklichen Zusammenhang zwischen *self-assessment* und dem tatsächlichen Sprachkönnen *(proficiency)* sehen (z. B. Peirce/Swain/Hart 1993), sind die meisten Forschungsergebnisse eher positiv (Oscarson 1997, Harris 1997).

Qualität von Selbstbeurteilungen

Dabei kann u. a. davon ausgegangen werden, dass

- Self-Assessment zu genaueren Ergebnissen führt, wenn es an Aufgaben gebunden ist, wie sie im Unterricht bearbeitet werden und sich weniger allgemein auf Sprachkönnen bezieht,
- es leichter für Lerner ist, ihr Können für eng umschriebene Bereiche (z. B. "I can tell an English-speaking person when and where I was born") zu beurteilen, als es global einzuschätzen (z. B. "I can understand the essential points concerning everyday things"),
- Self-Assessment zu besseren Ergebnissen führt, wenn es in der Muttersprache der Lerner stattfindet,
- ängstliche Lerner eher dazu neigen, ihre Fähigkeiten zu unterschätzen,
- jüngere Lerner einfachere Instrumente und konkretere Angaben zur Selbsteinschätzung benötigen als erfahrenere Lerner,
- Self-Assessment eine metakognitive Fähigkeit darstellt, die durch systematisches Training entwickelt werden kann. Oscarson (1997) geht davon aus, dass Lerner verschiedene Stufen durchlaufen, bis sie die Fähigkeit zum Self-Assessment besitzen.

Instrumente für Self- und Peer-Assessment

Self-Assessment kann durch Peer-Assessment ergänzt werden: "More responsibility for what they [students] do and how they do it will occur when they are in consultation with peers who are providing suggestions for improvement. Great benefits accrue to the students who are doing the evaluation and are forced to think analytically about the nature of their peers' performance. In turn, they are able to extend that thinking to their own performance." (Saskatchewan Education 1991: 59) Sowohl für das Self- als auch für das Peer-Assessment lassen sich ähnliche Instrumente verwenden wie für die Fremdbeurteilung durch Lehrer, also Checklisten, *rating scales* usw. Die Inhalte solcher Instrumente können ggf. von den Lernern auf eigene Lernziele hin modifiziert werden. Ein Beispiel für eine direkt auf eine Aufgabe bezogene diagnostische Selbstevaluation ist das Erstellen von *pragmatic maps* (Tudor 1996). Die Lerner stellen sich dabei eine Situation vor, z. B. ein Hotelzimmer in England telefonisch zu reservieren. Sie sammeln Ausdrücke und überlegen sich ein mögliches Vorgehen. Die Reservierung wird dann als Simulation durchgeführt, wobei die Lerner erkennen, welche Schwachpunkte noch bestehen, z. B. welche Ausdrücke ihnen zur Verständigung gefehlt haben.

pragmatic maps

Im Zusammenhang mit schülerzentriertem Lernen und Selbstbeurteilung steht auch das vom Europarat initiierte und in verschiedenen Ländern entwickelte Europäische Sprachenportfolio. Hierunter versteht man eine von Lernern geführte Mappe, in der sie ihre Qualifikationen und andere sprachliche und kulturelle Erfahrungen dokumentieren. Im Gegensatz zu Portfolios von Künstlern oder Architekten hat das Sprachenportfolio eine vorgegebene Struktur und besteht aus drei Teilen:

Europäisches Sprachenportfolio

- Einem Sprachenpass, in dem erworbene Abschlüsse und Diplome verzeichnet sind und im Hinblick auf Referenzniveaus des Europarates (s. u.) eingeordnet werden. Außerdem bestätigt die Schule hier Sprachlernerfahrungen wie Austausche, Sprachaufenthalte, kontinuierliche Briefkontakte, eine Teilnahme am bilingualen Unterricht usw.
- Einer Sprachlernbiographie, in der die Lerner die Geschichte des eigenen Sprachenlernens aufzeichnen, sich anhand von Checklisten selbst einschätzen (Abb. VIII.6), von Lehrpersonen eingeschätzt werden und sich Ziele für das Weiterlernen setzen. Außerdem notieren die Lerner hier wichtige sprachliche und interkulturelle Erfahrungen, Eindrücke über den besuchten Unterricht und ihre Ziele beim Sprachenlernen.
- Einem Dossier, das eine Auswahl persönlicher Arbeiten enthält.

Abb. VIII.6
Checkliste zur Selbsteinschätzung (Europäisches Sprachenportfolio, schweizerische Version)

Checkliste zur Selbsteinschätzung Niveau **B** 1 **2** 3.3

Sprache:

Diese Checkliste dient dazu, sich selbst einzuschätzen (Kolonne 1) und um sein Können von anderen, z. B. von Lehrpersonen beurteilen zu lassen (Kolonne 2). Bei Dingen, die man noch nicht kann, sollte angegeben werden, wie wichtig sie für das eigene Sprachenlernen sind (Kolonne 3 = Ziele).
In den Leerzeilen kann man ergänzen, was man sonst noch kann oder was für das Lernen auf diesem Niveau sonst noch wichtig ist.

Folgende Zeichen verwenden:
In den Kolonnen 1 und 2
✔ Das kann ich unter normalen Umständen
✔✔ Das kann ich gut und leicht
In Kolonne 3
! Das ist ein Ziel für mich
!! Das hat Priorität für mich
Wenn man bei mehr als 80 % der Punkte einen Haken machen kann, hat man wahrscheinlich das Niveau B1 erreicht.

	Ich	Lehrperson/Andere	Meine Ziele
	1	2	3
HÖREN			
Ich kann verstehen, was man in einem Alltagsgespräch zu mir sagt, falls deutlich gesprochen wird; ich muss aber manchmal darum bitten, bestimmte Wörter und Wendungen zu wiederholen.			

Ich kann im Allgemeinen bei längeren Gesprächen, die in meiner Gegenwart geführt werden, den Hauptpunkten folgen, sofern deutlich gesprochen und die Standardsprache verwendet wird.			
Ich kann kurzen Erzählungen zuhören und Hypothesen dazu bilden, was als Nächstes geschehen wird.			

AN GESPRÄCHEN TEILNEHMEN	1	2	3
Ich kann ein einfaches direktes Gespräch über mir vertraute oder mich persönlich interessierende Themen beginnen, in Gang halten und beenden.			
Ich kannn mich an einem Gespräch oder einer Diskussion beteiligen, aber man versteht mich nicht immer, wenn ich etwas Bestimmtes ganz genau sagen möchte.			
Ich kann die meisten Situationen bewältigen, die sich beim Buchen einer Reise durch ein Reisebüro oder auf der Reise selbst ergeben.			
Ich kann auch etwas ungewöhnlichere Situationen in öffentlichen Verkehrsmitteln bewältigen, z. B. einen anderen Fahrgast fragen, wo man für einen unbekannten Zielort aussteigen muss.			
Ich kann nach dem Weg fragen und detaillierten Anweisungen folgen.			
Ich kann in einem Gespräch manchmal die Initiative ergreifen (z. B. um auf ein neues Thema zu kommen); ich bin aber im Gespräch sehr stark von der Partnerin/vom Partner abhängig.			
Ich kann Gefühle wie Überraschung, Freude, Trauer, Interesse und Gleichgültigkeit ausdrücken und auf entsprechende Gefühlsäusserungen anderer reagieren.			
Ich kann ohne Vorbereitung an Gesprächen über vertraute Themen teilnehmen.			
Ich kann meine Meinung sagen, wenn es darum geht, Probleme zu lösen oder praktische Entscheidungen zu treffen (z. B. was man am Abend macht).			
Ich kann Zustimmung äussern und höflich widersprechen.			
Ich kann in Diskussionen mit Bekannten und Freunden persönliche Ansichten und Meinungen austauschen.			
Ich kann auf einfache Art darüber diskutieren, wie man z. B. einen Ausflug organisieren könnte.			

Das Sprachenportfolio wird von den Lernern regelmäßig ergänzt, bis ein attraktives Dokument entsteht, das europaweit die persönliche Kompetenz beim Sprachenlernen dokumentiert. Die Qualität der Leistungsbeurteilung wird durch das Portfolio aus verschiedenen Gründen verbessert (Schneider 1999):

Gründe für die Portfolioentwicklung

- Zeugnisnoten haben nur für Personen einen Informationswert, denen die Rahmenbedingungen (z. B. Klassenniveau, Curriculum) bekannt sind. Das Sprachenportfolio verwendet daher detaillierte Niveaubeschreibungen auf der Basis des europäischen Referenzrahmens *(Council of Europe* 1996). Hier werden sechs Sprachniveaus unterschieden, die ggf. noch feiner unterteilt werden können (Abb. VIII.7). Auf dem Niveau B2 müssen Lerner als Zuschauer englischsprachiger Fernsehsendungen oder Filme beispielsweise folgende Ansprüche erfüllen: "Can understand most TV news and current affairs programmes. Can understand documentaries, live interviews, talk shows, plays and the majority of films in standard dialect." *(Council of Europe* 1996: 174) Im Gegensatz zu Zeugnisnoten werden Kompetenzen transparent und vergleichbar, so dass die Mobilität in Europa erleichtert wird.

Abb. VIII.7
Referenzniveaus

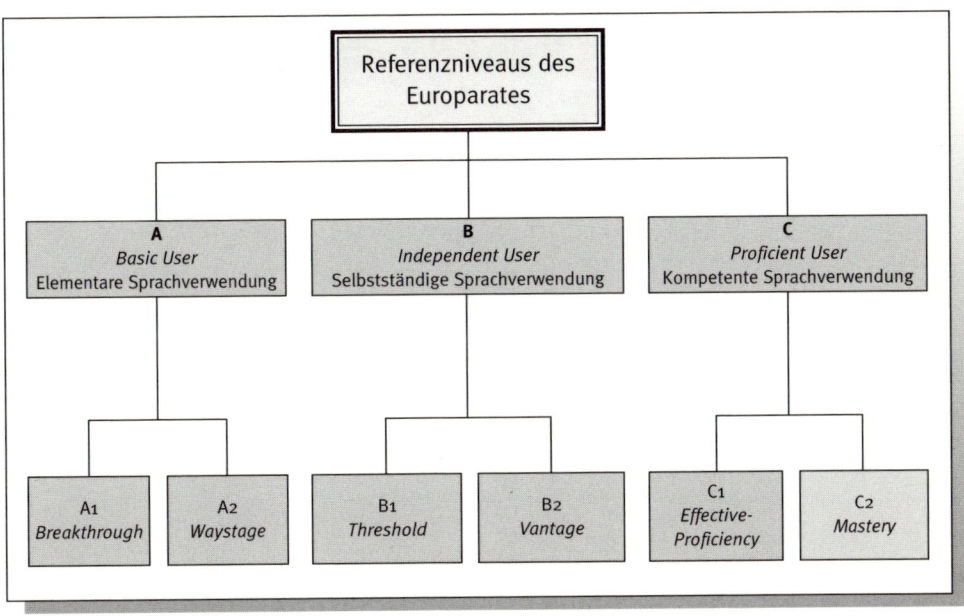

- Das Sprachenportfolio ergänzt die oft üblichen punktuellen und summativen Leistungsbeurteilungen durch eine kontinuierliche, mit dem Lernprozess verbundene Evaluation.
- Das Sprachenportfolio erleichtert es Lernern, selbst Verantwortung für die Beurteilung ihrer Leistungen zu übernehmen und fördert so das autonome Lernen.
- Das Sprachenportfolio motiviert auf Grund seiner Dokumentations- und Vorzeigefunktion dazu, dem Sprachenlernen besondere Aufmerksamkeit zu schenken, sich mit möglichst vielen Sprachen auseinander zu setzen und umfassende kulturelle Erfahrungen zu sammeln.

In dieser Hinsicht kann das Sprachenportfolio einen positiven *backwash* auf den Unterricht ausüben. Ob dieser Effekt tatsächlich erreicht wird, hängt davon ab, ob Lehrer bereit sind, einen Teil der Leistungsbewertung an ihre Schüler abzugeben und mit ihnen systematisch Formen des Self-Assessment zu trainieren.

Mind Map zum Kapitel VIII

LEISTUNGS-BEURTEILUNG

Self-Assessment/Peer-Assessment

- Lernerzentrierter Unterricht
- Europäisches Sprachenportfolio

Funktionen
- Selektion
- Allokation
- Diagnose
- Placement
- Feedback
- Achievement
- Proficiency

Backwash

Datenerhebung

Ziele
- Formative assessment
- Summative assessment
- Norm-referencing
- Criterion-referencing
- Self-referencing

Methoden
- Tagebuch
- Checklisten
- Skalen
- Holistische Bewertung
- Analytische Bewertung

Organisation
- Individuelles Assessment
- Gruppen-Assessment
- Assessment-Stationen
- Vereinbarungen

Klassenarbeiten Klausuren

Geschlossene Aufgaben
- Multiple-Choice
- Cloze
- C-Test
- Informationstransfer
- Diktate

Halboffene Aufgaben
- Kurzantworten
- Nacherzählungen
- Angeleitetes Schreiben

Offene Aufgaben

Pragmatisches Testen

Qualitätskriterien

Validität
- Face validity
- Content validity
- Construct validity
- Predictive validity
- Concurrent validity
- Response validity

Reliabilität
- Intra-rater
- Inter-rater

Weiterführende Literatur

- Einführungen zu Assessment und Evaluation

J. Charles Alderson, Caroline Clapham und Dianne Wall (1995): *Language Test Construction and Evaluation*. Cambridge: Cambridge UP.

Saskatchewan Education (1991): *Student Evaluation: A Teacher Handbook*. Regina: Saskatchewan Education. [Bezugsadresse: Curriculum and Instruction Branch, Saskatchewan Education, 2220 College Avenue, Regina, Saskatchewan, S4P 3V7, Canada, oder als Download im PDF-Format:
http://www.sasked.gov.sk.ca/docs/phg0p0.html .

Cyril Weir (1990): *Communicative Language Testing*. New York: Prentice Hall.

Cyril Weir und Jon Roberts (1994): *Evaluation in ELT*. Oxford: Blackwell.

- Sprachenzertifikate

Bernard Spolsky (1995): *Measured Words*. The Development of Objective Language Testing. Oxford: Oxford UP.

Im Internet findet sich eine Übersicht wichtiger *English Language Examinations* unter:
http://www.britcoun.org/english/exams/engexamsuk.htm .
und unter
http://www.toefl.org/ .

- Europäisches Sprachenportfolio

Informationen und Links unter
http://culture.coe.fr/lang/eng/eedu2.5.html .

IX. Literaturdidaktik

Neben nicht-fiktionalen Textsorten nimmt im Englischunterricht in Deutschland die Literatur einen festen Platz ein. Sie hilft Lernern, eigene und fremde Kulturen besser zu verstehen, ein ästhetisches Bewusstsein auszubilden, Einblicke in menschliche Verhaltensweisen zu gewinnen, verschiedene Sehweisen kennen zu lernen und Welten zu entdecken, die nur der Imagination zugänglich sind. Darüber hinaus trägt das Lesen literarischer Texte dazu bei, Erkenntnisse über die Funktionsweise von Sprache zu gewinnen und das Ausdrucksvermögen zu verbessern. Die Einbeziehung von Literatur in den Fremdsprachenunterricht lässt sich vor allem anhand von folgenden Modellen begründen (vgl. Carter/Long 1991, Lazar 1993, Bredella/Delanoy 1999a):

Modelle zur Begründung von Literatur im Fremdsprachenunterricht

Interkultureller Fremdsprachenunterricht (→ Kap. IV)

- **Das interkulturelle Modell:** Literatur kann in einem interkulturellen Fremdsprachenunterricht dazu dienen, Fremdverstehen zu fördern. Gerade weil literarische Texte zu unterschiedlichen Deutungen einladen, es ermöglichen, sich in Charaktere hineinzuversetzen und fremde Perspektiven zu erfahren, sind sie in besonderem Maße geeignet, das Verhältnis von eigener und fremder Kultur zu überdenken und überkommene Vorstellungen zu revidieren.
- **Das Sprachmodell:** Literarische Texte können als Ausgangspunkt für sprachliche Aktivitäten dienen, z. B. wenn Lerner gebeten werden, eine Kurzgeschichte zu komplettieren oder einen Zeitungsartikel auf der Basis der gelesenen Geschichte zu schreiben.
- **Das Selbsterfahrungsmodell:** Literarische Texte dienen der Selbsterfahrung von Lernern, der Erweiterung ihrer Horizonte, der Schärfung ihrer Urteilskraft und der Sensibilität gegenüber eigenen und fremden Vorstellungen. Solche Erfahrungen tragen zu einer positiven Sehweise der Literatur bei und zum Etablieren einer lebenslangen Lesekultur.

Lernerrollen im Literaturunterricht

Lerner nehmen in diesen Modellen verschiedene Rollen ein: als *literary critics* entwickeln sie kritisches und analytisches Denken, als *literary scholars* erwerben sie Wissen über Literatur und die Fähigkeit zur Interpretation, als *poets* experimentieren sie kreativ mit Sprache, als *appreciative readers* lernen sie, sich an Literatur zu erfreuen und Lesen als Bestandteil ihres Lebens zu sehen, als *humanists* begreifen sie Literatur als Möglichkeit, allem Menschlichen mit Empathie zu begegnen und als *competent language users* erwerben sie Fertigkeiten, die notwendig sind, um literarische Texte zu lesen und zu verstehen.

Jane Spiro (1991) leitet aus diesen Rollen im Umgang mit der Literatur den Begriff der „literarischen Kompetenz" *(literary competence)* ab, der folgende Bereiche aufweist:

literarische Kompetenz

- Verstehen des Inhaltes
- Kenntnis des Kontextes (z. B. Autorenbiographie, kultureller, sozialer, historischer und geographischer Hintergrund)
- Fähigkeit zu Empathie (durch Hineinversetzen in Ereignisse und Charaktere)
- Fähigkeit zur intellektuellen Auseinandersetzung (mit Charakteren, Handlung, *setting*, Erzählperspektiven, Diktion, rhetorischen Figuren, Atmosphäre, Reim, Metrum usw.)
- Befähigung zur Kreativität (Gefühle auszudrücken, Ereignisse, *settings* und Charaktere zu beschreiben, poetische Sprache zu verwenden)
- Kenntnis von verschiedenen Möglichkeiten der Interpretation (z. B. *New Criticism*, Rezeptionsästhetik, Dekonstruktion usw.)

Je nach Bedürfnissen von Schülern und Lehrern können die hier erwähnten Kompetenzen unterschiedlich akzentuiert werden. Dabei lassen sich Wege aufgreifen, die Schüler bereits im privaten oder schulischen Umgang mit Literatur beschritten haben. Einige versetzen sich beim Lesen nämlich in die Charaktere oder in die Handlung hinein, andere visualisieren die fiktionalen Ereignisse im Hinblick auf ihre eigene Wirklichkeit oder beobachten das Geschehen wie ein Schachspiel, und wieder andere, meist ältere Lerner, machen sich die Qualitäten eines Textes bewusst und möchten sich darüber mit anderen austauschen (Protherough 1986).

Vorerfahrungen der Schüler/innen

Das folgende Kapitel behandelt mit Blick auf die gymnasiale Oberstufe zunächst Ansätze, die Literaturwissenschaft und Literaturdidaktik anbieten, um Literatur allein oder gemeinsam mit anderen zu lesen und zu verarbeiten, um die erwähnte „literarische Kompetenz" zu erlangen. Im Anschluss hieran geht es um die Textauswahl. In einem abschließenden Abschnitt wird der Aspekt der Literatur im frühen Fremdsprachenunterricht und in der Sekundarstufe I aufgegriffen.

Aus literaturwissenschaftlicher Sicht gibt es unterschiedliche Möglichkeiten, an einen literarischen Text heranzugehen. *New Criticism*, Strukturalismus, Poststrukturalismus und Dekonstruktivismus stellen den Text selbst in den Mittelpunkt, Hermeneutik und Rezeptionsästhetik zielen auf das Wechselspiel zwischen Leser und Text, die biographische Literaturwissenschaft versucht, eine Beziehung zwischen Autor und Text herzustellen, die feministische Literaturkritik und der *New Historicism* gehören zu den kontextorientierten Ansätzen, die das literarische Werk in einen größeren Zusammenhang stellen (Eagleton 1988, Klarer 1994, Ahrens 1995). Berührungspunkte zwischen der Literaturdidaktik und der Literaturwissenschaft sollen im Folgenden anhand des *New Criticism*, der Rezeptionsästhetik und der postmodernen Kritik der Interpretation aufgezeigt werden. Dabei muss

Literaturwissenschaft und Literaturdidaktik

man jedoch bedenken, dass sich in der Literaturwissenschaft i. d. R. ein Wissenschaftler mit dem Text auseinander setzt, während in der Schule eine trianguläre Beziehung zwischen Text, Lernern und Lehrern entsteht. Die Art und Weise, wie Literatur in der Schule gelesen wird, hängt damit sowohl von den zugrundeliegenden Modellen der Interpretation als auch von der Gewichtung der Lerner-, Lehrer-, und Textseite ab.

New Criticism und Textanalyse

Der *New Criticism*, der zwischen 1920 und 1960 großen Einfluss in der Literaturwissenschaft hatte, stellt die Autonomie des sprachlichen Kunstwerkes in den Mittelpunkt, das unabhängig von biographischen, historischen und gesellschaftlichen Bezügen gesehen wird. Durch das

close reading

Verfahren des *close reading* versucht man, elementare Merkmale des Textes zu analysieren und so seine Geschlossenheit nachzuweisen. Eine solche Textbezogenheit findet sich auf literaturdidaktischer Seite beispielsweise in vielen Aufgaben der von Egon Werlich und Hildegard Steinkamp herausgegebenen *Sammlung Lensing 2*, in Werlichs (1986)

Interpretationsgespräch

„Interpretationsgespräch" und in Peter Freeses (1979) Fragenkatalog zur Analyse von *short stories*. Im Französischunterricht hat sie in der sog. *explication de texte* Tradition. Eine emotionale Auseinandersetzung mit Literatur tritt in den Hintergrund, die Unterrichtsmethodik ist eher lehrerzentriert, wie etwa folgender Auszug aus einem Interpretationsgespräch zu John Wains *Hurry on Down* zeigt (Werlich 1986: 92):

L   Mmhm. At the end of this episode with Sheila, there is another, more telling reference to this break.

S4 It's on p. 21: "... as he ran he knew that he was running away from everything that, up to that moment, had been his life."

L   Thank you, that's the sentence I had in mind. Let's underline it in the text. Which are the important words with reference to Charles's position in life?

S5 I think it's the reference to "everything that … had been his life".

L   Yes. Let's mark the words "his life" with an additional line. Why are these words so important?

S6 They show that Charles's experience in the Tharkles' house means more to him than only the break with Sheila. Charles realises that it means a break with his life "up to that moment", as the text says.

Die Hermeneutik und Rezeptionsästhetik stellen das dynamische Zusammenspiel von Leser und Text in den Mittelpunkt: „Autor und Leser also teilen in sich das Spiel der Fantasie, das überhaupt nicht in Gang käme, beanspruchte der Text mehr, als nur Spielregel zu sein. Denn das Lesen wird erst dort zum Vergnügen, wo unsere Produktivität ins Spiel kommt, und das heißt, wo Texte eine Chance bieten, unser Vermögen zu bestätigen." (Iser 1994: 176) Im Unterricht wird nicht mehr eine systematische, textbezogene Analyse angestrebt, sondern eher ein ästhetisches Lesen (Bredella 1996: 18): "Aesthetic reading directs our attention to the interaction between text and reader and encourages us to explore how the text affects us. This implies that aesthetic reading includes a reflective element and is characterized by the dialectic between involvement and detachment." Und: "Aesthetic reading is based on what readers bring to the text. Without their experiences, recollections, associations and speculations there would be no aesthetic experience. But the aesthetic experience also modifies what is brought to the text." Ein solches Lesen wird beispielsweise im Rezeptionsgespräch, wie es Wilfried Brusch (1986) vorschlägt, gefördert. Nach Bruschs Vorstellung erfolgt die Textentschlüsselung vorwiegend assoziativ und ichbezogen, wobei die Rolle des Lehrers nicht mehr die des Vermittlers ist, sondern die des Moderators, der eine offene, vertrauensvolle Atmosphäre schafft, der das Erarbeitete ordnet, zusammenfasst und Ergebnisse an der Tafel sichert. Zudem besteht die Möglichkeit, dass auch Schüler die Gesprächsleitung übernehmen, was zusätzlich die angestrebte symmetrische Interaktion zwischen Lehrern und Schülern fördert.

Hermeneutik und Rezeptionsästhetik

ästhetisches Lesen

Rezeptionsgespräch

fremdsprachenunterricht-
liches Gespräch

Ähnlich wie Bruschs Rezeptionsgespräch ist Rudolf Nissens „fremdsprachenunterrichtliches Gespräch" einzuordnen, das „auf Miteinanderreden, Austausch von eigenem und anderem angelegt [...] ist." (Nissen 1989: 216) Ein solches Gespräch ist gleichzeitig

- UNTERRICHTSGESPRÄCH als institutionelle Veranstaltung und in Abgrenzung zu anderen Arbeits- und Sozialformen in der Schule;
- REZEPTIONSGESPRÄCH, weil das Werk in der aktiven interpretativen Mitarbeit der verschiedenen Leser in der Klasse entsteht;
- EVALUATIONSGESPRÄCH, weil die unterschiedlichen Ansichten der Beteiligten im Gespräch kommentiert und bewertet werden;
- LERNGESPRÄCH, weil die Schüler kommunikativ, kognitiv und sprachlich gefordert sind.

response strategies

Schüler haben dabei die Möglichkeit, sich auf sehr unterschiedliche Weise einzubringen (*response strategies*, Beach/Marshall 1991):

- *Engaging:* Sie können Emotionen äußern (z. B. *This is boring, What a dumb story, It was gripping*).
- *Describing:* Sie können einzelne Textteile, die sie für wichtig erachten, beschreiben, um sie besser zu verstehen.
- *Conceiving:* Sie können aus den Handlungsweisen der Figuren bestimmte Charaktereigenschaften ableiten und sich über deren Bedeutung für die Handlung äußern.
- *Explaining:* Sie können Handlungsweisen der Charaktere erklären, z. B. im Hinblick auf die Familiensituation oder auf politische, wirtschaftliche und kulturelle Bedingungen.
- *Connecting:* Sie können Beziehungen zu eigenen Erfahrungen oder zu anderen Texten herstellen, die sie gelesen haben.
- *Interpreting:* Sie können den Text interpretieren und über seinen Sinn sprechen.
- *Judging:* Sie können Werturteile abgeben, z. B. über die Verhaltensweisen der Charaktere oder über die Qualität des Textes.

Trotz unterschiedlicher Grundsätze lassen sich Textanalyse und Rezeptions- bzw. fremdsprachenunterrichtliches Gespräch durchaus verknüpfen: „In optimaler Gestaltung können Interpretation (als Rekonstruktion des ursprünglichen Sinns als auch Wahrnehmung der

Form des Textes) und Gespräch (zur Klärung der subjektiven Bedeutung des Textes) im wechselseitigen Bezug verwirklicht werden." (Brusch 1986: 70)

Didaktische Konsequenzen aus der Rezeptionsästhetik ergeben sich nicht nur für das Unterrichtsgespräch, sondern zeigen sich auch in produktiven Verfahren. Diese bieten Schülern, die begrifflich weniger abstrakt denken, eine Chance, ihr Textverstehen unter Beweis zu stellen (Mundzeck 1990, Spinner 1999):

produktive Verfahren

Typische Beispiele für produktive Aufgaben, bei denen „Rezeptionstexte" der Lerner entstehen, sind (vgl. Collie/Slater 1987, Greenwood 1988, Duff/Maley 1990, für ein Kursmaterial Collie/Slater 1993):

- das Führen von Interviews mit Charakteren,
- Briefwechsel zwischen Charakteren,
- das Entwerfen von Plakaten zu den Figuren,
- Träume bzw. innere Monologe von Figuren zu erfinden,
- Textgenres zu verändern, z. B. eine Kurzgeschichte zu dramatisieren,
- einen Nachruf für eine Figur zu verfassen,
- ein psychiatrisches Gutachten für eine Figur zu erstellen,
- Einträge für *„Who's Who"* zu Charakteren zu schreiben,
- Gedichte graphisch zu gestalten.

Solche Aufgaben sind auch im Hinblick auf das eingangs erwähnte Sprachmodell fruchtbar, weil sie den Spracherwerb durch *input* (über den Text), *output* und *negotation of meaning* fördern. Sie lassen sich in den verschiedenen Phasen des unterrichtlichen Leseprozesses verwirklichen. So ist beispielsweise das Cover eines Buches in der *pre-reading*-Phase in eine Geschichte umsetzbar, wobei sich eine Erwartungshaltung für die eigentliche Textrezeption aufbaut. In der *while-reading*-Phase können der Fortgang der Handlung kontinuierlich auf großen Postern graphisch entwickelt oder Steckbriefe der Charaktere entworfen werden. In der *post-reading*-Phase ist z. B. das Erstellen von Rezensionen möglich. Aufgaben können auch den Umfang eines Projektes einnehmen, z. B. wenn Schüler im Anschluss an J. D. Salingers Roman *The Catcher in the Rye* eine Fernsehshow inszenieren, um der Frage nachzugehen, "What will become of Holden? Holden Caulfield at 45" (Legutke 1996).

Rezeptionstexte und Spracherwerb (→ Kap. II)

Produktive Verfahren im Literaturunterricht verweisen auf eine Tendenz, die sich auch in der Literaturwissenschaft findet, nämlich die zunehmende Kritik an der Interpretation. Bereits 1964 stellt Susan Sontag in ihrem berühmt gewordenen Aufsatz *Against Interpretation* fest: "Like the fumes of the automobile and of heavy industry which befoul the urban atmosphere, the effusion of interpretations of art today poisons our sensibilities." (Sontag 1964:7) In der zeitgenössischen Literaturtheorie lassen sich drei verschiedene Richtungen isolieren, die Axel Spree (1995) als ästhetisch fundierte Interpretationskritik, erkenntnistheoretisch fundierte Interpretationskritik und wissenschaftstheoretisch fundierte Interpretationskritik bezeichnet. Alle drei Richtungen haben direkt oder indirekt Spuren im Fremdsprachenunterricht hinterlassen (Weskamp 1997b).

Die ästhetisch fundierte Interpretationskritik reagiert auf die experimentellen Literaturformen nach 1945. Während die moderne Literatur des beginnenden 20. Jahrhunderts geradezu nach Entschlüsselung verlangt, macht die postmoderne Kunst unserer Zeit genau das Gegenteil. In performativen und selbstreflektiven Formen wie

Metafiktion, *non-fiction*-Romanen, *Living Theatre* und *Happenings* wird die Kunst anarchisch und antiformal und will entsprechend weniger gedeutet als erlebt werden. Nicht die Tiefe ist von Relevanz, sondern die Oberfläche. Aus dieser Sicht wird die Interpretation als das Finden von Sinn der Literatur und Kunst nicht mehr gerecht, weil sie ein Erleben geradezu verhindert. Abgesehen von der postmodernen Literatur können in der Schule auch traditionelle

Lesestoffe durch diese neue Rezeptionsweise eine ästhetische Präsenz gewinnen, die die Interpretation nicht zu leisten vermag. Lerner nehmen dabei weniger die Rolle der Rezipienten ein als die von Akteuren, die sich emotional, handelnd und spielerisch mit Texten auseinander setzen, z. B. in Form von Pantomimen, Standbildern, darstellendem Spiel oder durch das Malen von Bildern.

Die erkenntnistheoretische Literaturkritik ist mit Begriffen wie „Poststrukturalismus" und „Dekonstruktivismus" und Autoren wie Roland Barthes, Michel Foucault, Jaques Derrida, J. Hillis Miller oder Paul de Man verbunden. Traditionell geht man davon aus, dass ein gemeinsamer Sinnzusammenhang existiert, der Leser und Text umschließt und der ein Verstehen literarischer Werke ermöglicht (vgl. Fohrmann/Müller 1988b). Texte erscheinen demnach als Arrangements

von Signifikanten (sprachliche Zeichen), denen ein eindeutiges Signifikat (Konzept) zugeordnet werden kann. Im Poststrukturalismus nun wird diese Eins-zu-Eins-Relation als idealistisch entlarvt und davon ausgegangen, dass die Bedeutung eines Signifikanten aus einem unendlichen Spiel von Signifikanten resultiert. Das Problem lässt sich in der Analogie zum Nachschlagen in einem (einsprachigen) Wörterbuch verdeutlichen: Man findet eigentlich keine Bedeutung, sondern wiederum Signifikanten, deren Bedeutung man wiederum nachschlagen könnte, so dass man letztlich nie zu einem endgültigen Sinn kommt. Für die Interpretation literarischer Texte hat diese Sehweise enorme Folgen: Wenn jede Bedeutungszuweisung automatisch zu weiteren Bedeutungen führt, deren Spuren man immer weiter verfolgen kann, dann müssen anstelle von Einheit, Geschlossenheit und Sinnzuweisung Offenheit, Unbegrenzbarkeit und Verweigerung abschließender Sinnzuweisung treten. Es ist also prinzipiell unmöglich, außerhalb des unendlichen Textes zu leben, den die Welt vorgibt. Diese Sehweise, dass jeder Text „als Teil eines universalen Intertexts erscheint, durch den er in allen seinen Aspekten bedingt wird" (Pfister 1985: 25) lässt sich mit dem Begriff der Intertextualität fassen, der auch in der Literaturdidaktik diskutiert wird. Wolfgang Hallet (1998) beispielsweise spricht von einem „Fremdsprachenunterricht als Spiel der Texte" und meint: „Ein fremdsprachlicher Textunterricht, der dieses Spiel der Texte ‚fröhlich bejaht' kann nur offen konzipiert sein: hinsichtlich der in ihn einzubringenden Primär- und Ausgangstexte, hinsichtlich des Zugangs zu Referenztexten, hinsichtlich der Formen und Inhalte der Schülertexte, hinsichtlich interpretativer Aussagen." (Hallet 1998: 7)

In einem solchen intertextuellen Konzept von Textverständnis kommt also jedem einzelnen Text die Funktion des Knotenpunktes in einem Netzwerk unterschiedlicher Diskurse zu, in die der literarische Text eingebunden ist. Dieses Netzwerk besteht nicht nur aus Biographien, Interpretationen, Geschichtsbüchern, Belletristik usw., sondern auch aus Schüleräußerungen, Popsongs, Fernsehsendungen und *Bravo*-Artikeln, weil jede Äußerung, jeder Text Auswirkungen auf alle anderen Texte hat und damit auch auf den zur Debatte stehenden Primärtext. Intertextuelle Arbeit dient dazu, dass jeder Einzelne die „brodelnde Vielfalt des Textes für einen Augenblick vereint" (Eagleton 1988: 123). Wenn Schüler nämlich erfahren, dass das Gespräch mit anderen, die Lektüre weiterer Texte, ein Erlebnis oder ein Ereignis den Ursprungstext verändern kann, dann wird Literaturunterricht nicht nur anregender und schülerorientierter, sondern man kann ihm letztlich nicht

Spiel der Signifikanten

Intertextualität

literaturdidaktische Konsequenzen

Schüler als Knotenpunkte im Universum der Texte

entrinnen. Mit dem Zuschlagen eines Buches oder mit dem Klingelzeichen endet die Auseinandersetzung nicht, sondern sie beginnt womöglich erst: Die Erfahrung, dass Bedeutung auf eine unbegrenzte Zahl anderer Bedeutungen verweist, ist ja an keinen zeitlichen Rahmen gebunden, denn so wie die Lektüre spätere Wahrnehmung verändert, so verändern auch spätere Wahrnehmungen die ursprüngliche Lektüre. Der Literaturunterricht wird so zum Ort, an dem man sich immer wieder über Texte austauschen kann und Erlebnisse miteinander teilt.

Die wissenschaftstheoretisch fundierte Kritik der Interpretation will die Literaturwissenschaft aus der Hermeneutik herauslösen und negiert die von Wilhelm Dilthey (1833-1911) aufgestellte These, dass Geistes- und Naturwissenschaften verschiedene wissenschaftliche Methoden verwenden. Siegfried J. Schmidts (1980, 1982) EMPIRISCHE

LITERATURWISSENSCHAFT, die in diesem Zusammenhang zu nennen ist, basiert vor allem auf dem radikalen Konstruktivismus und der Systemtheorie. Aus konstruktivistischer Sicht ist Wahrnehmung immer

das Ergebnis eines individuellen Verarbeitungsprozesses im Gehirn, sodass Bedeutung subjektabhängig und variabel wird. Hieraus ergibt sich, „dass Texte (Kommunikationsmittel) nicht Bedeutung besitzen, sondern dass Kommunikationsteilnehmer interaktiv oder konsensuell vereinbarten Kommunikationsmitteln durch kognitive Operationen Bedeutungen zuordnen. Die ‚Textbedeutung' wird, so ließe sich formulieren, vom materiellen Substrat abgekoppelt und in den kognitiven Bereich der Kommunikationsteilnehmer verlagert." (Spree 1995: 111) Im Gegensatz etwa zu rezeptionsästhetischen Theorien ändert sich aber für Schmidt nicht nur der Ort der Bedeutung, sondern auch die Ziele und die Dimension der Literaturwissenschaft. Die

Interpretation gehört nicht länger zu ihrem Aufgabenbereich, sondern wird zum Analyseobjekt. Der literarische Text büßt seine Funktion als zentraler Gegenstand literaturwissenschaftlicher Untersuchungen ein und wird Bestandteil eines Literatursystems, in dem sich verschiedene Handlungsrollen identifizieren lassen: Produktion, Vermittlung, Rezeption und Verarbeitung. Diese Handlungsrollen sind voneinander

abhängig: Ein Autor produziert einen literarischen Text, ein Vermittler (Verleger/Lektor, Kritiker) gibt den Text an andere Menschen weiter, der Rezipient liest ihn und versucht ihn als literarisch zu begreifen, und ein Verarbeiter (Dramaturg, Theater-, Filmregisseur usw.) setzt ihn kreativ um, z. B. in eine Spielvorlage. Schmidt (1982) hat auf der Basis der empirischen Literaturwissenschaft auch Hinweise für die Literaturdidaktik gegeben. Als oberstes fachliches Lernziel des Literaturunterrichts sieht er nicht länger das Vermögen zur Interpretation, sondern die Befähigung zur Teilnahme am Literatursystem mit allen seinen Handlungsrollen und die Qualifikation zur Analyse dieses Handlungssystems. Über diese zwei Aspekte, Befähigung zur Teilnahme und zur Analyse, führt Schmidt (1982: 223-224) aus:

Ziele des Literaturunterrichts

1 „Bei der Einübung in Prozesse Literarischer Kommunikation im Rahmen der vier Handlungsrollen muss den Schülern klar gemacht werden, wie sie die Auseinandersetzung mit Aspekten von LITERATUR mit ihrer eigenen Lebenssituation, ihren Bedürfnissen und Interessen vermitteln können. Dies wird um so leichter möglich sein, wenn die Beschäftigung mit LITERATUR ausgeweitet wird auf den Gesamtbereich der Faktoren im LITERATUR-System; und wenn die Beschäftigung mit ‚literarischen Werken' nicht dadurch pervertiert wird, dass die ‚richtige' Interpretation gefunden werden soll, sondern dazu dient, sich in solidarischer Kommunikation über ‚Lesarten' und deren Bedingungen zu verständigen, die für die individuelle Entwicklung der Schüler relevant sein können."

Befähigung zur Teilnahme am Literatursystem

2 „Bei der Analyse von Prozessen Literarischer Kommunikation bietet sich als Methode vor allem Gruppen- und Projektarbeit an, möglichst in fachübergreifender Weise." – Denkbar sind z. B. Projekte wie „Das Lesepublikum im viktorianischen England", „Die Literaturkritik und der Buchmarkt" oder „Die Rolle der Literatur in der Gesellschaft". Hier ergibt sich eine Verbindung zu Konzepten der aktiv-kritischen Medienverwendung.

Analyse des Literatursystems

aktiv-kritische Medienverwendung (→ Kap. VII)

Insgesamt bleibt festzuhalten: Sowohl in der Literaturwissenschaft als auch in der Literaturdidaktik existieren eine Reihe von Strömungen, die die traditionelle Interpretation von Texten kritisch sehen und nach Alternativen suchen. Die Forderung eines schüler- und handlungsorientierten Literaturunterrichts ist somit nicht nur aus pädagogischer Sicht, sondern auch aus fachwissenschaftlicher Sicht sinnvoll begründbar. Dies ist ein Grund mehr, Fachwissenschaft und Fachdidaktik nicht unabhängig voneinander zu sehen, sondern ihren wechselseitigen Bezug zu einer Verbesserung der Unterrichtsqualität zu nutzen.

Neben den methodischen Blickwinkel tritt in der Literaturdidaktik die Frage der Auswahl von Texten. Während Hochschulstudenten meist eine verbindliche Leseliste an die Hand bekommen, ist der Kanon in der Schule relativ offen. Allerdings hat diese Offenheit anscheinend zu einem heimlichen Kanon geführt, zu dem auf der Seite der Prosa William Goldings *Lord of the Flies*, Aldous Huxleys *Brave New World*, George Orwells *Nineteen Eighty-Four* und J. D. Salingers *The Catcher in the Rye* gehören (Nünning 1997). Die Popularität dieser Werke in der Schule mag sich aus Leseerfahrungen der Lehrer und aus dem Vorhandensein von Modellinterpretationen und Kursmaterialien erklären. Es wäre nun sicherlich voreilig, diese Romane wegen der Häufigkeit ihrer schulischer Verwendung abzuklassifizieren. Auch aus unabhängiger Sicht sind viele von ihnen durchaus lesenswert, wie die Liste der 100 besten englischsprachigen Romane des 20. Jahrhunderts des *Board of the Modern Library* (dem immerhin auch bedeutende zeitgenössische Schriftsteller wie Antonia S. Byatt, Salmon Rushdie und Joyce Carol Oates angehören) zeigt. Problematisch wird der heimliche Kanon erst dann, wenn man ihn unhinterfragt übernimmt. Dies gilt im Prinzip natürlich auch für „alternative Hitlisten", wie sie Ansgar Nünning (1998) beispielsweise für das Drama vorgeschlagen hat. Da Lehrer es mit sehr unterschiedlichen Lerngruppen zu tun haben, müssen sie letztlich allein oder in Zusammenarbeit mit den Lernern immer wieder neu über die zu lesenden Texte entscheiden. Dies erfordert zum einen, dass Lehrer, die Schülern Spaß am Lesen vermitteln wollen, selbst viel lesen, um eine Auswahl treffen zu können, und zum anderen, dass sie die Wahl eines Textes

bewusst treffen. Peter Freese (1981) hat hierzu ein Modell vorgelegt, mit dessen Hilfe Lehrer Selektionskriterien im Hinblick auf die unterschiedlichsten Zielsetzungen entwickeln können (Abb. IX.1). Dabei rücken auch Bereiche des Literatursystems im Sinne Siegfried J. Schmidts in den Blickpunkt. So kann ein Lehrer Erich Segals *Love Story* auswählen, „weil dieser Roman mit der höchsten Erstauflage in der Geschichte des Buchdrucks einer der am weitesten verbreiteten Texte der Gegenwartsliteratur ist und deswegen auch in der Schule zur Kenntnis genommen werden muss" (Freese 1981: 72). Er kann aber auch Kurt Vonneguts *Slaugherhouse-Five* lesen, „weil dieser Roman auf unverwechselbare und höchst originelle Weise innovative Strategien des Erzählens vorführt und so die Schüler mit experimentellen Darstellungsweisen bekannt macht" (Freese 1981: 73). Da in der Schule insgesamt nur sehr wenige literarische Ganztexte gelesen werden, sind solche Entscheidungen im Hinblick auf die Bildungsziele der Schule von besonderer Bedeutung.

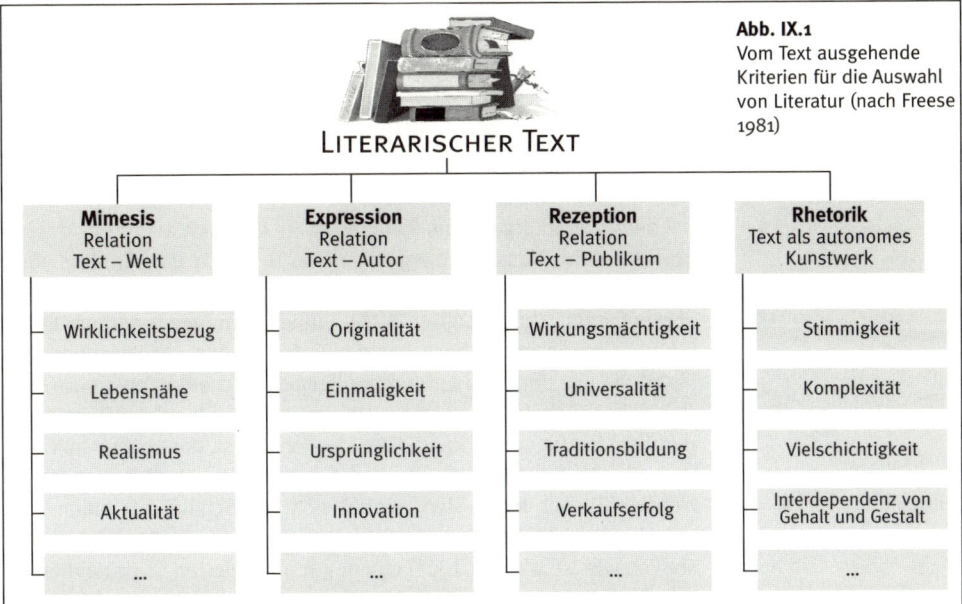

Abb. IX.1
Vom Text ausgehende
Kriterien für die Auswahl
von Literatur (nach Freese
1981)

Mimesis Relation Text – Welt	**Expression** Relation Text – Autor	**Rezeption** Relation Text – Publikum	**Rhetorik** Text als autonomes Kunstwerk
Wirklichkeitsbezug	Originalität	Wirkungsmächtigkeit	Stimmigkeit
Lebensnähe	Einmaligkeit	Universalität	Komplexität
Realismus	Ursprünglichkeit	Traditionsbildung	Vielschichtigkeit
Aktualität	Innovation	Verkaufserfolg	Interdependenz von Gehalt und Gestalt
...	...	...	...

Gehen die hier vorgestellten Überlegungen vor allem von den Werken aus, so kann man natürlich auch aus der Sicht der Rezipienten, also der Schüler, argumentieren, denn: "many of the great works of literature [...] have little appeal for adolescents simply because they portray experiences about which adolescents have little understanding" (Beach/Marshall 1991: 161).

von den Schülern ausgehende Auswahlkriterien

Mögliche Aspekte, um zu einer schülerorientierten Textauswahl zu gelangen, sind:

- Der Inhalt des Buches: Jugendliche entscheiden sich meist für ein Buch, weil sie die Thematik (Liebe, Freundschaft, Sport usw.) interessiert.
- Der *plot*: Jugendliche bevorzugen oft Geschichten mit klarer Struktur und eindeutiger, spannender Handlungsentwicklung.
- Die Erzählperspektive: Viele Heranwachsende lesen lieber „Ich"-Erzählungen, weil diese eine Identifizierung mit der Perspektive des Erzählers erleichtern.
- Verfilmungen: Verfilmungen tragen zur Attraktivität von Büchern bei.

- **Leseerfahrungen:** Positive Erfahrungen, die Schüler mit einem Autor oder einem bestimmten Genre gemacht haben, lassen den Wunsch aufkommen, ähnliche Bücher zu lesen.
- **Einstellungen zum Lesen:** Lerner, die sich für kompetente Leser halten, werden eher aufgeschlossen sein, schwierige Bücher zu lesen, als Lerner, die Misserfolge beim Lesen hatten.

Textauswahl durch Schüler

Bei der Anwendung solcher Kriterien sollte man sich allerdings dessen bewusst sein, dass Schülergruppen, z. B. durch den Einfluss ihrer *peers*, sehr unterschiedlich auf Literatur reagieren können und Vorüberlegungen durch Lehrer nicht immer zum gewünschten Erfolg führen. Gerade im Hinblick auf die Zielsetzungen schülerorientierter Verfahren wie dem des autonomen Fremdsprachenlernens muss man sich daher auch die Frage stellen, wie man die Auswahl der Texte in die Hand der Schüler legen kann. Eine Möglichkeit ist, dass Lehrer aus ihrer Leseerfahrung verschiedene Werke vorstellen, ähnlich wie Buch-

Lehrer als Buchhändler

händler Bücher empfehlen, wobei sich die Schüler für einen Titel entscheiden. Die Schüler können dabei Fragen an ihre Lehrer stellen, ähnlich wie sie dies auch bei einem gut informierten Buchhändler vor der Kaufentscheidung täten. Der Informationsvorsprung der Lehrer wird so zur natürlichen Ressource für Schüler. Ein anderer Weg stellt

Nutzung des Datenmaterials von Internetbuchhandlungen

die Benutzung von Internetbuchhandlungen wie *amazon.com* dar, die Schüler und Lehrer mit wichtigen Informationen zu Büchern versorgen, die als Hilfen bei der Auswahl von Texten dienen, die auch Leser in England oder Amerika bewegen. Zu den einzelnen Titeln erhält man neben den üblichen bibliographischen Hinweisen Inhaltsangaben, Rezensionen, Lesermeinungen und Leseproben (vgl. Abb. IX.2). Um die nicht mehr zu überblickende Titelanzahl einzuschränken, empfiehlt es sich, von einer der Listen der Literaturpreise auszugehen, die in den vergangenen Jahren vergeben wurden. Damit ist auch gleichzeitig das literarische Niveau gesichert. Um Schüler nicht zu überfordern, kann man sich zudem auf ein bestimmtes Buchumfeld einigen, z. B. die *Booker*-Preisträger seit 1990. Die Schüler arbeiten in Kleingruppen zusammen und entscheiden sich auf der Basis der Inhaltsangaben und der positiven und negativen Argumente, die sie in den Rezensionen und Lesermeinungen finden, für einen Titel. Dieser wird dann entweder von der Kleingruppe selbstständig bearbeitet oder die Gruppe versucht, ihre Mitschüler von ihrem Roman zu überzeugen, sodass ein Roman mit der gesamten Klasse gelesen wird (Weskamp 2000).

Abb. IX.2
Ausschnitt einer Seite der
Internetbuchhandlung
amazon.com

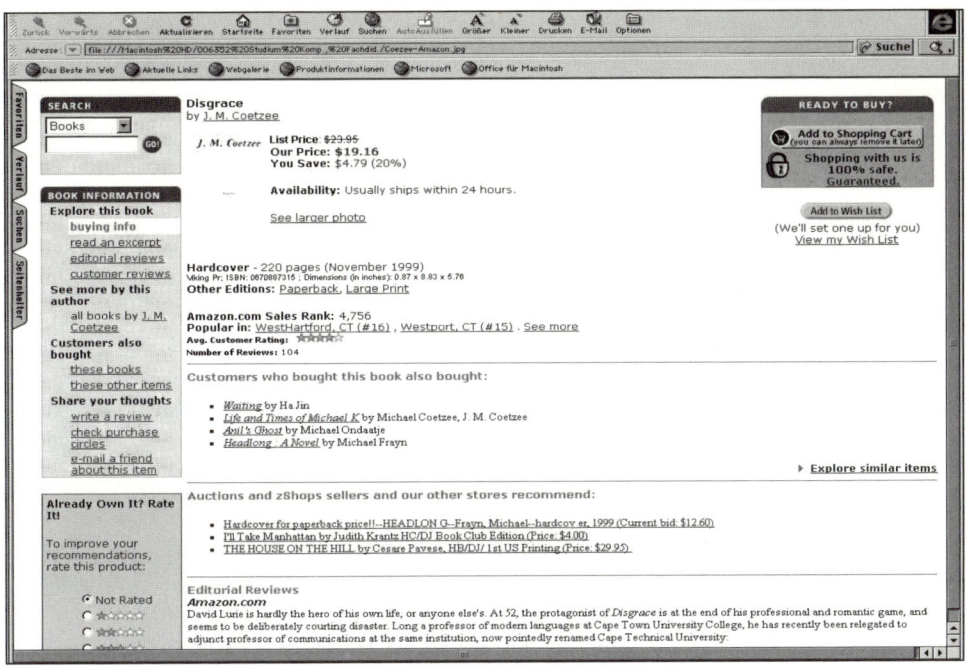

Im Unterricht der gymnasialen Oberstufe sind literarische Texte häufig Teil einer größeren Sequenz wie „American Dreams – American Nightmares" oder „The Postcolonial Experience". Jeder Text erscheint dabei als Intertext und wird somit nicht als abgeschlossene Einheit rezipiert, sondern in Abhängigkeit von den vorangegangenen und nachfolgenden Texten. Gerade hierin, so hat Helene Decke-Cornill (1994) gezeigt, liegt eine Gefahr, aber auch eine Chance des Unterrichts mit Texten. Sind diese inhaltlich einseitig, z. B. in der Darstellung Amerikas, dann werden bestimmte Diskurse favorisiert und gesellschaftliche Tendenzen unhinterfragt stabilisiert. Sind Texte jedoch so ausgewählt, dass zwischen ihnen „Reibereien, Brüche, Ungereimtheiten, Unvereinbarkeiten" (Decke-Cornill 1994: 281) entstehen, dann wecken sie ein Klärungs- und Redebedürfnis. Hierbei machen Schüler die Erfahrung, dass die Welt oft komplizierter ist, als man ursprünglich gedacht hat und dass man sich öffnen muss, um zu einer differenzierteren Betrachtung zu gelangen.

literarische Texte als Teil
einer Unterrichtseinheit

Während fremdsprachlicher Literaturunterricht früher hauptsächlich im Zusammenhang mit der gymnasialen Oberstufe diskutiert wurde, rücken heute zunehmend auch die unteren Klassen und insbesondere die Grundschule in den Mittelpunkt des Interesses. Dabei nimmt die *Against-Interpretation*-Bewegung eine zentrale Position ein, weil sie einen emotionalen, erfahrungsorientierten Zugang zur Literatur ermöglicht, der Kindern sehr entgegen kommt.

Vorlesen und Erzählen als Teil der Grundschuldidaktik

Im frühen Fremdsprachenunterricht kann das Vorlesen und Erzählen von Märchen, Sagen, Fabeln, Bilderbücher, *nursery rhymes* und *nonsense verses* zum übergeordneten Unterrichtsprinzip werden und so „zum Gegenentwurf zu dem für den Fremdsprachenunterricht charakteristischen Vorgehen gemäß eines Sprachlehrplans" (Kubanek-German 1992: 12). Auch die Waldorfschulen, die seit 1919 Fremdsprachenunterricht ab der ersten Klasse erproben, betonen die Wichtigkeit der Literatur. Hier werden die Kinder „von Anfang an nicht nur in die pragmatische, sondern auch in eine reiche, künstlerisch geformte, poetische Sprache eingeführt." (Jaffke/Maier 1997) Als Gründe hierfür lassen sich formulieren (vgl. Ellis/Brewster 1991, Hermes 1994):

Legitimation von Literatur im frühen Fremdsprachenunterricht

- Kinder sind das Vorlesen von Geschichten (meist) von zu Hause gewöhnt, sodass sie das Gefühl haben, die Fremdsprache in einem bekannten Kontext zu erlernen.
- In einem Klassenklima, in dem Literatur zu einem Erlebnis wird, in dem Kinder Gefühlen freien Lauf lassen können und in dem sie sich mit anderen austauschen können, entsteht nicht nur eine positive Grundhaltung zur Literatur, sondern auch zum Erlernen von Fremdsprachen allgemein.
- Kinder hören dieselben Geschichten gerne immer wieder. Hierdurch werden Sprachstrukturen und Vokabular auf natürliche Weise wiederholt.
- Durch das Lesen und Vorlesen werden Lernerstrategien trainiert. Schüler durchschauen, dass Geschichten häufig eine ähnliche Struktur aufweisen, die es ihnen gestattet, Voraussagen (mit Hilfe anderer) zu treffen. Und sie nutzen Illustrationen als Hilfsmittel für das Textverständnis.
- Literatur kann den Wunsch zur Kommunikation mit anderen verstärken, z. B., wenn Schüler ihren Lehrern und Mitschülern Fragen zur Geschichte stellen oder wenn sie einen Teil selbst nacherzählen.

Frühes Fremdsprachenlernen wird oft mit dem Erstsprachenerwerb verglichen, bei dem Babys, lange bevor sie sprechen, die Fähigkeit zur Spracherkennung besitzen und durch eine Art „stille Phase" *(silent period)* gehen, bevor sie plappern und einzelne Wörter sprechen. Diese stille Phase ist zwar nicht unbedingt für den Erwerb einer Fremdsprache notwendig, jedoch scheinen einige Lerner sie zu brauchen, um durch Zuhören zunächst ein bestimmtes Maß an Sprachkompetenz aufzubauen. Manche Schüler sprechen auch nahezu unhörbar vor sich hin *(private speech)*, um für sich selbst die neue Sprache zu erproben (R. Ellis 1994a). Werner Bleyhl (1998: 67) meint dazu: „Individuelle Unterschiede in der Sprechbereitschaft der Lerner gilt es zu respektieren; sprechfaul scheinende Lerner werden über physisches Agieren in die Interaktion einbezogen. Ist das für sie persönlich erforderliche Niveau der Sicherheit erreicht, werden sie sich bei sie betreffenden Fragen auch verbal an der Interaktion beteiligen."
Gerade im Zusammenhang mit dem Vorlesen und dem Erzählen von Geschichten erhalten die Lerner die Möglichkeit, Sprachverarbeitung unter Beweis zu stellen, ohne notwendigerweise selbst in der Fremdsprache zu agieren. Dies geschieht beispielsweise, wenn Kinder mimisch und gestisch reagieren, wenn sie einen Teil der Handlung pantomimisch nachspielen oder in ein Bild oder eine Collage umsetzen. Solche Aktivitäten stellen zudem sicher, dass Schüler, die sich in der „stillen Phase" befinden, tatsächlich die fremde Sprache erlernen und nicht einfach eine Vermeidungshaltung an den Tag legen.

Da das Eintauchen in die neue Sprache vornehmlich über das Ohr geschieht und Kinder sich durch das Zuhören in ein neues Lautsystem einfinden, spielt die Qualität des Vorlesens eine wesentliche Rolle. Lehrer sollten sich daher regelmäßig anhand von Tonband- oder Videoaufzeichnungen vergewissern, wie sie vorlesen. Mögliche Kriterien zur Selbstbeurteilung finden sich in Abb. IX.3 (vgl. Brewster/ Ellis/Girard 1992: 168). Spracherwerb durch Lesen wird schließlich immer dann besonders gut gelingen, wenn die Formel „Lesen plus" heißt, wenn man es also z. B. für den Vokabelerwerb nicht einfach beim Lesen belässt, sondern Lerner auf bestimmte Wörter aufmerksam macht, wenn man sie erklären lässt, wenn man Wörter auch in anderen Zusammenhängen verwendet, wenn man Vokabelspiele durchführt. Ein Wort im Kontext zu verstehen ist nur ein Teil der Vokabelkenntnis, zu der letztendlich auch ein adäquater und prozedualisierter Wortgebrauch gehört.

Seitenspalte (Randbemerkungen):
- Bezug zum Erstsprachenerwerb
- stille Phase
- *private speech*
- Aktivitäten zur Sicherung des Verständnisses
- Qualität des Vorlesens und Self-Assessment der Lehrer/innen
- Spracherwerb durch Lesen „plus"

Abb. IX.3
Selbstbeurteilung des
Vorlesens durch
Lehrkräfte

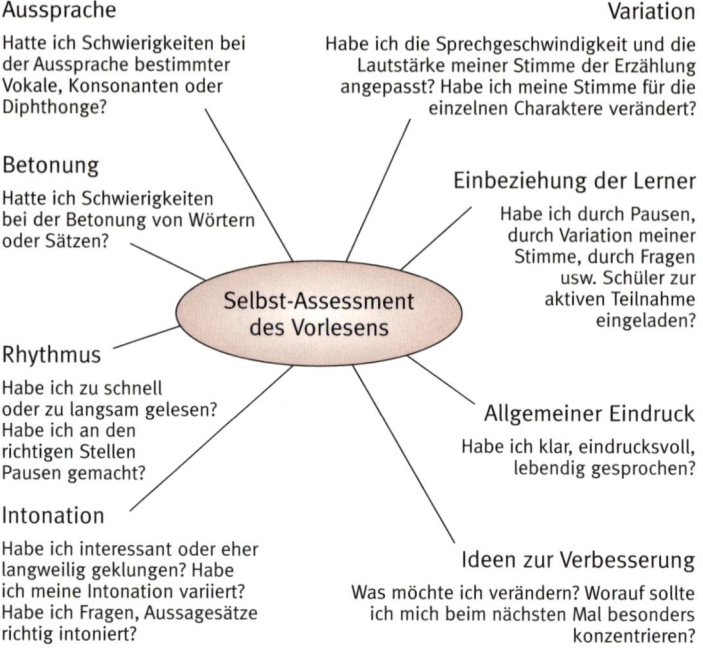

Ausspache

Hatte ich Schwierigkeiten bei
der Aussprache bestimmter
Vokale, Konsonanten oder
Diphthonge?

Variation

Habe ich die Sprechgeschwindigkeit und die
Lautstärke meiner Stimme der Erzählung
angepasst? Habe ich meine Stimme für die
einzelnen Charaktere verändert?

Betonung

Hatte ich Schwierigkeiten
bei der Betonung von Wörtern
oder Sätzen?

Einbeziehung der Lerner

Habe ich durch Pausen,
durch Variation meiner
Stimme, durch Fragen
usw. Schüler zur
aktiven Teilnahme
eingeladen?

Selbst-Assessment
des Vorlesens

Rhythmus

Habe ich zu schnell
oder zu langsam gelesen?
Habe ich an den
richtigen Stellen
Pausen gemacht?

Allgemeiner Eindruck

Habe ich klar, eindrucksvoll,
lebendig gesprochen?

Intonation

Habe ich interessant oder eher
langweilig geklungen? Habe
ich meine Intonation variiert?
Habe ich Fragen, Aussagesätze
richtig intoniert?

Ideen zur Verbesserung

Was möchte ich verändern? Worauf sollte
ich mich beim nächsten Mal besonders
konzentrieren?

Anknüpfungspunkte in der
Sekundarstufe I

An die Literatur als Element des frühen Fremdsprachenlernens kann in
den weiterführenden Schulen angeknüpft werden. Der Dorstener
Gymnasiallehrer Hans-Jörg Modlmayr hat gezeigt, dass Sprachenlernen ohne Lehrwerk, ausschließlich anhand von fiktionalen Texten
möglich ist. Er geht dabei zunächst vom *Ladybird Key Words Reading
Scheme* aus. Hierbei handelt es sich um eine Reihe von illustrierten
Büchern, die eigentlich für englischsprachige Kinder gedacht sind und
die mit einem Lesewortschatz von zwei Wörtern pro Seite beginnen,
um bei 1200-1500 Wörtern je Buch zu enden. Später kommen Klassiker
der Kinder-, Jugend- und Erwachsenenliteratur hinzu, die gemeinsam
erarbeitet werden (Behrendt 1993, Modlmayr 1995).

Lyrik

Auch die Verwendung von Gedichten ist praktisch in allen Stufen
möglich, weil sie zu persönlichen Reaktionen auffordern und weil sie
durch ihren Rhythmus und durch ihre oft farbenfrohe Sprache im
Gedächtnis bleiben. Zudem laden Gedichte zum Experimentieren mit
Sprache ein: "One of the most important conditions for learning a
foreign language [...] is the opportunity to play with it [...]. Poetry is

par excellence the medium in which this can be done. All poets stretch the language in this way: by coining new words, creating new collocations, experimenting with sound, using old words in new ways, and so on. Learners can not only observe and share the experience of what others have dared to do with the language [...], but through interactive writing tasks they can also reach out for the limits of the possible themselves. In one sense, the writing of poetry is an ideal task for language learners because of its tolerance of 'error'. This is the sand-pit where guiltless children (and adults too) can try out their constructions." (Maley/Duff 1989: 9)

Mind Map zum Kapitel IX

LITERATURDIDAKTIK

Begründungszusammenhänge

- Interkulturelles Modell
- Sprachmodell
- Selbsterfahrungsmodell
- Lernerrollen
- Literarische Kompetenz
  - Literary critics
  - Literary scholars
  - Poets
  - Appreciative readers
  - Competent language users

Der Umgang mit Literatur

New Criticism: Interpretationsgespräch

Rezeptionsästhetik:
Rezeptionsgespräch
Fremdsprachenunterrichtliches Gespräch
Response strategies
Produktive Verfahren

Ästhetisch fundierte Interpretationskritik:
Lerner als Akteure

Erkenntnistheoretisch fundierte Interpretationskritik:
Lerner im Universum der Texte

Wissenschaftstheoretisch fundierte Interpretationskritik (empirische Literaturwissenschaft):
Teilnahme am Literatursystem
Analyse des Literatursystems

Textauswahl

- Offener Kanon
- Heimlicher Kanon
- Textbezogene Auswahl (Mimesis, Expression, Rezeption, Rhetorik)
- Schülerbezogene Textauswahl
- Textauswahl durch Schüler
- Texte als Bestandteil einer Unterrichtseinheit

Früher Literaturunterricht

- Vorlesen und Erzählen
- Berücksichtigung der stillen Phase
- Möglichkeit zur "private speech"
- Self-Assessment des Vorlesens
- Lesen "plus"
- Lyrik

- Allgemeine Einführungen

Lothar Bredella und Werner Delanoy, Hrsg. (1996): *Challenges of Literary Texts in the Foreign Language Classroom*. Tübingen: Narr.

Ronald Carter und Michael N. Long (1991): *Teaching Literature*. Harlow: Longman.

Weiterführende Literatur

- Literatur als Ressource für sprachliche Aktivitäten

Joanne Collie und Stephen Slater (1987): *Literature in the Language Classroom*. A Resource Book of Ideas and Activities. Cambridge: Cambridge UP.

Alan Duff und Alan Maley (1990): *Literature*. Oxford: Oxford University Press.

- Textdeutende Gespräche

Wilfried Brusch (1986): *Text und Gespräch in der fremdsprachlichen Erziehung*. Hamburg: ELT.

- Postmoderne Literaturtheorien und Fremdsprachendidaktik

Ralf Weskamp (1997): „Postmoderne Literaturtheorien: Folgen und Möglichkeiten für den fremdsprachlichen Literaturunterricht auf der gymnasialen Oberstufe". *Praxis des neusprachlichen Unterrichts* 44.4: 345-353.

- Literatur und frühes Fremdsprachenlernen

Gail Ellis und Jean Brewster (1991): *The Storytelling Handbook for Primary Teachers*. Harmondsworth: Penguin.

Ahrens, Rüdiger (1995): „Literaturwissenschaftliche Modelle". Rüdiger Ahrens, Wolf-Dietrich Bald und Werner Hüllen (1995): 301-309.

Ahrens, Rüdiger, Wolf-Dietrich Bald und Werner Hüllen, Hrsg. (1995): *Handbuch Englisch als Fremdsprache (HEF)*. Berlin: Schmidt.

Alderson, J. Charles (1984): „Reading in a Foreign Language: A Reading Problem or a Language Problem?". J. Charles Alderson und A. H. Urquhart , Hrsg. (1984): 1-27.

Alderson, J. Charles, Caroline Clapham und Dianne Wall (1995): *Language Test Construction and Evaluation*. Cambridge: Cambridge UP.

Alderson, J. Charles, und A. H. Urquhart, Hrsg. (1984): *Reading in a Foreign Language*. London: Longman.

Allwright, Dick, und Kathleen M. Bailey (1991): *Focus on the Language Classroom*. An Introduction to Classroom Research for Language Teachers. Cambridge: Cambridge University Press.

Altrichter, Herbert, und Peter Posch (1998): *Lehrer erforschen ihren Unterricht*. Eine Einführung in die Methoden der Aktionsforschung. 3. Aufl. Bad Heilbrunn: Klinkhardt.

Amor, Stuart (1999): „Authenticity in the Language Classroom". *Der fremdsprachliche Unterricht Englisch* 33.5: 4-17.

Anderson, John R. (1995): *Cognitive Psychology and Its Implications*. 4. Aufl. New York: Freeman.

Antonek, Janis L., Dawn E. McCormick und Richard Donato (1997): „The Student Teacher Portfolio as Autobiography: Developing a Professional Identity". *The Modern Language Journal* 81: 15-27.

Arnaud, Pierre J. L., und Henri Béjoint, Hrsg. (1992): *Vocabulary and Applied Linguistics*. Basingstoke: Macmillan.

Asher, James J. (1996): *Learning Another Language through Actions*. 5. Aufl. Los Gatos, CA: Sky Oaks.

Aßbeck, Johann (1999): *Englisch lernen mit System*. Berlin: Cornelsen.

Authentik (o. J.): *Authentik in English*. Ausgabe 6.1. [Dublin: Authentik Language Learning Resources].

Avard, Gary, et al. (1993): *Face to Face*. Speaking Activities for Beginners and Advanced Students. Berlin: Langenscheidt.

Bach, Gerhard (1996): „Interkulturelles Lernen". Gerhard Bach und Johannes-Peter Timm, Hrsg. (1996): 192-200.

Bach, Gerhard, und Johannes-Peter Timm, Hrsg. (1996): *Englischunterricht*. Grundlagen und Methoden einer handlungsorientierten Unterrichtspraxis. 2. Aufl. Tübingen: Francke.

Bailey, Kathleen M. (1996): „The Language Learner's Autobiography: Examining the 'Apprenticeship of Observation'". Donald Freeman und Jack C. Richards, Hrsg. (1996): 11-29.

Bailey, Kathleen M., und David Nunan (1996): *Voices from the Language Classroom.* Qualitative Research In Second Language Education. Cambridge: Cambridge UP, 1996.

Bardovi-Harlig, Kathleen (1999): „Exploring the Interlanguage of Interlanguage Pragmatics: A Research Agenda for Acquisitional Pragmatics". *Language Learning* 49: 677-713.

Bastian, Johannes, und Herbert Gudjons, Hrsg. (1993): *Das Projektbuch II.* Über die Projektwoche hinaus - Projektlernen im Fachunterricht. Hamburg: Bergmann & Helbig.

Batz, Richard, und Waltraud Bufe, Hrsg. (1991): *Moderne Sprachlehrmethoden.* Theorie und Praxis. Wege der Forschung, 623. Darmstadt: Wissenschaftliche Buchgesellschaft.

Bausch, Karl-Richard, et al., Hrsg. (1998): *Kognition als Schlüsselbegriff bei der Erforschung des Lehrens und Lernens fremder Sprachen.* Arbeitspapiere der 18. Frühjahrskonferenz zur Erforschung des Fremdsprachenunterrichts. Narr: Tübingen.

Bausch, Karl-Richard, Herbert Christ und Hans-Jürgen Krumm, Hrsg. (1994): *Interkulturelles Lernen im Fremdsprachenunterricht.* Arbeitspapiere der 14. Frühjahrskonferenz zur Erforschung des Fremdsprachenunterrichts. Tübingen: Narr.

Bausch, Karl-Richard, Herbert Christ und Hans-Jürgen Krumm, Hrsg. (1995): *Handbuch Fremdsprachenunterricht.* 3. Aufl. Tübingen: Francke.

Beach, Richard W., und James D. Marshall (1991): *Teaching Literature in the Secondary School.* San Diego: Harcourt Brace Jovanovich.

Beck, Ulrich (1986): *Risikogesellschaft.* Auf dem Weg in eine andere Moderne. Frankfurt/M.: Suhrkamp.

Behrendt, Babette (1993): *Gesteigerte Lern-Ergebnisse durch Lese-Erlebnisse mit englischsprachiger Literatur.* Ein neues Lehrgangsmodell von H.-J. Modlmayr. Dortmunder Konzepte zur Fremdsprachendidaktik, 2. Bochum: Brockmeyer.

Benson, Phil, und Peter Voller, Hrsg. (1997): *Autonomy and Independence in Language Learning.* London: Longman.

Bernhardt, Elizabeth B., und Michael L. Kamil (1995): „Interpreting Relationships between L1 and L2 Reading: Consolidating the Linguistic Threshold and the Linguistic Interdependence Hypotheses". *Applied Linguistics* 16: 15-34.

Bertelsmann Stiftung, Hrsg. (2000): *Lesen in der Schule.* Perspektiven der schulischen Leseförderung. 5. Aufl. Gütersloh: Verlag Bertelsmann Stiftung.

Biber, Douglas, et al. (1999): *Longman Grammar of Spoken and Written English*. Harlow: Longman.

Biber, Douglas, Susan Conrad und Randi Reppen (1998): *Corpus Linguistics*. Investigating Language Structure and Use. Cambridge: Cambridge UP.

Blanche, Patrick, und Barbara J. Merino (1989): „Self-Assessment of Foreign-Language Skills: Implications for Teachers and Researchers". *Language Learning* 39: 313-340.

Bleyhl, Werner (1998): „Selbstorganisation des Lernens – Phasen des Lehrens". Johannes-P. Timm, Hrsg. (1998): 60-69.

Bönsch, Manfred (1988): *Üben und Wiederholen im Unterricht*. 2. Aufl. München: Ehrenwirth/Veritas.

Boos, Rudolf (1997): „Autonomes Lernen – oder: (Um)wege zu einer innovativen Kultur des Lernens im Französischunterricht". *Praxis des neusprachlichen Unterrichts* 44: 396-404.

Borg, Simon (1999): „The Use of Grammatical Terminology in the Second Language Classroom: A Qualitative Study of Teachers' Practices and Cognitions". *Applied Linguistics* 20: 95-126.

Bouton, Lawrence F. (1999): „Developing Nonnative Speaker Skills in Interpreting Conversational Implicatures in English". Eli Hinkel, Hrsg. (1999): 47-70.

Bredella, Lothar (1980): *Das Verstehen literarischer Texte*. Stuttgart: Kohlhammer.

Bredella, Lothar (1996): „The Anthropological and Pedagogical Significance of Aesthetic Reading in the Foreign Language Classroom". Lothar Bredella und Werner Delanoy, Hrsg. (1996): 1-29.

Bredella, Lothar (1999): „Zielsetzungen interkulturellen Fremdsprachenunterrichts". Lothar Bredella und Werner Delanoy, Hrsg. (1999): 85-120.

Bredella, Lothar, und Herbert Christ, Hrsg. (1995): *Didaktik des Fremdverstehens*. Tübingen: Narr.

Bredella, Lothar, und Werner Delanoy, Hrsg. (1996): *Challenges of Literary Texts in the Foreign Language Classroom*. Tübingen: Narr.

Bredella, Lothar, und Werner Delanoy, Hrsg. (1999a): *Interkultureller Fremdsprachenunterricht*. Tübingen: Narr.

Bredella, Lothar, und Werner Delanoy (1999b): „Einleitung: Was ist interkultureller Fremdsprachenunterricht?". Lothar Bredella und Werner Delanoy, Hrsg. (1999): 11-31.

Breen, Michael P. (1985): „Authenticity in the Language Classroom". *Applied Linguistics* 6: 60-70.

Breuer, Rolf, und Rainer Schöwerling (1980): *Das Studium der Anglistik. Techniken und Inhalte.* 2. Aufl. München: Beck.

Brewster, Jean, Gail Ellis und Denis Girard (1992): *The Primary English Teacher's Guide.* Harmondsworth: Penguin.

Brindley, Geoff, Hrsg. (1995): *Language Assessment in Action.* Sydney: National Centre for Language Teaching and Research.

Broich, Ulrich, und Manfred Pfister, Hrsg. (1985): *Intertextualität. Formen, Funktionen, anglistische Fallstudien.* Tübingen: Niemeyer.

Brown, Gillian (1990): *Listening to Spoken English.* 2. Aufl. London: Longman.

Brumfit, Christopher, Hrsg. (1991): *Assessment in Literature Teaching.* London: Macmillan.

Bruner, Jerome (1996): *The Culture of Education.* Cambridge, Mass.: Harvard UP.

Brusch, Wilfried (1986): *Text und Gespräch in der fremdsprachlichen Erziehung.* Hamburg: ELT.

Burns, Anne, und Susan Hood, Hrsg. (1995): *Teachers' Voices: Exploring Course Design In a Changing Curriculum.* Sydney: National Centre for English Language Teaching and Research.

Buttjes, Dieter (1995): „Landeskunde-Didaktik und landeskundliches Curriculum". Karl-Richard Bausch, Herbert Christ und Hans-Jürgen Krumm, Hrsg. (1995): 142-149.

Buttjes, Dieter, Hrsg. (1981): *Landeskundliches Lernen im Englischunterricht.* Informationen zur Sprach- und Literaturdidaktik, 25. Paderborn: Schöningh.

Butzkamm, W., et al. (1977): „Methode". Konrad Schröder und Thomas Finkenstaedt, Hrsg. (1977): 156-163.

Byram, Michael (1997): *Teaching and Assessing Intercultural Communicative Competence.* Clevedon: Multilingual Matters.

Byrne, Donn, Hrsg. (1969): *English Teaching Extracts.* London: Longman.

Calda, Lee, Bernice E. Cullinan und Dorothy S. Strickland (1993): *Language, Literacy and the Child.* Fort Worth: Harcourt Brace.

Candlin, Christopher N. (1994): „General Editor's Preface". Michael McCarthy und Ronald Carter (1994): vii-x.

Carrell, Patricia L., Joanne Devine und David E. Eskey, Hrsg. (1988): *Interactive Approaches to Second Language Reading.* Cambridge: Cambridge UP.

Carrell, Patricia L., und Joan C. Eisterhold (1988): „Schema Theory and ESL Reading Pedagogy". Patricia L. Carrell, Joanne Devine und David E. Eskey, Hrsg. (1988): 73-92.

Carter, Ronald, und Michael McCarthy, Hrsg. (1988a): *Vocabulary and Language Teaching*. London: Longman.

Carter, Ronald, und Michael McCarthy (1988b): „Developments in the Teaching of Vocabulary". Ronald Carter und Michael McCarthy (1988a): 39-59.

Carter, Ronald, und Michael N. Long (1991): *Teaching Literature*. Harlow: Longman.

Chaudron, Craig (1988): *Second Language Classrooms*. Research on Teaching and Learning. Cambridge: Cambridge UP.

Christ, Herbert, und Michael K. Legutke (1996): *Fremde Texte verstehen*. Festschrift für Lothar Bredella zum 60. Geburtstag. Tübingen: Narr.

Christison, Mary Ann (1998): „An Introduction to Multiple Intelligence Theory and Second Language Learning". Joy M. Reid, Hrsg. (1998): 1-14.

Clapham, Caroline, und David Corson, Hrsg. (1997): *Language Testing and Assessment*. Encyclopedia of Language and Education. Band 7. Dordrecht: Kluwer.

Clark, R. E. (1994): „Media and Learning". Torsten Husén und T. Neville Postlethwaite, Hrsg. (1994): 3739-3744.

Coady, James (1997): „L2 Vocabulary Acquisition: A Synthesis of the Research". James Coady und Thomas Huckin, Hrsg. (1997): 273-290.

Coady, James, und Thomas Huckin, Hrsg. (1997): *Second Language Vocabulary Acquisition*. Cambridge: Cambridge UP.

Cohen, Andrew D. (1996): „Speech Acts". Sandra Lee McKay und Nancy H. Hornberger, Hrsg. (1996): 383-420.

Cohen, Andrew D. (1998): *Strategies in Learning and Using a Second Language*. London: Longman.

Cohn, Ruth C. (1994): *Von der Psychoanalyse zur themenzentrierten Interaktion – Von der Behandlung Einzelner zu einer Pädagogik für alle*. 12. Aufl. Stuttgart: Klett-Cotta.

Collie, Joanne, und Stephen Slater (1987): *Literature in the Language Classroom*. A Resource Book of Ideas and Activities. Cambridge: Cambridge UP.

Collie, Joanne, und Stephen Slater (1993): *Short Stories for Creative Language Classrooms*. Cambridge: Cambridge UP.

Collins, Allan, und Dedre Gentner (1980): „A Framework for a Cognitive Theory of Writing". Lee W. Gregg und Erwin R. Steinberg, Hrsg. (1980): 51-72.

Cooper, Richard, Mike Lavery und Mario Rinvolucri (1991): *Video*. Oxford: Oxford UP.

Cope, Bill, und Mary Kalantzis, Hrsg. (1993): *The Powers of Literacy*. A Genre Approach to Teaching Writing. London: Falmer.

Cotterall, Sara, und David Crabbe, Hrsg. (1999): *Learner Autonomy in Language Learning:* Defining the Field and Effecting Change. Frankfurt/M.: Lang.

Council of Europe, Hrsg. (1996): *Modern Languages: Learning, Teaching, Assessment*. A Common European Framework of Reference. Draft 2 of a Framework Proposal. Strasbourg: Council of Europe.

Csikszentmihalyi, Mihaly (1990): *Flow*. The Psychology of Optimal Experience. New York: Harper & Row.

Czerwenka, Kurt (1993): „Veränderte Gesellschaft - veränderte Schüler". *Der fremdsprachliche Unterricht Englisch* 27.4: 4-9.

Dam, Leni (1994): „How Do We Recognize an Autonomous Classroom?". *Die Neueren Sprachen* 93: 503-527.

Dam, Leni (1995): *From Theory to Classroom Practice*. Learner Autonomy, 3. Dublin: Authentik.

Damen, Louise (1987): *Culture Learning: The Fifth Dimension in the Language Classroom*. Reading, Mass.: Addison-Wesley.

Davies, Alan (1990): *Principles of Language Testing*. Oxford: Blackwell.

Davis, Paul, Barbara Garside und Mario Rinvolucri (1998): *Ways of Doing*. Students Explore Their Everyday and Classroom Processes. Cambridge: Cambridge UP.

Davis, Steven, Hrsg. (1992): *Connectionism - Theory and Practice*. New York: Oxford UP.

de Bot, Kees (1996): „Review Article: The Psycholinguistics of the Output Hypothesis". *Language Learning* 46: 529-555.

de Bot, Kees, Ralph B. Ginsberg und Claire Kramsch, Hrsg. (1991): *Foreign Language Research in Cross-cultural Perspective*. Amsterdam: Benjamins.

Decke-Cornill, Helene (1994): „Intertextualität als literaturdidaktische Dimension: Zur Frage der Textzusammenstellung bei literarischen Lektürereihen". *Die Neueren Sprachen* 93: 272-287.

DeKeyser, Robert M. (1995): „Learning Second Language Grammar Rules: An Experiment With a Miniature Linguistic System". *Studies in Second Language Acquisition* 17: 379-410.

Devitt, Seán (1997): „Interacting with Authentic Texts: Multilayered Processes". *The Modern Language Journal* 81: 457-469.

Dewey, John (1938): *Experience and Education*. New York: Touchstone.

Dewey, John (1964): *Demokratie und Erziehung*. Eine Einleitung in die philosophische Pädagogik. Braunschweig: Westermann.

DfEE [Department for Education and Employment] (1999): „Blunkett Unveils Proposals for National Curriculum from 2000". Pressemitteilung 208/99, 13. Mai 1999.

Dietrich, Ingrid, Hrsg. (1995): *Handbuch Freinet-Pädagogik*. Eine praxisbezogene Einführung. Weinheim: Beltz.

Dietrich, Ingrid, und Walter Hövel (1995): „Freinet-Pädagogik und Fremdsprachenunterricht". Ingrid Dietrich, Hrsg. (1995): 218-240.

Dirks, Una (1997): „Die geschlossenen Welten der Sprachschatz- und Grammatikarbeit ... – Ohne Kommunikative Kompetenz keine Allgemeinbildung im Englischunterricht". *Pädagogik* 49.7/8: 73-77.

Dirven, René (1990): „Pedagogical Grammar". *Language Teaching* 23: 1-18.

Dirven, Réne, und Martin Pütz (1993): „Intercultural Communication". *Language Teaching* 26: 144-156.

Donath, Reinhard (1996): *E-Mail-Projekte im Englischunterricht*. Authentische Kommunikation mit englischsprachigen Partnerklassen. Stuttgart: Klett.

Donath, Reinhard (1997): *Internet und Englischunterricht*. Stuttgart: Klett.

Donath, Reinhard, und Ingrid Volkmer (1997): *Das Transatlantische Klassenzimmer*. Tipps und Ideen für Online-Projekte in der Schule. Hamburg: Körber-Stiftung.

Donato, Richard (1994): „Collective Scaffolding in Second Language Learning". James P. Lantolf und Gabriela Appel, Hrsg. (1994): 33-56.

Donmall, B. Gillian (1985): *Language Awareness*. NCLE Papers and Reports, 6. London: Centre for Information on Language Teaching and Research.

Dörnyei, Zoltán (1994a): „Motivation and Motivating in the Foreign Language Classroom". *The Modern Language Journal* 78: 273-284.

Dörnyei, Zoltán (1994b): „Understanding L2 Motivation: On with the Challenge!". *The Modern Language Journal* 78: 515-523.

Dörnyei, Zoltán (1998): „Motivation in Second and Foreign Language Learning". *Language Teaching* 31: 117-135.

Doughty, Catherine, und Jessica Williams, Hrsg. (1998a): *Focus on Form in Classroom Second Language Acquisition*. Cambridge: Cambridge UP.

Doughty, Catherine, und Jessica Williams (1998b): „Pedagogical Choices in Focus on Form". Catherine Doughty und Jessica Williams, Hrsg. (1998a): 197-261.

Doyé, Peter (1996): „Prüfung der Handlungskompetenz durch pragmatische Tests". Gerhard Bach und Johannes-Peter Timm, Hrsg. (1996): 192-209.

Duff, Alan und Alan Maley (1990): *Literature*. Oxford: Oxford UP.

Eagleton, Terry (1988): *Einführung in die Literaturtheorie*. Sammlung Metzler, 246. Stuttgart: Metzlersche Verlagsbuchhandlung.

van Ek, J. A., und J. L. M. Trim (1998): *Threshold* 1990. 2. Aufl. Cambridge: Cambridge UP.

Edelhoff, Christoph, (1996): „Lehrerfortbildung: Wege zur Handlungskompetenz des Lehrers". Gerhard Bach und Johannes-Peter Timm, Hrsg. (1996): 251-267.

Edelhoff, Christoph, (1997): „Neue Wege im Englischunterricht: Schüler- und handlungsorienter EU an Gymnasien in der Sekundarstufe I". Vortrag. Landesinstitut Mecklenburg-Vorpommern für Schule und Ausbildung, Stralsund, 22.10.1997.

Edelhoff, Christoph, Hrsg. (1978): *Kommunikativer Englischunterricht*. Prinzipien und Übungstypologie. München: Langenscheidt-Longman.

Edelhoff, Christoph, Hrsg. (1996): *Kommunikativer Englischunterricht*. Prinzipien und Übungstypologie. Ein Handbuch für Lehrer. 2. Aufl. München: Langenscheidt-Longman.

Edelhoff, Christoph, und Christopher N. Candlin, Hrsg. (1989): *Verstehen und Verständigung*. Zum 60. Geburtstag von Hans-Eberhard Piepho. Bochum: Kamp.

Edelhoff, Christoph, und Eckart Liebau (1988): *Über die Grenze*. Praktisches Lernen im fremdsprachlichen Unterricht. Weinheim: Beltz.

Edelhoff, Christoph, und Ralf Weskamp, Hrsg. (1999): *Autonomes Fremdsprachenlernen*. Ismaning: Hueber.

Edmondson, Willis, und Juliane House (1993): *Einführung in die Sprachlehrforschung*. Tübingen: UTB-Francke.

Ehrmann, Madeline E. (1998): „Field Independence, Field Dependence, and Field Sensitivity in Another Light". Joy M. Reid, Hrsg. (1998): 62-70.

Eichheim, Hubert, Hrsg. (1992): *Fremdsprachenunterricht – Verstehensunterricht*. Wege und Ziele. Standpunkte zur Sprach- und Kulturvermittlung, 1. München: Goethe-Institut.

Ellis, Gail, und Barbara Sinclair (1989): *Learning to Learn English*. A Course in Learner Training. Learner's Book. Cambridge: Cambridge UP.

Ellis, Gail, und Jean Brewster (1991): *The Storytelling Handbook*. A Guide for Primary Teachers of English. Harmondsworth: Penguin.

Ellis, Nick C., Hrsg. (1994a): *Implicit and Explicit Learning of Languages*. London: Academic Press.

Ellis, Nick (1994b): „Introduction: Implicit and Explicit Learning - An Overview". Nick C. Ellis (1994a): 1-31.

Ellis, Rod (1994a): *The Study of Second Language Acquisition*. Oxford: Oxford UP.

Ellis, Rod (1994b): „A Theory of Instructed Second Language Acquisition". Nick C. Ellis (1994a): 79-114.

Ellis, Rod (1997): „SLA and Language Pedagogy: An Educational Perspective". *Studies in Second Language Acquisition* 19: 69-92.

Elsholz, Heide und Helene Lipowsky (2000): „Lesen als Teil des Bildungsauftrags der Schule". Bertelsmann Stiftung, Hrsg. (2000): 9-18.

Eysenck, Michael W., und Mark T. Keane (1995): *Cognitive Psychology*. A Student's Handbook. 3. Aufl. Hove: Erlbaum.

Færch, Claus, und Gabriele Kasper, Hrsg. (1983a): *Strategies in Interlanguage Communication*. London: Longman.

Færch, Claus, und Gabriele Kasper (1983b): „Plans and Strategies in Foreign Language Communication". Claus Færch und Gabriele Kasper, Hrsg. (1983a): 20-60.

Fairclough, Norman, Hrsg. (1992a): *Critical Language Awareness*. London: Longman.

Fairclough, Norman (1992b): „Introduction". Norman Fairclough, Hrsg. (1992a): 1-29.

Farthing, Matthew, und Alan Pulverness (1993): *Reflections*. The Macmillan Short Course Programme. Level 3. London: Macmillan.

Feyerabend, Paul (1986): *Wider den Methodenzwang*. Frankfurt/M.: Suhrkamp.

Fichten, Wolfgang (1993): *Unterricht aus Schülersicht*. Die Schüler- wahrnehmung von Unterricht als erziehungswissenschaftlicher Gegenstand und ihre Verarbeitung im Unterricht. Frankfurt/M.: Lang.

Finselbach, Michael (1995): *Beispiel für ein langfristig angelegtes E-Mailprojekt im Fremdsprachenunterricht: Global Novel '94/'95*. Wiesbaden: Hessisches Institut für Bildungsplanung und Schul- entwicklung.

Fischer, Gerhard (1998): *E-mail in Foreign Language Teaching*. Towards the Creation of Virtual Classrooms. Tübingen: Stauf- fenburg.

Fleischhack, Erich, und Hellmut Schwarz (1993): *Cornelsen English Grammar*. Ausgabe B. Berlin: Cornelsen.

Flitner, Andreas (1996): *Reform der Erziehung.* Impulse des 20. Jahrhunderts. Jenaer Vorlesungen. 3. Aufl. München: Piper.

Flower, Linda, et al., Hrsg. (1990a): *Reading-to-Write.* Exploring a Cognitive and Social Process. New York: Oxford UP.

Flower, Linda (1990b): „The Role of Task Representation in Reading-to-Write". Linda Flower et al., Hrsg. (1990a): 35-75.

Flowerdew, John, Hrsg. (1994a): *Academic Listening.* Research Perspectives. Cambridge: Cambridge UP.

Flowerdew, John (1994b): „Research of Relevance to Second Language Lecture Comprehension – An Overview". John Flowerdew, Hrsg. (1994a): 7-29.

Fohrmann, Jürgen, und Harro Müller, Hrsg. (1988a): *Diskurstheorien und Literaturwissenschaft.* Frankfurt/M.: Suhrkamp.

Fohrmann, Jürgen, und Harro Müller, (1988b): „Einleitung: Diskurstheorien und Literaturwissenschaft". Jürgen Fohrmann und Harro Müller, Hrsg. (1988a): 9-21.

Freeman, Donald (1996): „The 'Unstudied Problem': Research on Teacher Learning in Language Teaching". Donald Freeman und Jack C. Richards, Hrsg. (1996): 351-378.

Freeman, Donald, und Jack C. Richards, Hrsg. (1996): *Teacher Learning in Language Teaching.* Cambridge Cambridge UP.

Freese, Peter (1979): „Zur Methodik der Analyse von Short Stories im Englischunterricht der Sekundarstufe II". Peter Freese, Horst Groene und Liesel Hermes, Hrsg. (1979): 38-71.

Freese, Peter (1981): „'Kanonbildung' und 'Wertungskompetenz': Zu den Problemen der Textauswahl für den fremdsprachlichen Literaturunterricht". Peter Freese und Liesel Hermes, Hrsg. (1981): 47-84.

Freese, Peter, Horst Groene und Liesel Hermes, Hrsg. (1979): *Die Short Story im Englischunterricht der Sekundarstufe II.* Theorie und Praxis. Informationen zur Sprach- und Literaturdidaktik, 23. Paderborn: Schöningh.

Freese, Peter, und Liesel Hermes, Hrsg. (1981): *Der Roman im Englischunterricht der Sekundarstufe II.* Theorie und Praxis. Informationen zur Sprach- und Literaturdidaktik, 11. 2. Aufl. Paderborn: Schöningh.

Freinet, Célestin (1981): *Praxis der Freinet-Pädagogik.* Hrsg. Hans Jörg. Paderborn: Schöningh.

Fricke, Dietmar, und Albert-Reiner Glaap, Hrsg. (1990): *Literatur im Fremdsprachenunterricht – Fremdsprache im Literaturunterricht.* Frankfurt/M.: Diesterweg.

Fried-Booth, Diana L. (1986): *Project Work*. Oxford: Oxford UP.

Friedlander, Alexander (1990): „Composing in English: Effects of a First Language on Writing in English as a Second Language". Barbara Kroll, Hrsg. (1990): 109-125.

Funke, Peter (1990): „Das Verstehen einer fremden Kultur als Kommunikationsprozess". *Die Neueren Sprachen* 89: 584-596.

Gardner, Howard (1993): *Frames of Mind*. The Theory of Multiple Intelligences. Tenth-anniversary Edition. New York: BasicBooks.

Gardner, R. C. (1985): *Social Psychology and Second Language Learning*. The Role of Attitudes and Motivation. The Social Psychology of Language, 4. London: Arnold.

Gardner, R. C., Paul F. Tremblay und Anne-Marie Masgoret (1997): „Towards a Full Model of Second Language Learning: An Empirical Investigation". *The Modern Language Journal* 81: 344-362.

Gardner, R. C., und P. D. MacIntyre (1993): „A Student's Contributions to Second-language Learning. Part II: Affective Variables". *Language Teaching* 26: 1-11.

Gass, Susan M. und Joyce Neu, Hrsg. (1996): *Speech Acts Across Cultures*. Challenges to Communication in a Second Language. Studies on Language Acquisition, 11. Berlin: Mouton de Gruyter.

Gaudig, Hugo (1911): „Der Begriff der Arbeitsschule". Lotte Müller, Hrsg. (1969): 8-25.

Gehring, Wolfgang (1999): *Englische Fachdidaktik*. Eine Einführung. Berlin: Schmidt.

Gelfert, Hans-Dieter (1998): *Einführung in das Studium*. studium kompakt, Anglistik · Amerikanistik. Berlin: Cornelsen.

Gergen, Kenneth J. (1994): *Realities and Relationships*. Soundings in Social Construction. Cambridge, Mass.: Harvard UP.

Gergen, Kenneth J. (1995): „Social Construction and the Educational Process". Leslie P. Steffe und Jerry Gale, Hrsg. (1995): 18-39.

Gibson, Robert (2000): *Intercultural Business Communication*. studium kompakt, Fachsprache Englisch. Berlin: Cornelsen & Oxford.

Gienow, Wilfried, und Karlheinz Hellwig (1996): „Prozessorientierung - ein integratives fremdsprachendidaktisches Konzept". *Der fremdsprachliche Unterricht Englisch* 30.1: 4-12.

Gienow, Wilfried und Karlheinz Hellwig, Hrsg. (1993): *Prozessorientierte Mediendidaktik im Fremdsprachenunterricht*. Frankfurt/M.: Lang.

von Glasersfeld, Ernst (1995): „A Constructivist Approach to Teaching". Leslie P. Steffe und Jerry Gale, Hrsg. (1995): 3-15.

von Glasersfeld, Ernst (1996): *Radikaler Konstruktivismus*. Ideen, Ergebnisse, Probleme. Frankfurt/M.: Suhrkamp.

Glöckel, Hans (1996): *Vom Unterricht*. Lehrbuch der Allgemeinen Didaktik. 3. Aufl. Bad Heilbrunn: Klinkhardt.

Gnutzmann, Claus (1997): „Language Awareness: Geschichte, Grundlagen, Anwendungen". *Praxis des neusprachlichen Unterrichts* 44: 227-236.

Gnutzmann, Claus, und Frank G. Königs, Hrsg. (1995): *Perspektiven des Grammatikunterrichts*. Tübinger Beiträge zur Linguistik, 404. Tübingen: Narr.

Goodman, Kenneth S. (1976): „Behind the Eye: What Happens in Reading". Harry Singer und Robert B. Ruddell, Hrsg. (1976): 470-496.

Goodman, Yetta M., und Kenneth S. Goodman (1990): „Vygotsky in a Whole-language Perspective". Luis C. Moll, Hrsg. (1990): 223-250.

Gopnik, Alison, und Andrew N. Meltzoff (1997): *Words, Thoughts, and Theories*. Cambridge, Mass.: MIT.

Greenwood, Jean (1988): *Class Readers*. Oxford: Oxford UP.

Gregg, Lee W., und Erwin R. Steinberg (1980): *Cognitive Processes in Writing*. Hillsdale, N. J.: Erlbaum.

Grotjahn, Rüdiger (1995): „Der C-Test: State of the Art". *Zeitschrift für Fremdsprachenforschung* 6.2: 37-60.

Hagemann, Wilhelm, und Gerhard Tulodziecki (1979): *Unterrichtsplanung und Medienentwicklung*. Studientexte zur Eigenerstellung von Medien durch den Lehrer. Köln: Verlagsgesellschaft Schulfernsehen.

Hagemann, Wilhelm, und Gerhard Tulodziecki (1980): *Einführung in die Mediendidaktik*. Studientexte. 3. Aufl. Köln: Verlagsgesellschaft Schulfernsehen.

Hallet, Wolfgang (1998): „Fremdsprachenunterricht als Spiel der Texte". *Der fremdsprachliche Unterricht Englisch* 32.4: 4-9.

Halliday, M. A. K., und Ruqaiya Hasan (1989): *Language, Context, and Text: Aspects of Language in a Social-semiotic Perspective*. Oxford: Oxford UP.

Harley, Trevor A. (1995): *The Psychology of Language*. From Data to Theory. Hove: Erlbaum.

Harris, Michael (1997): „Self-assessment of Language Learning in Formal Settings". *ELT Journal* 51: 12-20.

Hedge, Tricia (1988): *Writing*. Oxford: Oxford UP.

Heiland, Helmut (1992): *Maria Montessori*. 2. Aufl. Reinbek: Rowohlt.

Henriksen, Birgit (1999): „Three Dimensions of Vocabulary Development". *Studies in Second Language Acquisition* 21: 303-317.

Hermes, Liesel (1994): „Lektüren im elementaren Englischunterricht: Lesen und Erzählen". *Der fremdsprachliche Unterricht Englisch* 28.3: 14-17.

Hermes, Liesel (1996): *Förderung der Selbst- und Fremdwahrnehmung von Fremdsprachenlehrkräften zur Verbesserung der fremdsprachenmethodischen Kompetenz*. Koblenz: Staatliches Institut für Lehrerfortbildung.

Hessisches Kultusministerium, Hrsg. (1996): *Rahmenplan Neue Sprachen*. Sekundarstufe I. Frankfurt/M.: Diesterweg.

Heuer, Helmut, und Friedrike Klippel (1987): *Englischmethodik. Problemfelder, Unterrichtswirklichkeit und Handlungsempfehlungen*. Berlin: Cornelsen.

Hewings, Martin, und Sharon Goldstein (1998): *Pronunciation Plus*. Practice through Interaction. Cambridge: Cambridge UP.

Hinkel, Eli, Hrsg. (1999): *Culture in Second Language Teaching and Learning*. Cambridge: Cambridge UP.

Holec, Henri (1994): *Self-Directed Learning: An Alternative Form of Training*. Strasbourg: Council of Europe.

Hopkins, Andy (1996): *Modern Languages: Learning, Teaching and Assessment. A Common European Framework of Reference*. Guide for Textbook and Materials Writers. Draft 1. Strasbourg: Council of Europe.

Howatt, Anthony P. R. (1984): *A History of English Language Teaching*. Oxford: Oxford UP.

Huckin, Thomas, und James Coady (1999): „Incidental Vocabulary Acquisition in a Second Language: A Review". *Studies in Second Language Acquisition* 21: 181-193.

Hughes, Arthur (1989): *Testing for Language Teachers*. Cambridge: Cambridge UP.

Hunfeld, Hans (1992): „Hermeneutischer Fremdsprachenunterricht: Eine Skizze". Hubert Eichheim, Hrsg. (1992): 11-24.

Husén, Torsten, und T. Neville Postlethwaite, Hrsg. (1994): *The International Encyclopedia of Education*. Band 7. 2. Aufl. Kidlington: Elsevier-Pergamon.

Hutterer, Robert (1998): *Das Paradigma der Humanistischen Psychologie*. Entwicklung, Ideengeschichte und Produktivität. Wien: Springer.

Iser, Wolfgang (1994): *Der Akt des Lesens*. Theorie ästhetischer Wirkung. 4. Aufl. München: Fink.

Jaffke, Christoph, und Magda Maier (1997): *Fremdsprachen für alle Kinder*. Erfahrungen der Waldorfschulen mit dem Frühbeginn. Leipzig: Klett.

James, Carl (1998): *Errors in Language Learning and Use*. Exploring Error Analysis. London: Longman.

James, Carl, und Peter Garrett, Hrsg. (1991): *Language Awareness in the Classroom*. London: Longman.

Jank, Werner, und Hilbert Meyer (1994): *Didaktische Modelle*. 3. Aufl. Frankfurt: Cornelsen-Scriptor.

Johns, Tim (1994): „From Printout to Handout: Grammar and Vocabulary Teaching in the Context of Data-driven Learning". Terence Odlin, Hrsg. (1994a): 293-313.

Johnstone, Richard (1999): „Research on Language Learning and Teaching: 1997-98". *Language Teaching* 32: 137-156.

Jung, Udo O. H., Hrsg. (1998): *Praktische Handreichung für Fremdsprachenlehrer*. Bayreuther Beiträge zur Glottodidaktik, 2. Aufl. Frankfurt: Lang.

Kallenbach, Christiane, und Markus Ritter (2000): *Computerideen für den Englischunterricht*. Anregungen und Beispiele für den Software- und Internet-Einsatz. Berlin: Cornelsen.

Karbe, Ursula (1993): „Kreativität im Englischunterricht". *Der fremdsprachliche Unterricht Englisch* 27.2: 4-10.

Kasper, Gabriele, und Richard Schmidt (1996): „Developmental Issues in Interlanguage Pragmatics". *Studies in Second Language Acquisition* 18: 149-169.

Kern, Richard G. (1994): „The Role of Mental Translation in Second Language Reading". *Studies in Second Language Acquisition* 16: 441-461.

Kerres, Michael (2000): „Internet und Schule: Eine Übersicht zu Theorie und Praxis des Internet in der Schule". *Zeitschrift für Pädagogik* 46: 113-130.

Klafki, Wolfgang (1994): *Neue Studien zur Bildungstheorie und Didaktik*. 4. Aufl. Weinheim: Beltz.

Klarer, Mario (1994): *Einführung in die anglistisch-amerikanistische Literaturwissenschaft*. Darmstadt: Wissenschaftliche Buchgesellschaft.

Kleinschroth, Robert (1992): *Sprachen lernen*. Der Schlüssel zur richtigen Technik. Reinbek: Rowohlt.

Klippel, Friedrike (1994): „Cultural Aspects in Foreign Language Teaching". *Journal for the Study of British Cultures* 1: 49-61.

Kluge, Walter (1978): „The Tempest (Der Sturm)". Ina Schabert, Hrsg. (1978): 536-544.

Kohonen, Viljo (1992): „Experiential Language Learning: Second Language Learning as Cooperative Learner Education". David Nunan, Hrsg. (1992): 14-39.

Kortmann, Bernd (1999): *Linguistik: Essentials.* studium kompakt, Anglistik · Amerikanistik. Berlin: Cornelsen.

Kramsch, Claire (1993): *Context and Culture in Language Teaching.* Oxford: Oxford UP.

Krapels, Alexandra Rowe (1990): „An Overwiew of Second Language Writing Process Research". Barbara Kroll, Hrsg. (1990): 37-56.

Krapp, Andreas (*comp.*) (1995): *Konstruktion von Wissen.* Thementeil der Zeitschrift für Pädagogik 41.6.

Krashen, Stephen (1989): „We Acquire Vocabulary and Spelling by Reading: Additional Evidence for the Input Hypothesis". *The Modern Language Journal* 73: 440-464.

Krashen, Stephen D. (1982): *Principles and Practice in Second Language Acquisition.* Oxford: Pergamon.

Kroll, Barbara, Hrsg. (1990): *Second Language Writing.* Research Insights for the Classroom. Cambridge: Cambridge UP.

Kubanek-German, Angelika (1992): „Geschichten und narrative Prinzipien: Überlegungen am Beispiel des Frühen Fremdsprachenlernens". *Der fremdsprachliche Unterricht Englisch* 26.5: 11-17.

Kultusministerium Nordrhein-Westfalen (1993): *Richtlinien und Lehrpläne für das Gymnasium – Sekundarstufe I – in Nordrhein-Westfalen.* Englisch. Frechen: Riterbach.

Kunnan, Antony John, Hrsg. (1998): *Validation in Language Assessment.* Selected Papers from the 17th Language Testing Research Colloquium, Long Beach. Mahwah, N. J.: Erlbaum.

Lado, Robert (1961): „How We Learn a Foreign Language". Donn Byrne, Hrsg. (1969): 16-17.

Landesinstitut für Schule und Weiterbildung (1998): *Gymnasiale Oberstufe Englisch.* Lehrplanentwurf. Soest: Landesinstitut für Schule und Weiterbildung.

Lantolf, James P., und Gabriela Appel, Hrsg. (1994): *Vygotskian Approaches to Second Language Research.* Norwood, N. J.: Ablex.

Lasnier, Jean-Claude, et al. (o. J.): *Qualitätshandbuch zur Bewertung und Entwicklung von Programmen und Materialien zum Spra-*

chenlernen und -lehren. Projektbeschreibung. Brüssel: Europäische Kommission.

Laufer, Batia (1997): „The Lexical Plight in Second Language Reading: Words You Don't Know, Words You Think You Know, and Words You Can't Guess". James Coady und Thomas Huckin, Hrsg. (1997): 20-34.

Lazar, Gillian (1993): *Literature and Language Teaching*. A Guide for Teachers and Trainers. Cambridge: Cambridge UP.

Leather, Jonathan (1999): „Second-Language Speech Research: An Introduction". *Language Learning* 49, Supplement 1: 1-55.

Lee, Victor J., Hrsg. (1987): *English Literature in Schools*. Milton Keynes: Open University Press.

Legenhausen, Lienhard (1995): „Abweichungsphänomene als Unterrichtsgegenstände: Zum systematisch-bewussten Umgang mit Grammatikfehlern und interimsprachlichen Regeln". Claus Gnutzmann und Frank G. Königs, Hrsg. (1995): 285-302.

Legenhausen, Lienhard (1999): „Autonomous and Traditional Learners Compared – The Impact of Classroom Culture on Attitudes and Communicative Behaviour". Christoph Edelhoff und Ralf Weskamp, Hrsg. (1999): 166-182.

Legenhausen, Lienhard, und Dieter Wolff (1991a): „Der Micro-Computer als Hilfsmittel beim Sprachenlernen: Schreiben als Gruppenaktivität". *Praxis des neusprachlichen Unterrichts* 38: 346-356.

Legenhausen, Lienhard, und Dieter Wolff (1991b): „Zur Arbeit mit Konkordanzen im Englischunterricht". *Der fremdsprachliche Unterricht Englisch* 25.4: 24-29.

Legutke, Michael K. (1996): „'Welcome to the Holden Show...': Learner Texts and the Teaching of Literature in the EFL Classroom". Lothar Bredella und Werner Delanoy, Hrsg. (1996): 91-107.

Legutke, Michael K. (1996): „Redesigning the Language Classroom". Herbert Christ und Michael K. Legutke (1996): 1-14.

Legutke, Michael, und Howard Thomas (1991): *Process and Experience in the Language Classroom*. London: Longman.

Legutke, Michael, und Wolfgang Thiel (1983): *Airport*. Ein Projekt für den Englischunterricht in Jahrgangsstufe 6. Materialien zum Unterricht, Sekundarstufe I, Heft 40. Wiesbaden: Hessisches Institut für Bildungsplanung und Schulentwicklung.

Levelt, Willem J. M. (1993): *Speaking*. From Intention to Articulation. Cambridge, Mass.: MIT Press.

Levis, John M. (1999): „Intonation in Theory and Practice, Revisited". *TESOL Quarterly* 33: 37-63.

van Lier, Leo (1988): *The Classroom and the Language Learner*. Ethnography and Second-language Classroom Research. London: Longman.

van Lier, Leo (1996): *Interaction in the Language Curriculum*. Awareness, Autonomy & Authenticity. London: Longman.

Lightbown, Patsy M. (1998): „The Importance of Timing in Focus on Form". Catherine Doughty und Jessica Williams, Hrsg. (1998a): 177-196.

Little, David (1991): *Definitions, Issues and Problems*. Learner Autonomy, 1. Dublin: Authentik.

Little, David (1999): „Developing Learner Autonomy in the Foreign Language Classroom: A Social-interactive View of Learning and Three Fundamental Pedagogical Principles". *Revista Canaria de Estudios Ingleses* 38: 77-88.

Löffler, Renate (1979): *Spiele im Englischunterricht*. Vom lehrergelenkten Lernspiel zum schülerorientierten Rollenspiel. München: Urban & Schwarzenberg.

Löffler, Renate (1996): „Ganzheitliches Lernen: Grundlagen und Arbeitsformen". Gerhard Bach und Johannes-Peter Timm, Hrsg. (1996): 42-68.

Long, Michael H. (1991): „Focus on Form: A Design Feature in Language Teaching Methodology". Kees de Bot, Ralph B. Ginsberg und Claire Kramsch, Hrsg. (1991): 39-52.

Long, Michael H., und Peter Robinson (1998): „Focus on Form: Theory, Research, and Practice". Catherine Doughty und Jessica Williams, Hrsg. (1998a): 15-41.

Luhmann, Niklas (1996): *Soziale Systeme*. Grundriss einer allgemeinen Theorie. Frankfurt/M.: Suhrkamp.

Maley, Alan, und Alan Duff (1989): *The Inward Ear*. Poetry in the Language Classroom. Cambridge: Cambridge UP.

Mandl, Heinz, Gabi Reinmann-Rothemeier und Cornelia Gräsel (1998): *Gutachten zur Vorbereitung des Programms „Systematische Einbeziehung von Medien, Informations- und Kommunikationstechnologien in Lehr- und Lernprozesse"*. Materialien zur Bildungsplanung und Forschungsförderung, 66. Bonn: BLK.

Maturana, Humberto R., und Francisco J. Varela (1987): *Der Baum der Erkenntnis*. Die biologischen Wurzeln menschlichen Erkennens. München: Goldmann.

McCarthy, Michael, und Ronald Carter (1994): *Language as Discourse*. Perspectives for Language Teaching. London: Longman.

McCrone, John (1999): „Left brain, Right brain". *New Scientist* 3. Juli 1999. 5. Januar 2000.
http://www.newscientist.com/ns/19990703/leftbrainr.html

McDonough, Steven H. (1999): „Learner Strategies". *Language Teaching* 32: 1-18.

McGroarty, Mary (1998): „Constructive and Constructivist Challenges for Applied Linguistics". *Language Learning* 48: 591-622.

McKay, Sandra Lee, und Nancy H. Hornberger, Hrsg. (1996): *Sociolinguistics and Language Teaching.* Cambridge: Cambridge UP.

McKenzie, Cheryl (2000): „Homepages: Built-in Motivation". *English Teaching Forum* 38.1: 34-36.

Meinhof, Ulrike H. (1998): *Language Learning in the Age of Satellite Television.* Oxford: Oxford UP.

Meyer, Hilbert (1987): *Unterrichtsmethoden.* Band 1. Frankfurt/M.: Scriptor.

Meyer, Hilbert (1989): *Unterrichtsmethoden.* Band 2. 2. Aufl. Frankfurt/M.: Scriptor.

Meyer, Hilbert (1993): *Leitfaden zur Unterrichtsvorbereitung.* Scriptor Ratgeber Schule, 6. 12. Aufl. Frankfurt/M.: Cornelsen-Scriptor.

Mincham, Lexie (1995): „ESL Student Needs Procedures: An Approach to Language Assessment in Primary and Secondary School Contexts". Geoff Brindley, Hrsg. (1995): 65-91.

Mindt, Dieter (1995): „Schulgrammatik vs. Grammatik der englischen Sprache". Claus Gnutzmann und Frank G. Königs, Hrsg. (1995): 47-68.

Modlmayr, Hans-Jörg (1995): „Genetischer Fremdsprachenunterricht Englisch". Vortrag. 16. Kongress für Fremdsprachendidaktik in Halle (Saale), 4.-6. Oktober 1995.

Moll, Luis C., Hrsg. (1990): *Vygotsky and Education.* Instructional Implications and Applications of Sociohistorical Psychology. Cambridge: Cambridge UP.

Montessori, Maria (1992): *Kinder sind anders.* 7. Aufl. München: dtv/Klett-Cotta.

Mori, Yoshiko (1999): „Epistomological Beliefs and Language Learning Beliefs: What Do Language Learners Believe about Their Learning?" *Language Learning* 49.3: 377-415.

Müller, Lotte, Hrsg. (1969): *Die Schule der Selbsttätigkeit.* 2. Aufl. Bad Heilbrunn: Klinkhardt.

Müller-Verweyen, Michael (1997): *Neues Lernen - Selbstgesteuert - Autonom.* Standpunkte zur Sprach- und Kulturvermittlung, 7. München: Goethe-Institut.

Multhaup, Uwe, und Dieter Wolff (1992): „Prozessorientierung in der Fremdsprachendidaktik: Statt einer Einleitung". Uwe Multhaup und Dieter Wolff, Hrsg. (1992): 7-13.

Multhaup, Uwe, und Dieter Wolff, Hrsg. (1992): *Prozessorientierung in der Fremdsprachendidaktik.* Frankfurt/M.: Diesterweg.

Mundzeck, Fritz (1990): „Neue Wege zur Interpretation literarischer Texte im Französischunterricht der Sekundarstufe II". Dietmar Fricke und Albert-Reiner Glaap, Hrsg. (1990): 32-50.

Murphy, Beth, und Joyce Neu (1996): „My Grade's too Low: The Speech Act Set of Complaining". Susan M. Gass und Joyce Neu, Hrsg. (1996): 191-216.

Nattinger, James (1988): „Some Current Trends in Vocabulary Teaching". Ronald Carter und Michael McCarthy, Hrsg. (1988): 62-82.

Neuner, Gerhard (1996): „Methodik und Methoden: Überblick". Gerhard Bach und Johannes-Peter Timm (1996): 180-188.

Nissen, Rudolf (1989): „Zur Methodik der Romanlektüre im fortgeschrittenen Englischunterricht". Rudolf und Wilfried Brusch, Hrsg. (1989): 193-226.

Nissen, Rudolf, und Wilfried Brusch, Hrsg. (1989): *Romane im Englischunterricht.* Literature in English Language Teaching. Hamburg: ELT.

Nunan, David (1988): *The Learner-Centred Curriculum.* A Study in Second Language Teaching. Cambridge: Cambridge UP.

Nunan, David (1989): *Understanding Language Classrooms.* A Guide to Teacher-initiated Action. New York: Prentice Hall.

Nunan, David (1991): *Language Teaching Methodology.* A Textbook for Teachers. New York: Prentice Hall.

Nunan, David (1995): „Closing the Gap Between Learning and Instruction". *TESOL Quarterly* 29.1: 133-158.

Nunan, David, Hrsg. (1992): *Collaborative Language Learning and Teaching.* Cambridge: Cambridge UP.

Nünning, Ansgar (1997): „Literatur ist, wenn das Lesen wieder Spaß macht!" *Der fremdsprachliche Unterricht Englisch* 31.3: 4-12.

Nünning, Ansgar (1998): „Von 'Teaching Drama' zu 'Teaching Plays': Spielend Lernen durch dramatische Formen und mit dramatischen Texten. *Der fremdsprachliche Unterricht Englisch* 32.1: 4-13.

Nünning, Ansgar, und Vera Nünning (2000): „British Cultural Studies konkret – 10 Leitkonzepte für einen innovativen Kulturunterricht". *Der fremdsprachliche Unterricht Englisch* 34.1: 4-10.

O'Malley, J. Michael, und Anna Uhl Chamot (1990): *Learning Strategies in Second Language Acquisition.* Cambridge: Cambridge UP.

Odlin, Terence, Hrsg. (1994a): *Perspectives on Pedagogical Grammar.* Cambridge: Cambridge UP.

Odlin, Terence (1994b): „The Introspective Hierarchy: A Comparison of Intuitions of Linguists, Teachers, and Learners". Terence Odlin, Hrsg. (1994a): 271-292.

Olberding, Hermann (1999): „Die Fremdsprachenwerkstatt: Eine neue Lernumgebung". *Praxis des neusprachlichen Unterrichts* 46: 11-18.

Oller, John W. (1979): *Language Tests at School.* A Pragmatic Approach. London: Longman.

Oscarson, Mats (1997): „Self-Assessment of Foreign and Second Language Proficiency". Caroline Clapham und David Corson, Hrsg. (1997): 175-187.

Oxford, Rebecca L. (1997): „Cooperative Learning, Collaborative Learning, and Interaction: Three Communicative Strands in the Language Classroom". *The Modern Language Journal* 81: 443-456.

Oxford, Rebecca L., und Neil J. Anderson (1995): „A Crosscultural View of Learning Styles". *Language Teaching* 28: 201-215.

Oxford, Rebecca, und Jill Shearin (1994): „Language Learning Motivation: Expanding the Theoretical Framework". *The Modern Language Journal* 78.1: 12-28.

Paribakht, T. Sima, und Marjorie Wesche (1997): „Vocabulary Enhancement Activities and Reading for Meaning in Second Language Vocabulary Acquisition". James Coady und Thomas Huckin, Hrsg. (1997): 174-200.

Peirce, Bonny N., Merrill Swain und Doug Hart (1993): „Self-Assessment, French Immersion, and Locus of Control". *Applied Linguistics* 14: 25-42.

Pellettieri, Jill (2000): „Negotiation in Cyberspace: The Role of Chatting in the Development of Grammatical Competence". Mark Warschauer und Richard Kern, Hrsg. (2000a): 59-86.

Pennycook, Alastair (1997): „Cultural Alternatives and Autonomy". Phil Benson und Peter Voller, Hrsg. (1997): 35-53.

Peterßen, Wilhelm H. (1994): *Lehrbuch Allgemeine Didaktik.* 4. Aufl. München: Oldenbourg.

Pfister, Manfred (1985): „Konzepte der Intertextualität". Ulrich Broich und Manfred Pfister, Hrsg. (1985): 1-30.

Pica, Teresa (1994): „Review Article – Research on Negotiation: What Does It Reveal about Second-Language Learning Conditions, Processes, and Outcomes?". *Language Learning* 44: 493-527.

Pica, Teresa, et al. (1996): „Language Learners' Interaction: How Does It Address the Input, Output, and Feedback Needs of L2 Learners?" *TESOL Quarterly* 30: 59-84.

Pienemann, Manfred (1989): „Is Language Teachable? Psycholinguistic Experiments and Hypotheses". *Applied Linguistics* 10: 52-79.

Piepho, Hans-Eberhard (1976): *Einführung in die Didaktik des Englischen*. Heidelberg: Quelle & Meyer.

Piepho, Hand-Eberhard (1979): *Kommunikative Didaktik des Englischunterrichts Sekundarstufe I*. Theoretische Begründung und Wege zur praktischen Einlösung eines fachdidaktischen Konzepts. Limburg: Frankonius.

Protherough, Robert (1987): „How Children Describe Their Reading of Stories". Victor J. Lee, Hrsg. (1987): 278-290.

Rampillon, Ute (1985a): *Englisch lernen*. Mit Tips und Tricks zu besseren Noten. Schülerarbeitsbuch. München: Hueber.

Rampillon, Ute (1985b): *Lerntechniken im Fremdsprachenunterricht*. Handbuch. München: Hueber.

Rampillon, Ute (1990): *English beyond the Classroom*. Unterrichtsvorschläge und Materialien zur Förderung der interkulturellen Gesprächsfertigkeit im Englischunterricht der Sekundarstufe I. Bochum: Kamp.

Rampillon, Ute (1995): „Grammatiklernen durch weniger Unterrichten: selbstverantwortetes Lernen". *Der fremdsprachliche Unterricht Englisch* 29.3: 53-58.

Rampillon, Ute (2000): „*Do It Yourself* – Gedanken zur Konzeption und zum Einsatz von Arbeitsblättern". *Der fremdsprachliche Unterricht Englisch* 34.2: 4-10.

Rampillon, Ute, und Günther Zimmermann (1997): *Strategien und Techniken beim Erwerb fremder Sprachen*. Ismaning: Hueber.

Rampillon, Ute, und Helmut Reisener (1993): „Veränderte Schüler - Veränderter Unterricht. Prinzip Verantwortung – auch im Englischunterricht". *Der fremdsprachliche Unterricht Englisch* 27.4: 10-13.

Rampillon, Ute, und Helmut Reisener (1995): „Words - Words - Words". *Der fremdsprachliche Unterricht Englisch* 29.1: 4-9.

Real, Willi (1984): *Methodische Konzeptionen von Englischunterricht*. Sprachdidaktische Grundfragen und mediendidaktische Konsequenzen am Beispiel Lehrwerk. Paderborn: Schöningh.

Reich, Kersten (1998): „Thesen zur konstruktivistischen Didaktik". *Pädagogik* 50.7/8: 43-46.

Reid, Joy M., Hrsg. (1998a): *Understanding Learning Styles in the Second Language Classroom*. Upper Saddle River: Prentice Hall.

Reid, Joy M. (1998b): „Preface". Joy M. Reid, Hrsg. (1998): ix-xiv.

Ricchiuto, Jack (1996): *Collaborative Creativity*. Unleashing the Power of Shared Thinking. Akron: Oakhill.

Richards, Jack C., und Charles Lockhart (1996): *Reflective Teaching in Second Language Classrooms*. Cambridge: Cambridge UP.

Richards, Jack C., und Theodore S. Rodgers (1986): *Approaches and Methods in Language Teaching*. A Description and Analysis. Cambridge: Cambridge UP.

Ridley, Jennifer (1997): *Developing Learners' Thinking Skills*. Learner Autonomy, 6. Dublin: Authentik.

Rinvolucri, Mario (1999): „Fields that Feed EFL Methodology". *Zielsprache Englisch* 29.2: 4-11.

Robeck, Mildred C., und Randall R. Wallace (1990): *The Psychology of Reading*. An Interdisciplinary Approach. 2. Aufl. Hillsdale, N. J.: Erlbaum.

Rost, Michael (1990): *Listening in Language Learning*. London: Longman.

Rost, Michael (1994): *Introducing Listening*. Harmondsworth: Penguin.

Rumelhart, David E. (1980): „Schemata: The Building Blocks of Cognition". Rand J. Spiro, Bertram C. Bruce und William F. Brewer (1980): 33-58.

Rumelhart, David E. (1992): „Towards a Microstructural Account of Human Reasoning". Steven Davis, Hrsg. (1992), 69-83.

Rüschoff, Bernd, und Dieter Wolff (1999): *Fremdsprachenlernen in der Wissensgesellschaft*. Zum Einsatz der neuen Technologien in Schule und Unterricht. Ismaning: Hueber.

Saskatchewan Education (1991): *Student Evaluation: A Teacher Handbook*. Regina, SK: Saskatchewan Education.

Saskatchewan Education (1998): *Media Studies 20*. A Curriculum Guide for the Secondary Level. Regina, SK: Saskatchewan Education.

Saskatchewan Education (1999): *English Language Arts*. A Curriculum Guide for the Secondary Level. Regina, SK: Saskatchewan Education.

Sato, Kazuyoshi, und Robert C. Kleinsasser (1999): „Communicative Language Teaching (CLT): Practical Understandings". *The Modern Language Journal* 83: 494-517.

Saville-Troike, Muriel (1996): „The Ethnography of Communication". Sandra Lee McKay und Nancy H. Hornberger, Hrsg. (1996): 351-382.

Schabert, Ina, Hrsg. (1978): *Shakespeare-Handbuch*. Stuttgart: Kröner.

Schiffler, Ludger (1989): *Suggestopädie und Superlearning – empirisch geprüft*. Einführung und Weiterentwicklung für Schule und Erwachsenenbildung. Frankfurt/M.: Diesterweg.

Schlemminger, Gerald (1995): „Freinet-Techniken im Fremdsprachenunterricht: Forschungsbericht über 40 Jahre Unterrichtspraxis". *Neusprachliche Mitteilungen* 48: 158-163.

Schmidt, Siegfried J. (1980): *Grundriss der Empirischen Literaturwissenschaft*. Teilband 1: Der gesellschaftliche Handlungsbereich Literatur. Braunschweig: Vieweg.

Schmidt, Siegfried J. (1982): *Grundriss der Empirischen Literaturwissenschaft*. Teilband 2: Zur Rekonstruktion literaturwissenschaftlicher Fragestellungen in einer Empirischen Theorie der Literatur. Braunschweig: Vieweg.

Schneider, Günther (1999): „Wozu ein Sprachenportfolio? Funktionen und Merkmale des Europäischen Sprachenportfolios (Schweizer Version)". 14. April 1999.
http.//www.unifr.ch/ids/Portfolio/html-texte/aufsatzgusprachenportfolio.htm

Schneider, Norbert (1998): *Erkenntnistheorie im 20. Jahrhundert*. Klassische Positionen. Stuttgart: Reclam.

Schröder, Konrad, und Thomas Finkenstaedt (1977): *Reallexikon der englischen Fachdidaktik*. Darmstadt: Wissenschaftliche Buchgesellschaft.

Schulz, Wolfgang (1980): *Unterrichtsplanung*. 2. Aufl. München: Urban & Schwarzenberg.

Schulz, Wolfgang (1990): „Offenere Formen des Unterrichts". *Der fremdsprachliche Unterricht* 23.100: 4-9.

Schwerdtfeger, Inge Christine (1993): „Fremdsprachenlehren, Fremdsprachenlernen und Medien – Immer noch eine Rechnung mit drei Unbekannten?" Wilfried Gienow und Karlheinz Hellwig, Hrsg. (1993): 15-26.

Seidler, Klaus-Werner (1988): „Grammatik einmal anders". Christoph Edelhoff und Eckart Liebau, Hrsg. (1988): 31-35.

Shetzer, Heidi, und Mark Warschauer (2000): „An Electronic Literacy Approach to Network-based Language Teaching". Mark Warschauer und Richard Kern, Hrsg. (2000a): 171-185.

Siebold, Jörg (1997): „What is 'Authentic'? – Ein Resümee". *Zielsprache Englisch* 27.3: 15-21.

Silva, Tony (1990): „Second Language Composition Instruction: Developments, Issues, and Directions in ESL". Barbara Kroll, Hrsg. (1990): 11-23.

Sinclair, John, Hrsg. (1990): *Collins COBUILD English Grammar.* London: HarperCollins.

Singer, Harry, und Robert B. Ruddell, Hrsg. (1976): *Theoretical Models and Processes of Reading.* 2. Aufl. Newark, DE: International Reading Association.

Singleton, David (1997): „Learning and Processing L2 Vocabulary". *Language Teaching* 30: 213-225.

Skehan, Peter (1989): *Individual Differences in Second-Language Learning.* London: Arnold.

Skehan, Peter (1996): „A Framework for the Implementation of Task-based Instruction". *Applied Linguistics* 17: 38-62.

Skehan, Peter (1998): *A Cognitive Approach to Language Learning.* Oxford: Oxford UP.

Smith, Frank (1994): *Understanding Reading.* A Psycholinguistic Analysis of Reading and Learning to Read. 5. Aufl. Hillsdale, N. J.: Erlbaum.

Sontag, Susan (1964): „Against Interpretation". Susan Sontag (1966): 3-14.

Sontag, Susan (1966): *Against Interpretation and Other Essays.* New York: Farrar, Straus & Giroux.

Spada, Nina (1997): „Form-Focussed Instruction and Second Language Acquisition: A Review of Classroom and Laboratory Research". *Language Teaching* 30: 73-87.

Spinner, Kaspar H., Hrsg. (1999): *Neue Wege im Literaturunterricht.* Informationen, Hintergründe, Arbeitsanregungen. Hannover: Schroedel.

Spiro, Jane (1991): „Assessing Literature: Four Papers". Christopher Brumfit, Hrsg. (1991): 16-83.

Spiro, Rand J., Bertram C. Bruce und William F. Brewer (1980): *Theoretical Issues in Reading Comprehension.* Perspectives from Cognitive Psychology, Linguistics, Artificial Intelligence and Education. Hillsdale, N. J.: Erlbaum.

Spolsky, Bernard (1995): *Measured Words.* The Development of Objective Language Testing. Oxford: Oxford UP.

Spree, Axel (1995): *Kritik der Interpretation.* Analytische Untersuchungen zu interpretationskritischen Literaturtheorien. Paderborn: Schöningh.

Steffe, Leslie P. und Jerry Gale, Hrsg. (1995): *Constructivism in Education.* Hillsdale, N.J.: Erlbaum.

Steffensen, Margaret S., und Chitra Joag-Dev (1984): „Cultural Knowledge and Reading". J. Charles Alderson und A. H. Urquhart, Hrsg. (1984): 48-61.

Stevick, Earl W. (1990): *Humanism in Language Teaching*. A Critical Perspective. Oxford: Oxford UP.

Swain, Merrill (1998): „Focus on Form through Conscious Reflection". Catherine Doughty und Jessica Williams, Hrsg. (1998a): 64-81.

Swales, John M. (1990): *Genre Analysis*. English in Academic and Research Settings. Cambridge: Cambridge UP.

Swann, Joan (1992): *Girls, Boys, and Language*. Oxford: Blackwell.

Timm, Johannes-P., Hrsg. (1998): *Englisch lernen und lehren*. Didaktik des Englischunterrichts. Berlin: Cornelsen.

Timm, Johannes-Peter (1996): „Neue Perspektiven: Konsequente Schülerorientierung". Gerhard Bach und Johannes-Peter Timm (1996): 268-282.

Timm, Johannes-Peter (1998): „Entscheidungsfelder des Englisch-unterrichts". Johannes-P. Timm, Hrsg. (1998): 7-14.

Timm, Johannes-Peter, Hrsg. (1995): *Ganzheitlicher Fremdsprachen-unterricht*. Weinheim: Deutscher Studien Verlag.

Truscott, John (1996): „Review Article: The Case Against Grammar Correction in L2 Writing Classes". *Language Learning* 46: 327-369.

Tudor, Ian (1996): *Learner-centredness as Language Education*. Cambridge: Cambridge UP.

Underwood, Mary (1989): *Teaching Listening*. London: Longman.

Ushioda, Ema (1996): *The Role of Motivation*. Learner Autonomy, 5. Dublin: Authentik.

Vater, Brigitte (1989): „,Sie bringen immer etwas von draußen mit!' – Die Verknüpfung von schulischem und außerschulischem Lebens-bereich im Englischunterricht der Hauptschule". *Pädagogik* 41.3: 26-30.

Vater, Brigitte (1991): „*Tea*: Ein Forschungsprojekt im Englischunter-richt der Hauptschule". *Pädagogik* 43.2: 17-22.

Villamil, Olga S., und María C. M. de Guerrero (1998): „Assessing the Impact of Peer Revision on L2 Writing". *Applied Linguistics* 19: 491-514.

Vygotsky, L. S. (1978): *Mind in Society*. The Development of Higher Psychological Processes. Hrsg. Michael Cole et al. Cambridge, Mass.: Harvard UP.

Wajnryb, Ruth (1992): *Classroom Observation Tasks*. A Resource Book for Language Teachers and Trainers. Cambridge: Cambridge UP.

Warschauer, Mark (1999): „Millennialism and Media: Language, Literacy, and Technology in the 21st Century". Keynote Address Delivered at the World Congress of Applied Linguistics (AILA),

Tokyo, August 1999. 21. April 2000.
http://members.tripod.com/vstevens/papyrus/16sep99a.htm

Warschauer, Mark, und Deborah Healey (1998): „Computers and Language Learning: An Overview". *Language Teaching* 31: 57-71.

Warschauer, Mark, und Richard Kern, Hrsg. (2000a): *Network-based Language Teaching: Concepts and Practice*. Cambridge: Cambridge UP.

Warschauer, Mark, und Richard Kern (2000b): „Theory and Practice of Network-based Language Teaching". Mark Warschauer und Richard Kern, Hrsg. (2000a): 1-19.

Weir, Cyril J. (1990): *Communicative Language Testing*. New York: Prentice Hall.

Weir, Cyril, und Jon Roberts (1994): *Evaluation in ELT*. Oxford: Blackwell.

Wenden, Anita L. (1998): „Metakognitive Knowledge and Language Learning". *Applied Linguistics* 19: 515-537.

Wendt, Michael (1996): *Konstruktivistische Fremdsprachendidaktik*. Lerner- und handlungsorientierter Fremdsprachenunterricht aus neuer Sicht. Tübingen: Narr.

Werlich, Egon (1978): *Wörterbuch der Textinterpretation Englisch*. Dortmund: Lensing.

Werlich, Egon (1986): *Praktische Methodik des Fremdsprachenunterrichts mit authentischen Texten*. Berlin: Cornelsen-Velhagen & Klasing.

Weskamp, Ralf (1992): „Schülerorientierter Grammatikunterricht: Die Vermittlung der indirekten Rede im Englischen mit Hilfe eines grammatischen Instruktionstextes". *Der fremdsprachliche Unterricht Englisch* 26.2: 16-20.

Weskamp, Ralf (1995a): „London – zwei Seiten einer Stadt: Projektorientiertes Arbeiten im Englischunterricht der Sekundarstufe II". *Praxis des neusprachlichen Unterrichts* 42: 42-49.

Weskamp, Ralf (1995b): „Schriftlichkeit im fortgeschrittenenen Fremdsprachenunterricht – ein kontextorientiertes Modell der Textproduktion". *Die Neueren Sprachen* 94: 387-401.

Weskamp, Ralf (1996a): „Lesen in der fremden Sprache – Lesestrategien für fortgeschrittene Fremdsprachenlerner". *Fremdsprachenunterricht* 40/49: 321-327.

Weskamp, Ralf (1996b): „Pädagogisierung des Fremdsprachenunterrichts – Schritte in Richtung zeitgemäßen Lernens". *Praxis des neusprachlichen Unterrichts* 43: 347-356.

Weskamp, Ralf (1997a): *Aspects of the English Language*. Student's Book. Paderborn: Schöningh.

Weskamp, Ralf (1997b): „Postmoderne Literaturtheorien: Folgen und Möglichkeiten für den fremdsprachlichen Literaturunterricht auf der gymnasialen Oberstufe". *Praxis des neusprachlichen Unterrichts* 44: 345-353.

Weskamp, Ralf (1997c): „Vom Sprachvermittler zum Human Resource Manager". *Der fremdsprachliche Unterricht Englisch* 31.4: 28-32.

Weskamp, Ralf (1999a): „Ein Gefühl von Authentizität? Lehrer, Schüler und die Konstruktion des fremdsprachlichen Klassenzimmers". *Fremdsprachenunterricht* 43/52: 161-167.

Weskamp, Ralf (1999b): „Das Klassenzimmer als Legohaus - Oder: Wie Schüler und Lehrer fremdsprachlichen Unterricht erhandeln". *Neusprachliche Mitteilungen* 52: 156-163.

Weskamp, Ralf (2000): „‚Können wir nicht einmal das lesen, was die gerade in England lesen?' – Fremdsprachlicher Literaturunterricht, autonomes Fremdsprachenlernen und das Internet". *Praxis des neusprachlichen Unterrichts* 47: 34-44.

White, Ron und Valerie Arndt (1991): *Process Writing*. London: Longman.

Wichmann, Anne, et al., Hrsg. (1997): *Teaching and Language Corpora*. London: Longman.

Williams, Marion, und Robert L. Burden (1997): *Psychology for Language Teachers*. A Social Constructivist Approach. Cambridge: Cambridge UP.

Williams, Marion und Robert Burden (1999): „Students' Developing Conceptions of Themselves as Language Learners". *The Modern Language Journal* 83.2: 193-201.

Willis, Jane (1996): *A Framework for Task-Based Learning*. Harlow: Longman.

Winter, Christine (1992): „Bilingual Dictionaries: Between Language and Speech". Pierre J. L. Arnaud und Henri Béjoint, Hrsg. (1992): 41-51.

Wolff, Dieter (1994a): „Sprachpsychologie, Psycholinguistik und Fremdsprachenunterricht – Zur Anbahnung einer Beziehung – Dokumentiert in Aufsätzen aus den *Neueren Sprachen* von 1970-1992". *Die Neueren Sprachen* 93: 103-123.

Wolff, Dieter (1994b): „Der Konstruktivismus: Ein neues Paradigma in der Fremdsprachendidaktik?". *Die Neueren Sprachen* 93: 407-429.

Wolff, Dieter, Hrsg. (1994c): *Lernerautonomie*. Themenheft der Zeitschrift *Die Neueren Sprachen* 93.5.

Woods, Devon (1996): *Teacher Cognition in Language Teaching. Beliefs, Decision-making and Classroom Practice.* Cambridge: Cambridge UP.

Wray, Alison (1999): „Formulaic Language in Learners and Native Speakers". *Language Teaching* 32: 213-231.

Wright, Andrew, und Safia Haleem (1991): *Visuals for the Language Classroom.* London: Longman.

Yalden, Janice (1983): *The Communicative Syllabus.* Evolution, Design and Implementation. Oxford: Pergamon.

Young, Richard, und Kyle Perkins (1995): „Cognition and Conation in Second Language Acquisition Theory". *IRAL* 33: 142-164.

Zimmermann, Günther (1997): „Anmerkungen zum Strategienkonzept". Ute Rampillon und Günther Zimmermann (1997): 95-113.

Index